## The 20Ps of Marketing
### A complete guide to marketing strategy

# 营销20力
## 营销策略的全方位指南

（英）大卫·皮尔逊（David Pearson） 著
刘立 审校
管婷婷 刘雯珺 刘雯璐 译

企业管理出版社
ENTERPRISE MANAGEMENT PUBLISHING HOUSE

# 图书在版编目（CIP）数据

营销 20 力：营销策略的全方位指南 /（英）大卫·皮尔逊 (David Pearson) 著；刘立审校；管婷婷，刘雯珺，刘雯璐译 .—北京：企业管理出版社，2018.10

书名原文：The 20 Ps of Marketing: A complete guide to marketing strategy

ISBN 978-7-5164-1811-6

Ⅰ.①营…  Ⅱ.①大…  ②刘…  ③管…  ④刘…  ⑤刘…
Ⅲ.①营销策略  Ⅳ.①F713.50

中国版本图书馆CIP数据核字(2018)第243892号

© David Pearson, 2014
This translation of The 20 Ps of Marketing is published by arrangement with Kogan Page.

北京市版权局著作权合同登记号：01-2017-4514

| | |
|---|---|
| 书　　　名： | 营销 20 力：营销策略的全方位指南 |
| 作　　　者： | （英）大卫·皮尔逊 |
| 审　校　者： | 刘　立 |
| 译　　　者： | 管婷婷　刘雯珺　刘雯璐 |
| 责任编辑： | 蒋舒娟 |
| 书　　　号： | ISBN 978-7-5164-1811-6 |
| 出版发行： | 企业管理出版社 |
| 地　　　址： | 北京市海淀区紫竹院南路 17 号　　邮编：100048 |
| 网　　　址： | http://www.emph.cn |
| 电　　　话： | 编辑部 (010) 68701661　　发行部 (010) 68701816 |
| 电子信箱： | 26814134@qq.com |
| 印　　　刷： | 三河市荣展印务有限公司 |
| 经　　　销： | 新华书店 |
| 规　　　格： | 145mm×210mm　　32 开本　　9.25 印张　　238 千字 |
| 版　　　次： | 2018 年 10 月第 1 版　　2018 年 10 月第 1 次印刷 |
| 定　　　价： | 48.00 元 |

版权所有　翻印必究·印装有误　负责调换

# 前言

人类的历史是由思想塑造的。人可能已经不在了，但思想是永恒的。40年前，我毕业于沃顿商学院，获得了 MBA 学位。杰罗姆·麦卡锡（E Jerome McCarthy）的《基础营销学》（1960）和菲利普·科特勒（Philip Kotler）的《营销管理》（1967）两本书的出版，奠定了市场营销作为一门科学和艺术的基础。他们提出了4P（力）：产品、价格、渠道和推广。从那时起，更多的作者继续增加更多的"P"（力）。大卫·皮尔逊的这本新书，将营销理论推进到了一个新时代——新增了16个既有相关性又有系统性的"P"（力），描述营销中的行动、度量和行为。

纳尔逊·曼德拉（Nelson Mandela）曾说过："教育是改变世界的最强大武器。"当今，由于营销对运用其的组织和社区的巨大影响，营销教育也变得愈加重要。我相信，只要有4P存在，就应该有营销部门。营销早已成为传统意义上的一门专业。营销专业人员既要学习理论知识又要学习应用技能，还要遵循一定的道德准则，并不断参与继续教育。

谈到理论知识和应用技能，大卫·皮尔逊是理想的人选，因为他在实践和评论两方面都具有丰富经验。营销人员必须理解客户需要什么或想要什么；他们必须激励活动、创造增长、灌输信心。这一事实，无论你是企业家还是为大企业、中型或小型企业、慈善机构或公共部门组织工作，都是一样的。

要求所有专业人士具有道德准则，目的是实现社会的良好运转。营销行业必须有一个像医疗行业的希波克拉底誓言那样的道德准则。重要的是，营销人员需要了解他们经营中的法律和管理知识。一个有道德的营销人员不仅仅要遵守法律，确保活动合法，还要像报纸头条一样让人读着开心。除非他们能通过这一测试，否则最好不要进入这一行业。

如果想在你的专业领域始终保持最前沿，继续教育十分必要。营销人员不应因为失败而责怪市场环境，而是应该更多地了解自己的职业，促使团队不断进取。经济技术条件几乎每天都在改变，这导致消费者购买品牌的方式发生巨大的变化。营销人员能否与这些变化同步，直接决定了企业的成败。

当前，全球经济的发展很不协调，一些国家的情况比另一些国家要好很多。然而，在任何国家，商业都是复苏的基础。企业创造了财富，支撑着教育、健康服务和社会服务。因此，市场营销人员成为实现变革的关键因素。

本书第四部分的五个"P"（力）涉及营销中人的行为——人、积极性、敬业精神、激情、个性——都是非常重要的。营销人员应该是思想上和实践上的引领者。随着生活的日益全球化，我们必须与全球各地的人竞争。我们知道，人是任何组织的最大财富。无论是国家还是企业，无论是战争还是争取市场份额，竞争最终是人才间的竞争。

一个团队必须克服自己的惯性，适应不断变化的环境。因此，领导这些员工越来越重要。人们不想被管理：他们希望被引领。营销需要提供这种引领。正是这种领导力给团队带来了远见，并将愿景转化为现实。

营销领导力涉及沟通、愿景和团队激励。最关键的品质是激励。在本书中，多个案例给出了明确的经验：如果要激励你的团队，首先激发你自己。领导力越来越与企业家精神联系在一起。它们都需要展望未来，围绕创意产生愿景，然后调动资源实现它。

世界的变化越来越快，其影响可以快速直接地通过媒体感受到。金融系统扮演着避雷针的角色，把钱带到最安全的避风港。思想和金钱转瞬即逝，技术变化消灭了空间的距离。随着对竞争的反应越来越快，传统的时间概念也在发生剧变。就像大自然那样，鲨鱼必须一直游泳，否则就会死亡。

亚当·斯密（Adam Smith）提出"看不见的手"命题，认为最大的利益是由最多的人数实现的。它确保资源流向一个可以被最好利用的地方。就业和技术也随之变化。如果你相信市场营销和自由企业，那么你应该期待这个观点在国家和地区或国家和大洲间起作用。

毕加索（Picasso）认为，即使是最有创造力的人类，也需要更大的进步。他说："成功是危险的，一个人开始复制自己，比复制别人更危险,这将导致思想枯竭,内容贫乏。"

你需要完成大学学业,你也需要体验生活。我们都知道,生活不是一场婚礼彩排。每个人只拥有一次生命机会,所以我们都应该尽我们所能去做。我相信,每个人都会在这本书中找到自己想要的信息,并帮助你激发潜能。

保罗·贾奇爵士(Sir Paul Judge)
特许市场营销协会会长

# 致谢

今年，我庆祝了我的第三个二十一岁生日。从某种意义上来说，在我生命的前两个二十一年里我一直在写这本书，因为我一直在学习有关销售、营销和更广泛的知识。我的老师不计其数，其中很多都是当今十分成功的企业家。我从他们身上都学到了一些东西。这些企业家很棒，其中一些人会出现在本书中。我感谢他们所有人。我的老师还包括几百名的同事和数以千计的下属——我们称之为同事或伙伴，以及成千上万的客户，数以百万计的消费者或最终用户。我从所有这些接触者中，学到了很多，我努力将这些所获浓缩地展现在本书的字里行间。1971年，当我作为销售人员开始职业生涯时，如果领英已经存在，那我估计与我工作有直接联系的至少有一万人，还不包括偶然相识的人，远超目前与我有联系的寥寥一千人。

我还要感谢那些学术界的老师。我发现，走进一所商学院或其他专业机构的教室学习对我帮助巨大。我有幸在特许市场营销协会找到了优秀的教师，并在三所世界顶尖的商学院学习：世界第一所大学商学院——美国宾夕法尼亚大学的沃顿商学院，瑞士管理研究院，还有英国的阿什里奇商学院。它们都非常棒。但我仍然认为，最宝贵的经验是在营销一线学到的。

撰写本书过程中，我有幸得到了几位已经成功发表著作的作者的建议和鼓励，他们是丽塔·克利夫顿（Rita Clifton）、休·戴维森教授（Hugh Davidson）、保罗·伯恩斯教授（Paul Burns），阿迪·科拉（Ardi Kolah）。还有杨劳瑞（Laurie Young），他和我讨论这本书，然而2003年9月他不幸离世。我特别要感激的是马尔科姆·麦克唐纳教授（Malcolm McDonald），不仅随时解答我的问题，还给出了宝贵的指导意见。

　　我要感谢我在Criticaleye的朋友和同事——马修·布莱格（Matthew Blagg）、查理·威斯塔（Charlie Wagstaff）和安德鲁·明顿（Andrew Minton）。他们总是热衷于鼓励他们的领导，鼓励我与会员分享我的见解。

　　Kogan Page出版社给予我很大的支持，为第一次出版著作的我领路。我要感谢海伦·科根（Helen Kogan）、马修·史密斯（Matthew Smith）、保罗·米尔纳（Paul Milner）、卡西娅·菲戈尔（Kasia Figiel）、阿什利·西蒙（Ashley Simon）、马德琳·唯科（Madeline Voke）、南希·华莱士（Nancy Wallace）和阿曼达·戴克莫比（Amanda Dackombe）。这些只是与我直接接触的工作人员，还有很多人工作在幕后。

　　最后，我特别感谢家人对我的爱和支持。没有他们，我很难完成这本书。

大卫·皮尔逊<br>2013年9月

# 简介

最早，从我记事起，我就一直对品牌感兴趣。在我十几岁的时候，我开始偷偷吸烟，起初是为了证明自己的成长。开始吸烟前，我就已经被市场上各种品牌的香烟所吸引。那时候我常常盯着经销商的橱窗看。我们家的电视不传输ITV，直到英国广播公司发射了625线广播，父亲把我们租来的电视机升级到能收看BBC二套——这也意味着我们家第一次能收看ITV了，从此，我开始看电视节目中的香烟广告，如"领事馆牌香烟——像山间小溪一般酷"。

吸烟以后，我开始收集空烟盒，我总是买不同牌子的香烟，这样我就可以在卧室里建立一个收藏库，这个隐蔽的收藏库藏在一个没有桌子腿的破桌子里。后来，那张桌子安上了一个按照我房间宽度定制的桌面，不过令人吃惊的是，妈妈并没有发现那个隐藏的空烟盒收藏库。当然，现在我才意识到，她一定从开始就知道我的这一不良习惯——就像我，即便是戒烟之后，仍可以在距离吸烟者40步内闻到烟味。

16岁时，我有幸获得了牛津大学新学院（New College）的入学资格，但那时我还太小，按规定满18岁才能入学。我参加了一个交换项目并在美国度过了一年时光，其中有几个月是在一家超市兼职，负责往货架上摆商品，周五晚上工作三个小时、周六工作八个小时。当我可以自由离开文法学校时，我从兼职转成了全职。这家商店的所有者是维克多·沃特（Victor Value），先是被乐购（Tesco）收购了，后来又成为一家连锁商店。但它有自己的品牌——Dairyglen，主要提供各样的食品产品。我的工作是摆货架、做展示，以及商店经理认为必要的各种工作。他是一位24岁的加拿大人，非常犀利。尽管他的道德标准可能会让他出局，但我相信他在零售行业会有发展。每逢周日，他会要求我们中的一些人以双倍的速度加班加点工作，让我们提前在货架上摆满下一周的商品，并制作一些展示牌——我怀疑他被制造商的销售代表贿赂了才愿意制作这些展示牌。通常，货架上展示的都是一些新品牌的肥皂粉，特别提供免费的塑料水仙花或其他产品。到下午工作结束的时候，我看到经理把自己的购物车装满了，但我不确定我是否看到他在收银台结账。

有一天，我们来到一个被水淹的仓库。仓库在商店的楼上，雨水从平屋顶漏进来。显然经理认为损失不够大，所以在保险公司定损人员到来之前，他让我们两个人把所有受损的存货都堆起来，并把它弄湿，以确保它是湿漉漉的。

这就是我对商业世界的最初认知。我很喜欢商业。尽管我认为这项工作很无聊，而且工资对我来说只够得上零花钱，并不能保证我的生活费。我每周全职工作能得到七英镑。尽管如此，我获得了早期经验，这对后来我理解销售和其他技巧是一笔无价的财富。

但在当时，我并不认为这与我未来的职业有任何关系。我打算上大学读法律，像牛津大学所说的"法学"。然后我打算去律师事务所，成为一名律师。

四年后，大学快毕业的时候，我意识到这不是我想要的生活。在美国的一年生活是激动人心的，我对未来充满了向往。我还没有准备好在伦敦生活，在伦敦当律师，生活的主要内容将是在图书馆研究不断变化的法律，依此度过余生的大部分时光。我开始在更广阔的领域广撒网，尝试去寻找另一种生活。

我申请各种各样公司的职位。大部分公司都有那种大约两年一个周期的工作，像托马斯·库克（Thomas Cook）巡回演出那样，两年结束时你会决定真正想做什么，然后认真开始你的职业生涯。毫无疑问，这非常明智，对我却没有吸引力。因为在我看来，这两年结束时，你仍然没有获得任何真正的经验。

宝洁公司提供的职业道路更为实用。早期培训之后是完整的商业责任，前提是培训要很成功。宝洁公司以一种非常专业的方式开启了我的营销职业生涯。公司推出成功的样板来证明这个模式是有效的。[其中之一，亨利·杰克逊（Henry Jackson），毕业于伦敦帝国理工学院，在不到两年的时间后从事管理工作。后来，亨利去了玛氏公司（Mars Corporation）的子公司——宝路宠物食品公司，在那里，他担任销售经理，之后转岗到了品牌管理部门。他指导我从宝洁公司换到宝路宠物食品公司工作]。试用期结束后，我甚至有机会和一年前在这个岗位工作过的人一起工作一天。诺埃尔·休伊森（Noel Huitson）后来成为宝路宠物食品公司的一名产品经理，也是我的同事，他在第一年是做销售代表，管理布拉德福德（Bradford）的销售市场。

我后来才知道，宝洁公司早在20世纪30年代就开创了品牌管理的思想。尼尔·麦克尔罗伊（Neil McElroy）改写了营销的定义，他在宝洁公司撰写的经典的麦克尔罗伊备忘录，创立了品牌管理的规则。宝洁公司转向品牌管理，就是始于1931年5月13日尼尔·麦克尔罗伊的内部备忘录。1925年，体格健壮的年轻的麦克尔罗伊从哈佛大学毕业后来到宝洁公司。在为卡玫尔（Camay）香皂做广告宣传的同时，不仅要与来自利华兄弟公司（Lever Brothers）和Palmolive公司的香皂竞争，还要与宝洁公司自己的旗舰产品（英国的"神奇香皂"）竞争，麦克尔罗伊对此感到沮丧。在这份著名的备忘录中，他认为应该更加聚焦卡玫尔香皂，并延伸到其他宝洁品牌。除了每人负责一个品牌外，还应该有一个庞大的团队，致力于思考营销的各个方面。每个专门的团队应该只关注一个品牌。团队应该包括一名品牌助理，几名"审核人员"，以及负责非常具体任务的其他人。

这些管理人员的关注点是品牌，将品牌营销与独立业务营销一样对待。这样，每个品牌的特质就会与其他品牌的特质区别开来。在广告宣传中，卡玫尔香皂和象牙（Ivory）香皂定位于不同的消费者市场，以减少它们之间的竞争。多年来，正如企业家们所说的那样，"产品差异化"逐渐成为市场营销的关键要素。

麦克尔罗伊的备忘录用了三页纸，这违反了宝洁公司总裁杜普雷（Deupree）的"一页纸备忘录"模式，这是宝洁公司管理圈中广为人知的习惯。但这份备忘录的内容很有意义，不仅得到公司领导层的认可，还得到杜普雷的热情支持。

现代品牌管理体系由此产生，并被广泛效仿。直到21世纪初，世界各地的许多消费品公司仍然遵循着这样或那样的品牌管理方式。从表面上看，品牌经理都是公司里精力充沛、前途光明的年轻高管。宝洁公司在杜普雷之后任职的首席执行官都有品牌管理经验，包括麦克尔罗伊本人，他在杜普雷1948年退休后成为公司领导人，1957年他成为艾森豪威尔（Eisenhower）总统的国防部长。

品牌管理作为一种商业方法，是20世纪美国市场营销的一个标志性的创新。它集中体现了一个持久的主题，即在公司拥有最好的决策信息的基础上，如何平衡集中监督与分散决策。我完全没有想到的是，品牌管理这一职业生涯也对我敞开了大门，通常这一职位被认为是优秀毕业生的最佳道路选择。事实上，虽然我的销售生涯并不能保证毕业生的晋升，但我还是要和其他同事竞争管理层的晋升——只有大学毕业生才会被录用为品牌助理培训生。

基于本能，我感觉到这就是我的归宿。我在第一线学习品牌管理，不辞辛苦地布置货架，把货品从仓库搬到商店货架，这样我就能说服经理，货品需要在后台更换位置。

在培训的最初两个月内，我负责公司的部分业务，并在六个月内赢得销售竞赛奖。我很幸运，因为我任职于公司的一个试验性部门。1971年，宝洁公司与老竞争对手——联合利华（Unilever）旗下的利华兄弟公司在肥皂和洗涤剂业务上展开了激烈竞争，在卫生用品（化妆品）方面却处于不利地位。今天，多亏了Cheseborough-Pond's, Richardson-Vicks, Clairol, 威乐（Wella）和吉列（Gillette）等一系列组织发展和收购，宝洁公司成为世界卫生用品的领导者。1971年，公司没怎么发展，在英国更是如此。

在随后的担任产品经理的七年时间里，我并没有承担个人责任。1978年，在宝路宠物食品公司成功地担任了两年销售经理之后，我以品牌经理的身份转岗到公司的市场营销部门，从事品牌营销工作。我向克里斯·布拉德肖（Chris Bradshaw）汇报，他是一位非常有才华的营销经理，他在宝洁公司初次尝试推出了Ariel洗衣粉，并在宝洁公司当时的英国总部和宝路宠物食品公司的英国总部之间进行了长时间的例行跟踪。他制订了一份非常成功的营销策略，促成了该公司最赚钱的品牌"Whiskas"猫粮的发展。

与宝洁公司不同，玛氏公司当时几乎没有提供任何培训直接让我负责工作。然而，我说服了克里斯，让我参加一个市场营销课程，并在库克姆摩尔大厅参加了由特许市场营销协会（Chartered Institute of

Marketing）举办的为期一周的课程。

在课堂上，我首次接触4P营销概念。这个概念在20世纪60年代由杰罗姆·麦卡锡在经典书《基础营销学》和菲利普·科特勒在《营销管理》中首先提出，1978年时它在教学中还是比较新的。它指出，营销组合中共有四个因素，为了便于记忆，每个因素都以字母P开头。

第一个当然是产品，必须有一种产品可以出售。第二个是价格，我们必须为产品定价。第三个是渠道，我们必须确保产品在某个渠道上销售。最后还有推广：前三个还不够，我们必须让潜在的消费者意识到我们的产品，并推广给她/他。

成千上万的学生学习过上述市场营销的简要课程。许多商业计划都是基于这个营销组合的定义而制订的。但是，作为商业实战经验先于理论的人，我对这个理论总是感到不安。当然还有比这更重要的事情。之前有，现在仍然有。事实上，接受科特勒4P市场营销理论培训的世界各地的高级管理人员仍然围绕着该理论制订战略，而科特勒本人则认为4P对于21世纪的营销来说则过于僵化。

在过去的30年里，营销人员一直在努力奋斗以获得重视。在业内，人们对董事会中营销人员的存在或缺失感到焦虑。许多观察人士对英国工业的衰落进行了分析，因为在绝大多数大型企业中，没有人担任营销总监的角色。对我来说，如果有的话会让人吃惊。如果在我的董事会中，有人发挥市场营销总监的作用，并试图宣称对这4P负责，而不是其他人，我将会密切关注公司业务的方向。

在玛氏集团的美国和智利公司工作一段时间后，我回到英国。最初为一家名为Crombie Eustace的食品经纪公司工作。该公司创始人约翰·尤斯塔斯（John Eustace）是另一位在宝洁公司培训过的人，后来又在宝路宠物食品公司担任更高级的销售工作，在那里我们曾一起工作过。然后，他在露华浓（Revlon）获得品牌管理经验之后自己创业。他的商业模式是为那些具有传统分销渠道但现在需要扩展到多个杂货店的品牌做代理。我们作为品牌所有者和分销渠道之间的桥梁，对来自诸如玛氏、Akzo、吉利、Bic等知名品牌和各种品牌的4P都要发挥作用。这是我作为品牌所有者代理的第一次体验，而不像广告，主要专注于推广。

从那开始，我回到了更加正规的公司行列，并加入了皮尔斯博瑞（Pillsbury）公司。那时候，这家公司刚在华尔街取得巨大成功，实现了季度业绩13年的持续增长。如果它是通过对品牌资产的重新投资实现这一点的，这将是一个令人钦佩的记录。但事实并非如此。但皮尔斯博瑞依然是一个伟大的品牌，并以与其同名的皮尔斯博瑞面团（Pillsbury Dough）和它那家喻户晓的卡通形象而闻名。通过收购，它还将另一著名的卡通形象快乐绿巨人融入自己的绿巨人商标。这两个卡通人物都是里奥·伯内特（Leo Burnett）的作品。后来汉堡王又加入了这个品牌，这标志着它开始进军餐饮业，这个行业中的汉堡王可能仅次于麦当劳。后来，皮尔斯伯里又开始收购哈根达斯，把它从生产廉价仿冒品的惨淡经营者变成构思巧妙的高档冰激凌品牌。

在英国，蛋糕粉的美国供应商皮尔斯博瑞收购了该市场的领导者——格林布莱顿（Green's of Brighton），而我被聘为该公司的总经理。这是我第一次全面负责研发、制造以及市场营销，真正推动产品开发，并管理一家盈利的投资公司。作为由华尔街管控的公司总经理，我的任务是以现金的形式贡献利润。

从那时起，我就相中了一个梦想工作：索尼在英国的消费品公司的总经理，负责索尼公司价值1.5亿英镑的著名消费系列产品的市场营销。我打算在这个位置工作十年，并借助一个很棒的团队将业务价值增长到5.23亿英镑。当然，索尼也销售其他产品：一系列的磁带和电池，以及一些复杂的专业产品，如用于广播的摄像机。后来我也负责过这些产品的销售，但大多数人会通过公司的电视机和音响产品来识别索尼公司，我是索尼英国品牌经理，用声誉、质量、创新和其他几个关键标准来衡量一家公司的话，索尼是当时世界上最强大的品牌之一。

在经历了十年非常愉快的时光后，我决定去体验一下上市公司的世界，于是加入了彭特兰（Pentland）公司，一个拥有自主产权的伟大品牌。20世纪80年代，彭特兰公司通过获取美国锐步（Reebok）公司（一个不很知名的运动品牌经销商）多数股权的方式走在了行业前列。锐步公司实际上起源于英国，但在保罗·费尔斯通（Paul Firestone）领导下的美国经销商让该品牌难以与耐克和阿迪达斯竞争。在这一过程中，彭特兰公司以最初的77000美元的投资做到了7700万美元的营销额，这是有史以来最伟大的交易之一。

随着公司的不断发展，彭特兰公司收购了许多其他运动和时尚品牌，包括Speedo、Ellesse、Berghaus、Reusch、Mitre等。该公司在从远东采购鞋类产品方面具有丰富经验，它是首批将业务拓展到海外的公司之一，还获得了鞋类大品牌鳄鱼的特许权。所有这些都是在我作为国际品牌总经理的指导下完成的，我在这个过程中获得了全球品牌营销和特许经营的丰富经验和知识。

后来，我成为英国公司NXT的首席执行官，该公司开发了一种创新的方法，将扬声器从平板电脑中分离出来，从而具备了不同声学特性和节约潜在成本的设计优势。选择的商业模式是技术许可模式，同时奖励了一个要素品牌，类似音频领域的Dolby或纺织品领域的Gore-Tex。NXT将其授权给了超过250家公司，从而成了其他大公司市场营销的亲密伙伴，包括丰田、NEC、飞利浦、三星、TDK、Brookstone、日立、东芝等。

关于4P理论的思考还有很多。休·戴维森教授在他的开创性著作《攻势营销》和《更多的强势营销》中提出了不同于4P理论的"POISE"理论。他起初也是在宝洁公司从事市场营销工作，之后在又倍儿乐公司（Playtex）从事高级管理工作。随后，他成立了一家非常成功的咨询公司，并成为克兰菲尔德大学的董事长。我认为他是一个很值得学习的学者，因为他的第一课是在市场上学习的。

2000年1月，康纳·迪格纳姆（Conor Dignam）在《营销》杂志上发表了一篇文章，提出了"第五个P"——感知（Perception），我也把这个词纳入了本书中，但是理由是不同的。1990年，我遇见了Christian Malissard，他提出了自己的8P理论，即文件（Profile）、人员（People）、前景（Prospect）、组合（Portfolio）、伙伴关系（Partnership）、推广（Promotion）、流程（Process）、政治（Politics），但主要运用于管理销售团队，远超我设想的用于市场营销更全面的定义。我的理论包括了伙伴关系（以及推广和人员），但设定在更广泛的背景下。

我曾经在《品牌管理杂志》（JBM）——创刊最初18年内，我为其编委会成员之一，在这个刊物上读过一篇文章，Papasolomou和Vrontis提出了新增的六个P：哲学（Philosophy）、个性（Personality）、人员（People）、性能（Performance）、感知（Perception）和定位（Positioning）。六个P中我用了四个，有趣的是，他们是基于市场营销方法和营销环境的变化给出了解释，如服务品牌的重要性。对我来说，这些差异一直伴随着我。将定位纳入其中是麦克尔罗伊1931年备忘录的核心。对产品独特性的要求则可以追溯至20世纪40年代，罗瑟·瑞夫斯（Rosser Reeves）提出了独特销售主张（USP, Unique Selling Proposion）。

我从1971年开始担任麦克尔罗伊曾在1931年管理过的品牌的销售代表，这个品牌曾经启发了麦克尔罗伊品牌管理的概念。从那时起，我直接或间接地管理、指导和影响了上百个品牌，包括强大、著名的品牌，也包括无名的甚至无法延续的品牌。虽然我读过很多商业书籍，而且也的确从中受到过一些启发，但我还是把这本书作为我在一线实践中的营销分析来使用。

我经营企业超过40年，从初创企业到现金牛企业，我都管理过。我还曾经在私营企业和上市公司工作过。我从事过快速消费品、耐用消费品和B2B企业的工作。我曾为英国、美国、日本和伊朗的公司工作过。我也经营自己的生意，我的业务遍及全球50多家。长期的经验为我在市场营销方面的深入研究打下了深厚的基础。

我在提出营销20P这一想法时，并没有简单地查抄词典。我尽可能从自己在世界上一些最伟大的品牌的工作经验和独特见解中汲取灵感。我把这本书分成四部分，每一部分包括五章，每一章都描述了一个"P"（力）——这构成了市场营销的基础力量。有些情况下，我还添加了其他相关的P。但如我所说，这并不是在查字典，而是利用我的实际经验来帮助那些经验较少的从业者。

第一部分，我称为核心。最早是四个P，我添加了"包装"（Package）。有的观点认为它应该包括在"产品"部分中，也可能与"推广"部分混在一起，但其实它是一个独特的营销手段。当然，包装可以促进设计，从而使产品更具识别性——想想可口可乐——但首先它必须把产品送到销售地，再从那里送到消费地。可口可乐有盖的瓶子做得很好，这就是为什么可口可乐和它的所有模仿者在100多年后仍在使用这种包装。包装是营销组合中非常独特的一部分。

第二部分讨论产品经理的工作。首先讨论"计划"（Plan），这个课题十分重要，我相信"计划"是成功和失败的起始点。然后是"说服"（Persuasion），涉及内部的支持力和外部销售力，没有它大多数项目都会失败。接下来是"公关"（Publicity），对我来说，这是与推广（第一部分核心的5P之一）不同的一个单独的工作，因为它包含了公共关系，虽然其本质上有些被动却是成功的基础。之后的两个连在一起的"P"：营销的推力和拉力（Push-Pull），好的营销所必需的但总被误解的两个方面。要取得经营上的成功，我们必须准确把握时机。最后是这一组里最重要的一个"P"——"定位"（Positioning），这是麦克尔罗伊有关品牌管理的原始备忘录的核心内容。

第三部分讨论的是如何度量成功。首先讨论"利润"（Profit），财务管理领域的许多人都认为这是所有"P"中最重要的；然后讨论"生产率"（Productivity），这是管理中的关键度量标准，尤其对于营销人员，因为他们必须了解将产品推向市场所需的资源平衡。接下来讨论"合作"（Partnership），我们必须与一系列合作伙伴建立互惠互利关系才能取得成功，这种技巧在教科书中没有阐述。之后是"权力"（Power），优秀的营销经理们正在努力通过分销渠道和消费者选择以在实践中行使"权力"。最后，我们将讨论康纳·丁南（Conor Dignam）提出的"感知"（Perception），我们需要对市场上正在发生的事情有所洞察，我希望在一个传统的有组织的公司里，市场营销经理有这样的洞察力。我将解释为什么销售人员只能是信息的来源，却不会有那样的洞察力。

  第四部分关于参与者的行为。我从一个显而易见的P开始,这个似乎从最传统的列表中消失了的P是"人"(People)。人类会带来改变,所以在任何人类活动的基础上,我们都必须考虑到他们的需求。我们希望员工积极主动地工作,希望他们像"专业人士"(Professionalism),这意味着他们要努力去达到某个标准。营销行业的悲剧是缺乏传统上的标准。如果你想成为一名会计师、律师或医生,你必须通过某些考试才能被认为是专业人士,这使得这些行业确保了固定的从业人员的数量,这有点像一个贸易联盟,也有点像一个封闭的商店。市场营销领域没有确立这样的标准,因此受到了影响。我的职业生涯表明,一个人可以有很多方法进入营销行业。但我们仍然可以要求实习者努力工作达到专业标准。我也希望我们的员工对他们所做的事充满"激情"(Passion)和自豪感。如果他们在交易中冷酷无情,他们就不会受到鼓励,也不会取得好结果。最后一个P是"个性"(Personality)。我认为在商业中表达自己是非常重要的。通过展示一些个性,我们能够激发自己的团队以及那些我们正准备要影响的人的创造力。

## 关于本书中各种定义的说明

4P是在FMCG（快速移动消费品）的背景下开发出来的。像宝洁公司这样的公司及其直接竞争对手，如联合利华兄弟、高露洁棕榄（Colgate Palmolive）和比查姆（Beecham）等公司率先使用了这些技巧。这些技巧后来被越来越多、各种各样的企业所采用，直到今天仍然无处不在。

品牌经理和产品经理的职位名称实际上是可以互换的，并且会根据公司的品牌政策而变化。因此，宝洁公司为其产品使用了一系列不同的品牌名称，其中没有任何一个品牌的产品能被看出来自哪个公司。另一方面，索尼公司通常使用其强大的公司品牌作为一种保护伞，覆盖其成千上万的产品。因此，宝洁公司聘用的是品牌经理，而索尼聘用的则是产品经理——工作基本上是一样的。

市场营销经理在更高级别上执行类似的功能。他们可以管理市场，并有许多产品/品牌的人向他们汇报。这些定义也涵盖了严格意义上不属于产品的服务。作为世界上最大的服务企业之一，微软公司销售软件———一个并不总是有形的概念———但在它的4Ps或20Ps的营销方法中，软件与在电脑上承载它的硬件宛如一对兄弟。

对航空公司或酒店等服务行业来说，情况也是如此。它们产品的保质期很短，因此就像食品一样快速地变化，甚至更快，因为一些食品按照保质期销售才会有价值，而飞机在没有乘客的情况下飞行就不会产生价值。

这些方法后来出现在B2B领域，但同样有效。我在B2B领域有丰富的经验，并且认为它和B2C一样吸引人并且有很高的要求。在市场管理方面，例如在研究领域或在贸易展中，都存在着细微的差别，但分析方法基本上是相同的。

# 目录

**第一部分　核心力**

第一章　**产品力/Product**　2
　　产品开发　2
　　质量　6
　　组合管理　9
　　产品比较　10

第二章　**价格力/Price**　13
　　吉列剃须刀-刀片的商业模式　16
　　航空旅行　17
　　市场细分　18
　　价格点　19
　　"免费"产品　23

第三章　**渠道力/Place**　24
　　分销的历史　24
　　位置的重要性　27
　　销售管理　27
　　客户管理　28

|  |  |  |
|---|---|---|
|  | 品类管理 | 29 |
|  | 选择性分销 | 29 |
|  | 特许经营协议 | 32 |
|  | 展会 | 34 |
| 第四章 | **推广力**/Promotion | 36 |
|  | 广告的历史 | 37 |
|  | 广告有效吗 | 39 |
|  | 广告是如何产生效力的 | 41 |
|  | 线下 | 44 |
|  | 线上vs线下 | 47 |
| 第五章 | **包装力**/Packaging | 49 |
|  | 功能 | 50 |
|  | 包装的历史 | 51 |
|  | 身份包装 | 53 |
|  | 更改品牌名称 | 62 |
|  | 标识 | 62 |
|  | 涂色 | 65 |
|  | 包装也是商业模式 | 65 |
| 第二部分 | **行动力** |  |
| 第六章 | **计划力**/Planning | 68 |
|  | 目标管理 | 69 |

|   |   |   |
|---|---|---|
|  | 好的营销计划的特点 | 73 |
|  | 企业愿景 | 73 |
|  | 战略管理 | 74 |
|  | 组合管理 | 75 |
|  | 项目管理 | 80 |
|  | 预测 | 81 |
|  | 应急计划 | 83 |
| 第七章 | **说服力/Persuasion** | 85 |
|  | 利益共同体 | 86 |
|  | 说服同事 | 88 |
|  | 公众演讲 | 91 |
|  | 说服最终用户 | 93 |
|  | 市场营销中的心理学 | 94 |
| 第八章 | **公关力/Publicity** | 96 |
|  | 公共关系的定义 | 96 |
|  | 新闻稿 | 97 |
|  | 负面宣传 | 98 |
|  | 赞助 | 101 |
|  | 企业社会责任 | 104 |
|  | 慈善 | 105 |
|  | 新媒体 | 106 |
|  | 声誉管理 | 106 |

| 第九章 | **推拉力**/Push-Pull | 108 |
|---|---|---|
| | 保质期 | 109 |
| | 产品生命周期 | 112 |
| | 供给和需求 | 115 |
| | 稀缺的重要性 | 118 |
| 第十章 | **定位力**/Positioning | 119 |
| | 产品定位的过程 | 120 |
| | 定义市场 | 121 |
| | 重新定位公司 | 123 |
| | 22条商规 | 124 |
| | 独特销售主张（USP） | 125 |
| | 文案写作 | 126 |
| | 广告词 | 129 |

| 第三部分 | **管控力** | |
|---|---|---|
| 第十一章 | **利润力**/Profit | 134 |
| | 增加营业额 | 135 |
| | 提高价格 | 135 |
| | 降低成本 | 136 |
| | 营销与财务的关系 | 137 |
| | 市场战略对利润的影响 | 139 |

|  |  |  |
|---|---|---|
|  | 兰切斯特定律 | 142 |
|  | 利润区 | 142 |
|  | 企业的社会责任 | 143 |
|  | 互助组织 | 144 |
|  | 慈善机构 | 145 |
|  | 非营利性公司 | 145 |
| 第十二章 | **生产力**/Productivity | 148 |
|  | 零基础规划 | 149 |
|  | 决策 | 151 |
|  | 新产品开发 | 152 |
|  | 来自工程的经验 | 153 |
|  | 评估产出 | 154 |
|  | 个人生产力 | 155 |
| 第十三章 | **合作力**/Partnership | 160 |
|  | 商务合作伙伴关系的优势 | 161 |
|  | 合并和收购（并购） | 170 |
|  | 联盟 | 174 |
| 第十四章 | **权力**/Power | 176 |
|  | 权威品牌 | 176 |
|  | 来自军队的经验 | 177 |
|  | 知识产权 | 179 |
|  | 法律限制 | 181 |

|  |  |  |
| --- | --- | --- |
|  | 文化风险 | 181 |
|  | 零售商的权力 | 182 |
|  | 消费者的权力 | 185 |
|  | 市场衍生权 | 185 |
| 第十五章 | **感知力**/Perception | 187 |
|  | 名人推荐 | 189 |
|  | 康纳·丁南的感知 | 190 |
|  | 感知的问题 | 192 |
|  | 感知定律 | 192 |
|  | 感知心理学 | 193 |
|  | 企业品牌 | 195 |
|  | 感知管理 | 195 |

**第四部分　行为**

| | | |
| --- | --- | --- |
| 第十六章 | **人才力**/People | 198 |
|  | 招聘 | 199 |
|  | 评估 | 201 |
|  | 培训和开发 | 203 |
|  | 团队建设 | 204 |
|  | 管理 | 206 |
|  | 领导能力 | 206 |

|  |  |  |
|---|---|---|
|  | 营销人员必备的技巧 | 207 |
|  | 10种类型营销人员 | 208 |
| 第十七章 | **积极力**/Positiveness | 211 |
|  | 坚持不懈 | 212 |
|  | 责任 | 214 |
|  | 激励 | 214 |
|  | 积极型思维方式 | 216 |
|  | 消极型思维方式 | 217 |
|  | 广告标语 | 219 |
|  | 社交网络中的积极性 | 222 |
|  | 结论 | 222 |
| 第十八章 | **专业力**/Professionalism | 224 |
|  | 体育行业的专业精神 | 232 |
|  | 商业世界中的专业精神 | 234 |
| 第十九章 | **激情力**/Passion | 237 |
| 第二十章 | **个性力**/Personality | 249 |
|  | 企业个性 | 253 |
|  | 品牌个性 | 255 |
|  | 消费者的个性 | 256 |
| **总　　结** |  | 257 |

# 第一部分

## 核心力

# 第一章 产品力/Product

"市场营销只有三个P：产品（Product），产品（Product），还是产品（Product）。"

——1995年，罗德·舒格（Lord Sugar）对大卫（本书作者）这样说

罗德·舒格曾经对我说过，市场营销只有三个P：产品，产品，还是产品。当然，他是在模仿房地产商口中的三要素：位置，位置，还是位置，或者托尼·布莱尔曾说过的政府三要素：教育，教育，还是教育。这句话很有道理，并且罗德·舒格在自己这个产品上的确格外成功。他从一贫如洗到创建一家价值十亿英镑的企业，并成为英国最知名的商人之一。罗德·舒格曾在英国大力推广个人电脑的使用，后来他成为卫星电视行业的创始人之一，但他真正被人熟知是因为他在英国版特朗普节目《学徒》中的亮相。

尽管如此，我相信罗德会意识到，他的这句话至少在某一点上存在错误。他原本的意思是，你需要把产品做得很好，才能在竞争中占有一席之地。但他还认为，要想把产品做得很好，最为重要的就是把价格"做好"。我们将在下一章讨论价格，现在，我们先假定他的观点是正确的。那么，我们如何开发产品呢？

## 产品开发

产品开发有多种方式。我先从宝洁公司（P&G）的产品开发方法讲

起。宝洁公司的产品开发是扎实地建立在研究的基础上的，公司投入大量经费进行研究和开发（R&D），不仅开发技术，还研究消费者的态度。公司针对所选择的领域，大量地问卷调查有关专家，确保产品与时俱进。例如，开发某种新型洗衣机时，宝洁公司与制造商紧密合作，确保各种构思能够有效地在新产品中体现出来。宝洁公司还关注新领域。但由于现在新领域越来越难被发现，宝洁公司近年来的增长主要是通过并购实现的。

很多年前，宝洁公司的洗发水市场份额还很少，但是公司下决心要做强做大。宝洁公司在研究洗发水使用和洗发过程中，发现了一个普遍的趋势，整整三分之二的人（至少发达国家是这样）偶尔受到头皮屑的困扰，而更有三分之一的人则时刻承受这一烦恼。头皮屑使人非常不舒服，除非它被很好地控制或根治，否则它总是落满肩头，容易被人看到。宝洁公司针对这一问题去寻找解决方案。在几年的时间里，宝洁公司对超过两万种不同的复合物进行研究，最终确定吡啶硫酮锌（zinc pyrithione）能够产生最好的效果。随后，宝洁公司建立了一个开发流程，研究如何加工吡啶硫酮锌，并进一步深入研究如何使用吡啶硫酮锌。我有幸参与了这一产品（海飞丝）在英国的市场测试。当时，这款洗发水在美国已经获得了巨大成功，但是宝洁公司没有认为同样的营销方式在英国也能取得成功。因此，宝洁公司对洗发水在不同地区、不同水质（水软或者水硬）下都进行了测试，并对各种成分配比和包装大小也反复测试，当然，还测试了各种不同的推广手段。

1975年，这款洗发水最终在英国市场全面上市。这之前它已经进行了整整七年的市场测试。（布茨甚至戏言，这一时间长度应该被记入《吉尼斯世界纪录》）。宝洁公司的这款洗发水十分成功，并一举成为品牌领袖。其领袖地位到了今天仍然没有改变。这，才是一个真正的产品。当然，很多细节都有相应的改变：产品成分变了，添加了新的化学复合物；包装变了；价格也变了。但是基础产品和其核心市场定位（Positioning）没有变。毫无疑问，很多其他的公司也在一直使用宝洁公司的这种以研究为基础的产品开发手段，但是，这并不是唯一的产品开发手段。

索尼公司（Sony）在产品研发上花费了大笔预算，但在消费者研究上则支出很少。这就意味着索尼自己的工程师在构思产品时，在技术方面立足的是自己的观察力和远超出消费者的专业知识。

索尼因"创造"市场而闻名。在上面的例子中，洗发水市场并不是宝洁公司创造的，甚至去屑洗发水这个市场细分也不是宝洁公司创造的，但是宝洁公司通过缜密的市场研究成功占领了市场。索尼公司，通过敏锐的市场嗅觉和投入的工作创造了随身听这一产品的市场，它其实是现在的iPod市场的创造者。

这个天马行空的想法——生产一个不带扩音器并且不具有录音功能的磁带播放装置——连索尼的工程师们都曾对它嗤之以鼻。如果一款产品运用的是已有的技术，它就不是一项真正意义上的发明，尽管这项已有的技术会被进一步精心地研发以便实现生产。随身听这项产品的"发明者"，通常认为是盛田昭夫，索尼的联合创始人之一。然而，真正使这个想法得以实现的，其实是大曾根幸三带领的一群工程师。大曾根幸三自己就是一个极具天赋的工程师。他总是随身携带一个目标尺寸大小的木制的产品模型。为了实现这一尺寸，他的首席助理工程师高篠静雄，费尽脑筋地思考如何设计出一个比当时市场上销售的产品都要小的盒子，还得保持磁带的尺寸不变。他苦苦思考了几个月，终于有一天在去芝浦（Shibaura）工厂的路上，想出了解决方案：通过改变马达的角度来达到他想要的尺寸。后来，这个案例成为索尼公司横向思维的一个典型案例。

产品终于能够制造出来了，但仍然有很多人提出了质疑，这些人要求针对这一新产品概念进行消费者倾向研究。盛田昭夫拒绝了这些人的提议,因为任何研究都无法预测将来会发生什么。索尼有责任向市场"提出建议",而后由市场自主做出选择。这之后,开始了全球性的产品发布,而再次听见来自世界各地的分公司的质疑的声音。最初,在日本使用的名字是Walkman(随身听),被拒绝了,美国使用的名字是Soundabout,英国则用的是Stowaway,也都面临着同样的局面。神奇的是,伴随着富有想象力的促销,这款产品最终取得了巨大的成功,甚至引领了一种新的生活方式。不到两年,美国人和英国人就都接受了Walkman这个名字。现在,这个名字已经收入了词典。

从古至今,发明家总是领先于他们所处的时代,他们能够预测市场对于某款新产品的需求。然而,尽管我们大部分人对这类新产品在最本质上是有需求的,但是传统的研究方法发现不了这个需求,因为消费者并不认为存在这个新产品的可能性,自然也不会把这个需求表达出来。只有当这个产品摆在他们的面前时,他们会说,"我一生就在等这个新产品了。"

但是,如果我们更加仔细地观察,就会发现这些需求存在的痕迹。载人飞行就是一个很好的例子。历史上有很长一段时间,如果谁提出了载人飞行,他或她可能会被当作另类而被钉在十字架上烧死。当然,我们在希腊神话中可以找到一些想象的痕迹,戴德勒斯为他的儿子伊卡洛斯装上了翅膀;甚至《一千零一夜》也讲述了一个"神奇飞毯"的故事。直到1903年,莱特兄弟(the Wright Brothers)在基蒂霍克(美国北卡罗来纳州一小村庄)第一次试飞。从那以后的几十年内,飞机迅速发展,成为数百万旅行者生活中微不足道的一件事。

另一个例子是电话产业取得的巨大成功。亚历山大·格拉汉姆·贝尔(Alexander Graham Bell)只见证了自己发明的一部分潜力,但时至今日电话已经无所不在。从新用途的角度来看,手机是电话的一个新飞跃，今天几乎地球上的每一个人都在使用手机。沟通是人们的基本需求，尤其是与远方的人，特别是恋人。手机实现了这一点，但在手机被发明之前，没有任何研究预测到手机这个产品的可能性。

## 质量

产品成功的另一个因素就是质量。质量是一个复杂的概念，因为它既有相对状态也有绝对状态；质量同样还是一个带有主观性的概念。当足球评论员评价一个球员球技高超时，他们会说这个球员"有质量"，而不是说"好质量"或"差质量"。一款产品要成功，必须满足质量要求，必须有好的制造、好的采购，并通过严格的质量控制流程来做到这一点。这些流程因为质量风险大小不同而存在很大的差异。例如，一个药品制造商对产品质量会有极高的要求，因为失败的风险巨大，社会根本承受不起这样的风险。然而，质量标准必须根植于产品中，因为对生产进行100%的测试是不可能的。因此，这类符合质量标准的产品价格都非常高，发达国家会给予这类产品以补贴，但是不发达国家往往负担不起。

食品行业比医药行业的质量标准略低一点。那些容易腐烂的食品，就有出现沙门菌、大肠杆菌或其他细菌的风险。有时候，不合适的高标准会被强加在某些食品上。沙门菌在大部分时候会少量地出现在这些食品中，而且大多数人都能接受。尽管如此，制造商仍然无法承担这一不确定的风险。所以，在我负责一家食品加工厂的时候，质量管理部门独立于生产管理部门提交报告，并且有权停止生产和发货以等待可疑批次的质量检验。

这样的标准在电子产品制造行业并不存在。因为电子产品的价格竞争非常激烈，客户也不愿意为了完美主义支付更多的钱。然而，今天的质量标准与过去相比要高得多。工程师们甚至试图"设计出"缺陷所涵盖的风险。

20世纪50年代和60年代的英国电视行业，电视机质量非常差，以至于大多数顾客宁愿租电视机也不买电视机，然后支付持续维修服务的费用。那些能够成功地把同一台电视机卖出好几次的商人赚了一大笔钱。然而，随着日本在20世纪70年代和80年代通过其优质的产品逐渐占领了电视行业，电视机购买成本下降，租赁行业逐渐消亡，购买电视机的风险随之降低。作为英国索尼公司的董事总经理，我曾收到许多消费者的投诉，他们大多在20年前购买了索尼电视机、平均每年使用50周、每周35小时，但从来没有花一分钱在维修服务上。现在，当他们发现电视机偶尔不好用时，他们开始抱怨，以为自己买了一款"高质量"的产品，3.5万小时的免维护使用后继续使用该产品还要更换，这让他们感到失望。

尽管安全至关重要，但是食品的质量不仅仅意味着安全。食品质量还意味着体验。成功的食品和饮料公司开发了一系列的研究方法，以便确定他们现在和未来的产品开发到何种程度才能够愉悦消费者。他们还建立了标准，确保在巨额资源投入上市之前，新产品能够符合这些标准。我在玛氏集团的时候，很少有体验的考量。那时，公司在开发新产品方面有卓越的记录，失败的次数也比一般公司少。但令人吃惊的是，大多数新产品开发（NPD）都失败了。虽然原因并不总是与标准有关，但我敢打赌标准是很大一部分因素。

后来我加盟皮尔斯博瑞公司，并开始运营它们很赚钱的格林布莱顿子公司时，我发现类似的基于体验的标准早已建立，但一直被我之前的管理者忽视。我的前任管理者担负着维持一个活跃的新产品开发项目，但一直在偷工减料，推出的产品连他们自己的内部标准都达不到。

我回顾了最近的所有产品，并将它们与成熟的、盈利的产品线进行比较。很明显，一段时间以来，我们没有推出任何符合公司长期价值的新产品。随后，我启动了一项新的研究和开发计划，该计划有很严格的规则，即只有当新产品达到标准时才能被开发。我们随后推出的产品都更加成功，而且有一款新产品很快进入了我们的前五名热销榜。

这种做法，在具有复杂产品开发流程的行业是不被接受的，如汽车行业的丰田（Toyota）所倡导的那种。当然，像丰田模式这样的复杂流程现在是通行的，几乎所有主流公司都遵循这种流程，因此，它不再是公司的竞争优势。那些忽视这种复杂流程的公司大部分已经倒闭。然而，丰田通过预见和规则，有针对性地设计工具和技术以适应更广泛的框架，这个框架包括人员和流程。

由于全球对新车需求的大幅下滑，丰田最近面临财务困难，但从长期来看，丰田可以宣称自己是世界上最优秀的大型企业。它的成功要素就是持续改进，即便是很小的改进。这一流程并非丰田公司独有的，也不是日本工业独有的，但它是由丰田公司创建并不断完善的。

直到2008年9月，丰田公司的销售和利润一直都在持续增长。尽管如此，丰田高层管理人员每年会反思，哪些地方出了问题，哪些问题可以得到改善，而不会沉迷于过度的庆祝活动。全体员工充分地参与了这一努力。

1984年，新联合汽车制造公司（NUMMI）的汽车制造工厂在加利福尼亚州的弗里蒙特开张。这家工厂曾经是通用汽车公司的工厂，早在1962年就开业了。现在它是通用汽车（GM）和丰田的合资企业。通用汽车认为这是一个机会，可以从丰田那里获得关于精益生产的理念和知识。作为回报，丰田则在北美获得了一个生产基地，并有机会在美国的劳工环境中引入其生产系统（TPS）。

丰田长久积累的声誉，意味着在两家公司的品牌下都能销售相同的车型，然而，尽管丰田能够维持其全价销售，但通用汽车的经销商被迫大幅打折（我们将在第二章中进行更多的讨论）。

糟糕的是，2009年7月29日，NUMMI正式宣布倒闭，这个有趣的

第一章 产品力/Product

实验结束了。在这段时间里,它向世界展示了北美同行业企业与日本领先企业在产品开发和制造技术方面的差异。就在最近,丰田不得不几次召回其主要市场内的数百万辆汽车。丰田的新任CEO,创始人的孙子,甚至被迫去美国道歉。那么到底哪里出了问题?这大概与丰田最近的狂妄自大有关系。事后看来,当丰田成为第一名,并将通用汽车从高位上赶下来的时候,预警信号就已出现。"第一"是一个毫无意义的目标。企业应该以顾客满意为衡量标准,而决不应该把最大作为目标。在追求"规模"的时候,企业可能会面临着太多的妥协。

汽车生产行业现在越来越复杂,就像我工作多年的电子产品行业一样。工程师们似乎被越来越多的噱头所困扰。现在大部分的技术都需要通过半导体来管理,而我们也知道信息工程技术是多么的不可靠。另一方面,媒体喜欢推倒一个巨人,而美国的政客们则沉溺于保护主义。由国家机构管理的汽车行业召回现象很普遍。召回的决定不是由汽车制造商独立做出的,而是在制造商报告了故障后由国家组织(如英国的VOSA,一个运输部门与汽车贸易协会之间达成的合作组织)决定的。媒体对此并没有给出充分的解释。

## 组合管理

在这一章中,我描述了一些优秀企业开发新产品所采用的不同方法。但还没有提到产品的生命周期,这将在第九章中讨论营销的"推拉力"时进行探讨,但在这里我想说的是,针对每一个新产品开发的项目,都应该对应一个"旧产品开发"。确实,有远见的企业致力于积极的创新计划,这将导致它们产品中的重要部分随着时间的推移而被替换。然而,重要的是要记住,企业的大部分利润将来自产品,产品经理的工作是管理这个流程的所有部分,而不是被完全地束缚在新产品开发中。

组合管理的概念被广泛地理解是20世纪70年代由波士顿咨询集团开发的"增长-份额矩阵"（Growth-Share Matrix）。像所有优秀的矩阵一样，这是一个简单的2×2矩阵，如下图所示。

相对市场份额

| | 高 | 低 |
|---|---|---|
| 高 | 明星 | 问号 |
| 低 | 现金牛 | 瘦狗 |

市场增长率

增长-份额矩阵

其思想内涵，就是帮助企业决定如何在它们的业务单位之间配置资金。公司可以将其业务单元划分为"明星""现金牛""问号"和"瘦狗"，然后相应地配置资金，将来自"现金牛"的资金转移到"明星"和"问号"，因为后者有较高的市场增长率，因此有更高的成长潜力。"瘦狗"将不可避免地被停止。这种方法在至少20年的时间里很好地发挥了作用，现在的商学院仍然讲授此方法。但是，这种方法也存在风险。如果分配给"现金牛"的资金不充分，那么奶牛就会停止产出牛奶。

## 产品比较

在玛氏集团的糖果店，著名的玛氏巧克力棒的目标是追踪零售价格指数。尽管该产品是由价格波动很大的成分——如可可豆——生产的，但玛氏的产品经理会通过改变巧克力棒的大小或巧克力涂层的厚度来保持价格竞争力。

当然，他们只有在调查了市场的可接受度之后才会这么做。方法是测量代表目标市场的消费者样本的接受度。配方A，即目前的配方，将与配方B对比测试。消费者需要品尝这两种产品，并阐述他们的观点。玛氏分析其结果，最终总结出建议。通常，配方A可能会得到轻微的偏爱，大约48%~52%，但由于样本较小，这一偏好被认为不具有统计学意义。因此，配方B被授权进行推广。一段时间后，某个新产品经理上任后，类似的情况出现了，现在配方C被建议与配方B进行比较，以获得市场上的主要竞争优势。基于类似的结果，配方C得以推广。随着时间的推移，也许字母表中的所有字母都被使用了，但每次测试的两种配方之间并没有统计学上的差异。

几年后，一位非常聪明的营销人员询问，目前的配方Z是否可以与已经流逝在时间长河里的配方A比较。测试结束后，绝大多数人都选择了配方A。这并不奇怪，因为配方A的巧克力棒比配方Z大了10%：这就是在逝去的时间里缩掉的巧克力棒的价值。然后，这位非常聪明的营销人员，在法律范围内，以"多出10%的巧克力棒"的名义重新推出配方A，并取得了巨大的市场份额收益。

这种研究方式可能让缺乏警觉意识的人踏入陷阱。可口可乐和它的竞争对手百事可乐长期竞争。总的来说，在大多数市场中，可口可乐的市场份额都明显领先。你可能会认为这是因为消费者对可口可乐在口味上有偏好。这么想你就错了。在盲测中，百事可乐的口味略优于可口可乐。这是因为百事可乐比可口可乐略甜一点，而大多数人又都喜欢甜味。两者之间的差别微乎其微，或许是49%~51%，但在大量饮用的情况下，也是有所不同的。

可口可乐也这么认为。1985年，在一次活动中，可口可乐公司重新设计了产品，使其更甜，并将其作为新可乐推出。相对于传统的可口可乐和百事可乐来说，它都是盲测中的首选。但实际销售中它失败了。为什么呢？因为传统用户喜欢原来的产品，更重要的是，这些用户并不是无偏见地比较的。他们购买的是整个价值主张——可口可乐是美国生活方式的一部分，才是"真正想要的"，而百事可乐则是其更年轻的版本。可口可乐犯了严重的错误，又很快纠正了这个错误——它重新推出了经典的可口可乐，和传统的瓶装或罐装配方一样，于是可口可乐重新获得了所失去的份额。还有一点，就是可口可乐听从了忠实顾客的意见。

当我们讨论盲测时，我必须告诉你1950年到1970年配给时期结束后，由联合利华公司举办多年的著名的广告活动背后的真相。当已故喜剧演员莱斯利·克洛泽（Leslie Crowther）声称十个消费者里面有七位无法区分植物油制成的人造黄油和动物黄油。这在英国的测试中得到了证实，但他们从来没有告诉过你是哪种黄油。在那些日子里，黄油是一种区域性的产品，它几乎没有全国性的品牌。因此，它的味道是不相同的。产品经理会选择一种完全不被人熟知的黄油，让消费者参与试验，毫无疑问，面对根本不熟悉的植物黄油，消费者分辨不出区别！

# 第二章 价格力/Price

塞西尔·格雷厄姆问：什么是愤世嫉俗者？达令顿勋爵说：他们知道所有东西的价格，却不知道它们的价值。

——奥斯卡·王尔德，《温夫人的扇子》

一只大猩猩走进纽约的一家熟食店并点了一份外带的熏牛肉三明治加腌黄瓜。柜台后的服务员把三明治夹在一起，然后说："12块。"不过他马上意识到自己一直在盯着大猩猩看，于是他道歉说："啊，对不起，先生。坦率地说，我从来没在这里看到过大猩猩。""你每次卖三明治都收我12块钱，"大猩猩说，"你以后不会这么做了。"

定价是营销组合中最重要、也是最困难的内容之一。定价正确，企业可能会获得很多利润；反之，企业可能会迎来巨大的失败。在各种各样、不尽相同的定价策略里，没有任何一种永远正确。然而，某些定价原则确实被经常应用。

通常来讲，企业会计算成本并在成本基础上适当加价，从而得出一个价格，一旦这个价格被市场接受，企业就一定会赢利。当然，企业这么做并没有获得市场中的全部潜在利润，但是它们得到了保证：如果数据计算无误，企业一定会从营业第一天起就开始盈利。

好一些的方法是：企业先理解市场定价的结构，然后依此为产品定价。在这种情况下，企业必须考虑定位这个因素。如果企业认为自己的产品比竞争对手的更好，企业就应该把价格定得比竞争对手更高。同样，如果企业确信自己的生产成本是最低的，而竞争对手无法在不损失利润的情况下降价，企业就应该降低价格来给竞争对手施压。

而最好的方法应该是企业了解消费者眼中的产品价值后依此定价。这种价值定价方法与成本和竞争不太相关，只与产品和服务给消费者带来的效用有关。

现以冰激凌为例进行说明。多年以来，冰激凌在英国被当作一种大众化商品来销售。市场被两家大企业把持着，许多小商贩推着小板车来卖冰激凌。产品主要针对儿童市场，用低成本原料做出来的冰激凌味道也乏善可陈。成年人接受这样的冰激凌是因为他们不知道冰激凌还可以更好吃，直到他们开始旅行，在其他国家吃到了更好吃的产品（如意大利），于是人们渐渐开始不满。

这时候，美国出现了一个品牌——哈根达斯（Häogen-Dazs）。它被皮尔斯博瑞公司收购后，于20世纪80年代末期打入英国市场。哈根达斯的定位是：用高质量原料制作卖给成年人的冰激凌。随着百比赫广告公司（Bartle Bogle Hegarty）打出别具一格的广告，产品大获成功。那么它的价格呢？我和皮尔斯博瑞公司投放产品的员工关系不错，了解到他们曾在产品价格溢价上讨论过多次。价格应该比市场标准产品的价格高出50%，还是100%，甚至是200%呢？最终投放产品时溢价700%。是的，哈根达斯是以普通冰激凌八倍的价格在销售——一个完全与众不同的产品。它不是比其他产品好一点点，或是二倍那么好；它是一种完全不同的体验。它改变了冰激凌市场，而大批新企业随后也带着精致的产品涌入市场。哈根达斯不再拥有高出市场其他产品700%的溢价，但它依然作为高端产品出售，利润无疑是巨大的。

溢价非常诱人，但也很危险。数十年来，柯达公司（Kodak）一直主导基于卤化银技术的胶卷市场。柯达的营销十分强大；价格溢价的需求也随之而来。最开始的溢价只针对一些当地的竞争对手，如英国的伊尔福（Ilford）胶片；紧接着，溢价开始针对日本的模仿者，如富士胶片；最后，溢价开始针对自有品牌产品，那些产品由主要的连锁店售卖，大部分都由3M公司供给。柯达的管理部门被远高于竞争对手的溢价激励了。导致这么高溢价的，很可能并不是因为产品比其他竞争对手好太多或是有不同的特点，而是因为柯达强大的品牌和卓越的分销商管理。

　　危险的是，竞争并没有就此结束。柯达公司虽然在传统市场有着毋庸置疑的龙头地位，但它过于专注自己的领域，以至于当电子成像和数码摄影技术出现时，柯达无法与时俱进。现在，卤化银的销售已经烟消云散，柯达公司成为数码摄影这个新世界里的失败者。

　　1993年4月2日，星期五，为了与销售廉价超市自有品牌的一般香烟制造商进行低价竞争，菲利普·莫里斯公司（Philip Morris）把万宝路香烟的价格削减了20%。营销界和金融界的媒体立刻极其兴奋地以头条报道了万宝路品牌，乃至所有溢价品牌的死亡。菲利普·莫里斯公司的股价在一天内狂跌26%，股票市值减少了100亿美元。华尔街随之削减了可口可乐、塔姆布兰茨（Tambrands）和许多其他品牌制造商的股价。

　　但是"万宝路星期五"并不是万宝路品牌或溢价品牌的死亡。万宝路的行为停止了一场在20世纪90年代早期经济萧条时就开始的价格战，也导致了万宝路在美国的市场份额被大量侵蚀。万宝路的品牌经理错误地认为产品的绝对价格是神圣不可侵犯的，因此，当它的竞争者逐渐降低价格，万宝路相对的价格溢价仍然增长，给了被价格步步攻心的消费者太多的另选品牌的理由。通过削减价格，万宝路仅仅只是恢复了针对通用品牌的相对溢价。如果那些华尔街的投资分析师合格地完成了他们的工作，他们应该在这之前就减少菲利普·莫里斯公司的股价，然后在万宝路品牌经理反思错误的时候再抬高股价。两年之内，万宝路迅速重获丢失的市场份额，而菲利普·莫里斯公司也恢复了它的股价。

截至2007年，以数量计算，万宝路品牌掌控了全世界市场份额的33%。（2007年8月，《泰晤士报》）

## 吉列剃须刀—刀片的商业模式

金·吉列（King Gillette）发明了安全剃须刀，但是他的另一项同样重要的发明则是一个新的商业模式。他预见了企业的价值在于剃须刀的持续销售——所有男性从16岁起，如果决定每天剃须，就会有对剃须刀片的不间断需求。他以相对便宜的价格卖出剃须刀，随即收获了一大批忠实用户，因为只有他的刀片适用那个剃须刀。

今天，吉列的市场营销也基于同样的原理。它现在是宝洁公司（Procter & Gamble）旗下的子公司，尽管它依托宝洁公司的优质营销渠道，但再未想出如此强大的策划。这种从根本建立产品忠实度的方法也被成功应用在了其他市场上：博朗公司和欧乐B（Oral B）品牌的电动牙刷就是一个例子。消费者必须以高价购买可拆卸的牙刷头。一支电动牙刷的价格大概在15~30美元，而需要一个月一换的牙刷头的价格是5美元一个。如果这个搭配持续五年，那么虽然消费者购买初始产品只花费了15美元，但五年后总花费也许会接近300美元。

回到剃须刀-刀片的案例，毕诗男爵（Baron Bich）也曾在一次性圆珠笔的市场上应用过同样的方法。他采用了和吉列相同的模式：系统性品牌。例如，派克笔一般会先卖出一支笔——如果是钢笔，就用卖墨水和钢笔头的利润来赚钱；如果是圆珠笔，则用售卖替芯来盈利。毕诗男爵旗下的比克公司最大可能地削减成本，并定下一个极低的价格。通过运用与剃须刀-刀片一样的方式，比克也获得了巨大的成功。格外有趣的是，人们通常会认为剃须刀得到了更严谨的制作，毕竟它是如此私人又有些危险的东西；但事实上，比克也是一个非常出色的产品，只比吉列的产品略逊一筹。数年之前，当我在英国销售比克的剃须刀时，曾进行过一次秘密的市场研究。测试结果显示吉列的产品只领先比克产品的4%。不可否认的是，这是在锋速3和它的后续产品（一个刀头上至少有五个刀片）开发出来之前的最后一次统计，但这仍然是一个十分有趣的数字。因此，在剃须刀市场上存在两个完全相反的"系统性"定价模型，高价的捆绑式刀片和低价的一次性刀片并存，而且彼此都很成功。但在这样的市场中，中间地带很少。

## 航空旅行

另一个同时拥有低价和溢价的市场则是航空旅行。一方面，价格高昂的航空公司强调忠诚度，并为豪华商务舱乘客提供了床、奢华的休息室以及一整套忠诚度奖励计划：用航空里程抵换未出售的座位等。另一方面，低价的航空公司要么完全不提供任何不必要的服务，要么给出一个无服务的基础价位，然后把服务项目拆分销售。

令人无法理解的是，航空产业中的民航在最初是无盈利的。没错，自商业航班开启以来，民航的累计利润总额接近零。当然，有一些航空公司是处于盈利状态的，但是大部分公司都在亏损。如果是私营企业的话，这些航空公司早就破产了；不过，它们开始接受越来越多的政府扶持（如第十一章提到的美国的供给力），代价是整个行业的盈利能力。或者，它们一直做国家旗下的航空公司，得到政府卡特尔组织的保护。

尽管航空市场前景异常暗淡，但依然有一些引人注目的低成本航空公司在盈利：如连续40年都公布利润的美国西南航空公司、欧洲的瑞安航空公司（Ryanair）和易捷航空公司（EasyJet）。它们的盈利秘密就是聚焦：以极大的热情从其售价中去除所有不必要的成本，然后在安全标准允许的情况下削减其资产——飞机。它们还回避了大城市里垄断机场的高额收费，并与管理临近机场的城市政府做了一些聪明的交易。这些机场也许只是远了几千米，却不那么拥挤，乘客也很少迷路。

像所有最好的低成本定价模型一样，这不仅仅是对高端品牌的釜底抽薪，更是创造了新的用途。新的路线被开发出来，随之而来的就是一个新型旅行方式。从生态学角度来看，这一切并不都是令人满意的。不过，伦理问题留到稍后的结尾部分来解释，我们首先应该对实现这一交易的人们的聪明才智致以敬意。

这些公司开发出了各种算法，从而能够根据需求精准地调整价格。航空公司的座位就像酒店里过夜的床，都是最终易逝性的产品。即使是不太新鲜的食物，在被认定不安全之前都是有价值的。但是，今天的航班座位必须今天出售，因为留到明天它就只是一个代表着失去机会的统计数字。

当我看一场足球比赛时，如果看台的一半是空的，我就会为失去的可变定价机会而惋惜。定价确实应该保持高昂，但是如果最终座位没有卖出去，那么你就错过了一个机会。事实上，与其把它们空着，还不如把它们送给孩子们——让这些未来的季票购买者去体验一下。

易捷航空则把这个计算得很精确。它们可以宣传压得极低的价格，将所有的税费都包括在广告打出的价格中，然后直到飞机起飞的前一刻都随时调整价格。你可能会认为随着航班起飞时间的临近，价格会下降。然而事实上，正如斯泰里奥斯·哈吉·艾安诺爵士（Sir Stelios Haji-Iannou）在他的易捷航班上遇到我时所解释的那样，随着可用的供给量的减少，价格可能会上升。不过，身处竞争非常激烈的市场中，来自每位乘客的平均利润只有2.5英镑。因此，为了使利润翻倍，客舱员工需要肩负销售饮料和三明治的重任。

## 市场细分

我讨论了两个显然存在冲突的定价模型在同一市场上的共存。但一些公司试图通过细分来控制市场——根据市场的整体分布对一系列品牌定价。当我在宝路宠物食品公司的时候，我们推出了一系列的罐装狗粮，从像佳贝（Chappie）一样廉价和快乐的品牌，到更复杂的、像宝路Chum一样的品牌。佳贝实际上是查普尔兄弟公司（Chappell，后被宝路公司收购，译者注）早先的品牌，后来宝路宠物食品公司又增加了品牌Lassie，然后是品牌Bounce，紧接着是品牌Pal，最后是品牌Chum，每一个都代表了质量的提高，所以后者定价都比前者的价格要高。这个简单的细分涵盖了大部分的可用客户，并给予公司控制市场的潜力。无论消费者走向哪个市场细分，无论价格是涨是跌，都有一个宠物食品品牌在等着他们。

零售商们带着自己的品牌进入这类快速消费品（FMCG）市场上，并在价格表的底部或附近展开竞争。实际上，宝路宠物食品为消费者提供了一种反列产品（bounce product），也称mid-table candidate，多年来一直与其自有品牌开展竞争，直到有了更明智的方案，它才完全退出了自有品牌市场。后来，零售商学会了将所有可用的市场细分。因此乐购公司提供了一系列品牌，既有低价的品牌，还有中间层的标准的自有品牌，还提供了顶层的乐购优选。

当然，许多耐用消费品公司，尤其是汽车产业的，都试图从高端到低端提供全方位的产品，从而控制市场。他们意识到单独一个品牌不能做到这一点。所以，这就带来了一个令人担心的问题：索尼品牌在质量上具有最高声誉，不应该为了吸引更广泛的受众而做出降低价格的牺牲。同样的，丰田将其品牌延伸至现有市场的很大一部分，但已开发出完全独立的雷克萨斯品牌，以与奔驰、宝马和捷豹等更为成熟的豪车品牌进行直接竞争。

## 价格点

定价往往围绕一个价格点来确定。零售商们经常谈论"魔术价格"，即顾客对金钱价值的感受与供应链利润要求相平衡的价格。在我的经验中，最极端的例子之一是在智利：在那里，M&M豆的经销商进口著名的糖果M&M豆，主要依据是这个零食的尺寸。随后，皮诺切特（Pinochet）政府将汇率固定在39比索兑换1美元，这一政策使得该政府成功地摆脱通货膨胀，并使得当地制造商与像我们这样的国际制造商展开更直接的竞争。这一汇率使进口商可以在街道上以10比索的价格销售香囊。在这个价格下，销售额数量巨大。然而，汇率在保持了三年的稳定后开始变动，并在仅仅三个月内达到90比索兑1美元的汇率。这时，魔术价格点消失了，在街头销售的批发商把产品换为本地的便宜替代品。巨额的金钱像夏天里的雪一样消失了。

这是价格弹性的一个极端例子，指出了需求会随价格的变化而发生弹性变化。这是可以被精确测量的，在一些大行业，它是需求管理的关键机制。有些产品是无弹性的，如汽油。当汽油价格急剧上涨时，需求往往只略有变化。这里的计算可能略微失真，因为消费者之间各不相同：有些人的费用由他们的雇主来承担，因此他们的需求不变；有些人需要自己支付费用，也许他们的需要因为价格改变而做出一些调整。

经典的"魔术价格"涉及"99"策略的使用，即定价为0.99便士而不是1英镑，9.99而不要10英镑，要14999而不是15000英镑。这种现象在英国太过普遍，以至于嚎叫的上帝萨奇（Screaming Lord Sutch），妖怪狂欢发疯党（Monster Raving Loony）的领袖和多年的选举斗士，提出引入一种99便士硬币，以避免1便士硬币的交换。这个想法充满想象力，不过依然是个疯狂的建议。民间智慧认为，"99"这种做法是由Canny零售商发起的，他们想确保店员被迫打开装钱的抽屉，然后登记交易，而不是只揣起来一张纸币。但我发现这很难令人相信，因为其他同样精明而不诚实的店员只需要一枚1便士的硬币就可以破解这个小陷阱。真正的原因是，尽管在数学上差异很小，但从心理学角度来看，价格点确实似乎更低。这确实是有效的实践,它将陪伴我们很久。

传统上,制订价格的顺序先是制造商和供应商,然后才是零售商。这一传统在20世纪60年代的英国身受压力:一些零售商,如乐购,通过尝试转售价格控制(Resale Price Maintenance)的做法,获得了国家的重视。爱德华·希思(Edward Heath)是负责议会通过取消转售价格维持的部长,尽管一些像书籍和报纸的产品类别仍然是免税的。具有讽刺意味的是,尽管这一行动最终导致更大的零售商现在可以直接在价格上竞争,运用其购买力从供应商那里拿到更大的折扣来迫使小的零售商离开市场。希思先生仍然后来被杂志《侦探》给予了绰号:食品健康先生。

这一行动的经济效果好坏参半。消费者对价格竞争的结果喜闻乐见。然而,这些消费者在社区层面上失去了很多的便利,利润不再保留在社区中,而是被抽走并集中于国家层面上。

不可否认的是,这种定价具有一定的政治背景。20世纪70年代,当通胀飙升时,这种情况变得极端,主要是被石油输出国家组织(OPEC)设定的石油价格大幅上涨所刺激。英国和美国,现在被视为最致力于自由市场的两个国家,通过立法来控制价格。英国负责管理这一过程的大臣是雪莉·威廉姆斯(Shirley Williams),她的继任者是罗伊·哈特斯利(Roy Hattersley),或许令人难以置信的是,美国负责这一工作的是唐纳德·拉姆斯菲尔德(Donald Rumsfeld)。

但在这一灾难性的反常现象之后,市场上产生了巨大的扭曲。一个新的机制出现了,价格点成了制造商和零售商之间激烈谈判的问题。随着零售商话语权的增加(我们将在第十四章回到这个主题),价格的每一个变化都成为增加他们可用利润份额的机会。20世纪80年代初,我在格林布莱顿,一个相对较小的市场里的主要参与者那里学会了这种市场游戏。由于我们对面粉、糖、包装和劳动等主要产品的投入价格不断变化,所以我们需要价格上涨。在过去,这仅仅涉及一个新的价格列表的计算和发布,而现在它涉及与每一个主要的超级市场的广泛的协商。我们必须首先证明我们投入价格的变化,并证明我们已经尽了一切努力来控制它们。零售商们得到的帮助是,他们的品牌产品在同一类别,因此有独立的信息来支持我们的论点。一旦达成价格必须改变的协议,是时候建立新的价格点和分割利润的谈判。

在销售价格低于1英镑的产品中,有几个知名的价格点,它们中的一部分将失灵。我们已经讨论了99便士,在我们理解之前,我们将考虑49便士而不是50便士,以此类推。因此如果产品的原始售价是47便士而我们想要5%的价格增长,我们将不得不满足于49便士,即仅增加4.2%的价格,或者一直增加到52便士,这是下一个可识别的价格点,因此我们能看到产品价格上升10.6%及其所带来的严重损失的风险。

此外,零售商们会清楚地知道哪些产品是消费者经常购买的、并熟知价格的。总有一个可记忆的价格,这个是已知值项(Known Value Item)。当政客们受到质问时,他们通常无法回答"一个面包卖多少钱"这个问题,但一般的购物者可以(就像他们熟知其他经常购买的产品的价格一样),但对商店里销售的产品的一般范围不太确定。这尤其适用于生鲜商品,尽管这些商品在价格上的变化是众所周知的,但在不同的季节有不同的价格。因此,负责制订价格的超市买家在这些项目上有更多的余地,绝大多数不被认为是已知值项。

如果产品受到增值税的影响,由于价格点的建立,会产生较大的失真。在美国,通常先设置价格点,之后增加销售税。例如,你可以买一本书,原价是16.99美金,然后发现结账时增加了6%的营业税,最终价格是18.01美元。营业税的税率可以多种多样,但不会影响价格。然而,在英国,增值税包含在最终价格中。我已经解释过,价格点是最高的,因此,如果未来的财政大臣降低增值税税率,它可能会导致一些人为的情况。然而,当增值税税率上升时,这通常是趋势,其效果是对制造商和零售商的隐性税收。

举例来说，如果一台电视机的原始价格是799英镑，税收是20%，那么实际发生的是，消费者以665.83英镑的价格买了电视机，并给税务局支付了133.17英镑的增值税。如果税收增加到22.5%，零售商面临着两种选择：要么保持底价665.83英镑，要么把最终价格增加到815.64英镑，从而得到一个额外的16.64英镑的税收。或者，更可能的是，判断这不是一个可行的价格点，所以最终的价格保持在799英镑，降低零售基础收入到652.24英镑，因此税收为146.76英镑。税收的增加不会由消费者支付，而是由零售商将其转嫁给制造商。因此，这是利润的隐性税收。

## "免费"产品

在结束价格问题的讨论之前，我想简单谈谈一个想法：一些产品是免费的。这被一些人看作是一个新的经济领域，因为越来越多的互联网模型声称提供免费产品和服务。这是一个复杂的领域，包括一系列的商业模式，从完善实践提供一个免费的额外物品刺激销售，到"免费增值"的想法———小部分用户支付溢价的版本，作为大部分人可以使用的免费版本的升级。"免费增值"的概念可能是新的，但只有少数人成功地将其设计为盈利模式。然而，它确实向我们介绍了我们在哪里购买产品和服务的重要问题，即下一章的主题。

## 第三章 渠道力/Place

给我一个牢固的支点,我可以撬动整个地球。

——阿基米德(公元前287—前212年)

也许阿基米德在提出他的著名的杠杆原理时,他的大脑中尚没有营销的概念。而在营销学科中,渠道或地点是一项十分重要的内容。市场营销一词源于"市场"的概念。传统上,市场就是人们相会、买卖、交易产品和服务的地方。建立市场就是建立渠道,交易者聚集在这里交换产品。设想一个有趣的问题:第一个零售店是如何建立起来的呢?会不会是一家面包店,因为店主的烘焙技术比周围人都高超,因而开始批量制作面包用于出售或交换别人的产品?或者类似的,某个人酿酒酿得特别好,因而建立了小酒馆?

### 分销的历史

我们追溯一下各类商业渠道的历史:从客栈到酒店、咖啡馆到餐厅,街头小贩到快餐店;从市场摊位到商店、百货公司、超市和大卖场;从铁匠到车库再到陈列室。传统的展会,或德语中的"博览会",是以贸易展览的形式呈现出来的。

并非所有的营业场所都是固定的和永久的,有很多是流动性的。例如,有的贸易商带着他的商品在每周的不同时间、在全国的不同地方进行交易。在英国,这种流动性经营曾经需要由皇家授权,直到现在仍有很多店家享有这个授权。这些皇家授权的限制性很强，不仅详细规定了某个小镇可以在某个具体时间设立一个交易市场，出于同样的原因，还规定临近城镇不允许设置相同的市场，确保已设立市场的繁荣。我住在圣奥尔本斯附近的小镇，一直到不久前，这个小镇都不允许有任何的街头销售，因为这个地区只有圣奥尔本斯拥有此权利。现在，这个小镇每月可以开一次农贸市场。

这种流动销售的概念通过"门到门销售"得到了进一步发展。我是20世纪50年代在曼彻斯特的郊区长大的，那时候，直接送货到门的不仅有牛奶和报纸（如今，这种方式正在衰落，但依然存在），还有肉店的肉、烘焙店的面包、每周从杂货店预订的商品。收集空容器的软饮料供应商和夏天每天都会来的冰激凌车也会来到家门口，车上的铃铛声宣告着冰激凌的到来，孩子们便会缠着妈妈要个蛋卷冰激凌。

直销商业模式是基于门到门销售而成功发展起来的，当时销售的产品有雅芳化妆品、百科全书、保险、双层玻璃和吸尘器等。大部分情况下，它被认为是一种低成本的分销方式，因为它不需要中间商，它没有经常变化的人工成本。这是一种非常有效的销售方式，在方便顾客的同时也让卖家有了充分推销的机会。

基于这个概念延伸出来的新销售方式有电话销售以及更为现代的电子邮件销售。因此，直邮销售也是一种门到门的营销方式，替代了宣传册以及由销售人员分发的其他印刷品。每年，英国约有45亿件"直邮"通过信箱发送出来，其中，大部分信件的归宿是垃圾场。

"邮购"是直销的进一步发展，这得益于19世纪后半叶铁路网的建设，以及由此促成的邮政业务的大发展。在这种情况下，严格地说，销售渠道不是家庭，而是邮购目录。商人们谈论的是目录上的"甩卖页面"，因此，页面就是销售渠道。当今的在线零售也与其有着直接的关联。

因此，货物购买和销售渠道，可以是任何地点——从家到超市货架、从街头摊位到由数十万人参加的大型展销。对营销人员而言，关键问题是他们必须决定选择什么渠道分销他们的产品。他们需要制订营销策略，并确保该策略针对其目标区域市场是可行的。这一原则对于任何销售给个人和企业的产品和服务都是有效的。例如，你在经营一家剧院，那么你的销售渠道就是戏剧演出的剧院，你需要策略吸引人们来到剧院。但是，随着电影的出现，"戏剧"可以被录制下来，成千上万的剧院或者电影院都可以向观众提供相同的娱乐节目。

但是，拉尔夫·沃尔多·爱默生是否说过："设计一个更好的捕鼠器，世界就会打开通向你家门的路？"不，他并没有那么确切地说过。我会在下一章具体讨论他说过的话，因为它与促销有关。但在这里，它也有一定关联性。如果他说的是真的，那么所有关于渠道的研究都不必要了，因为世界会打开通向你家门的路。你不必去找销售产品的渠道，顾客自然会找到你。用几分钟时间反思一下，你就会发现爱默生是错的。顾客永远是正确的，而他们保持正确的情形之一就是：他们自己决定愿意去哪里买东西。如果他们想买的商品不在那里，他们更有可能买别的东西或者不买，而不是直到商品在那里的时候再买。超市经常向供应商抱怨很多问题，但抱怨最多的并不是供应商无法100%提供他们所订购的货物。他们会衡量自己和供应商的库存状况。

伦敦地铁的免费报纸——《地铁报》（Metro）解释了它是如何发挥作用的。伦敦的每个地下和地上地铁站都放置自助服务箱，繁忙的上班族只需要停步、弯腰，然后拿起一份免费的《地铁报》。这份报纸每天供应充足、便于阅读，资金来源于报纸内的广告，而且这些广告与其他报纸的广告相比并没有更具侵扰性。这比在报亭排队买报纸方便多了，因为它不仅是免费的，而且很容易被找到。这是一个根据地点（渠道）来构建商业模式的非常有效的案例。这里，很有可能产生一个成本支出，就是在地铁站里放置报纸需要支付租金，这与店主为他们的售货亭支付租金是一个道理。

## 位置的重要性

如果营销的场地（渠道）是你自己的地方，那么适用不同的规则。每一位店主都要选择一个合适的位置开始经营，我们通常说三个优先：位置，位置，还是位置。几个世纪以来，那些位于大街上的商铺们一直在为了位置斗争着；如今，类似的斗争依然存在于大型超市之间，每家企业的房产组合是投资分析师评估整个企业的关键指标之一。当房地产开发商进行大型户外购物商场建设时，他们希望先签订一位主要租户，最好是一个大型百货连锁店。零售成为零售商有效出租其空间的一场财产游戏。近百年来，百货公司像房东一样，他们出租场地给不同品牌进行销售。化妆品和时装品牌主要以这种方式进行分销。

我在索尼公司工作时，哈洛德百货（Harrods）做出决定，它不再自己经营电子产品。相反，它在一系列零售商和生产商中招标，将销售电视机等电器的这片区域出租出去。公司的产品通过一个独立零售商"索尼中心"进行销售，这取得了前所未有的销售额。而Harrods商场也受益于有保证的出租场地的回报以及良好的销售率。

没有直接控制网点的营销人员，需要采取一些策略进行分销管理。这从而引发出销售管理。在销售直接面向最终用户的企业，销售和营销是由一个人负责的。但在大部分消费品业务中，销售对象并不是最终购买产品的最终用户，因此将销售和营销的职责分开来更好些。营销部门可以将消费者或最终用户的声音带到会议桌上，而销售人员可以带来各个分销渠道的重要意见。

## 销售管理

在企业经营者并不实际控制分销渠道的情况下，销售管理变得格外重要。我发现，很多企业都彻底改进销售管理流程，并且获益匪浅。我很幸运能够在宝洁公司开始自己的职业生涯，宝洁公司在销售管理方面投入了大量资金。当该公司在几年的市场测试后最终决定在全国范围内推出化妆洗涤产品——海飞丝洗发水和佳洁士牙膏时，能力超群的销售总监罗伊·弗兰基（Roy Franchi）决定成立一个专业的销售突击队，建立分布广泛的零售分销网络，而不是依赖打进公司的直销电话。当时，我负责团队组建和管理，我们十名销售人员耗时六个月完成了覆盖上千个销售网点的任务。我们当时的目标是每人每天打30个电话，最终打了30000多个电话。我们保持大量库存，并通过本地批发商销售少量产品以获得现金流。能够参与产品生命周期初期的分销对我而言是难得的经历，那时，产品知名度的提升可以凭借广告和其他促销手段。

如今，这样的方式可能看起来老套，而且成本较高，因为现在大部分的分销都由少数的零售商和药店控制着，这使得客户管理变得日益重要。

## 客户管理

克兰菲尔德大学的市场营销学教授马尔科姆·麦克唐纳撰写了大量文章，分析营销组合中客户管理的重要性。他强调，需要发展卖方和买方之间的密切工作关系，让买方感受到爱！

客户管理的内涵并不仅限于销售。我不轻视推销艺术，并将在第七章中探讨这个概念。想要做好客户管理，企业需要全面了解客户的业务，包括他们的需求和期望、组织架构以及两家公司如何交易。客户经理需要对他们所在的市场有很好的整体理解，因为这是他们可以给客户带来的利益之一。

在索尼公司，我们曾经鼓励我们的客户管理团队，要比客户自己更了解客户的业务。每年，我们都会邀请客户与客户管理团队座谈，分享我们未来一年的计划，阐述我们对市场发展的预判，展示我们将要推出的新产品。随后，我们也会邀请客户代表介绍他们的计划以及未来一年的订单预测，双方一起努力实现目标。虽然我不能说这一过程中没有任何障碍，但我们共同努力达成双方商定的目标，这对我们克服障碍有很大帮助。我们在这个过程中投入了大量的时间和资金，但我们认为这对于实现我们的整体商业计划至关重要。

## 品类管理

客户管理的进一步改进,就是品类管理。通过品类管理,卖方可以努力去建立买方对其服务的信心,即卖方负责的是买方的整个业务的品类,而不仅仅是自己公司提供的产品。宝洁公司率先开展了这种尝试,向各个店铺经理提供重新摆放货架的服务。当时某些类别商品的摆放方式已经过时而且凌乱。宝洁会宣传重新摆放货架的好处,这无疑会带来更好的销量。我们的目标是,我们自己提供劳动力帮助店铺经理重新布置货物陈列以促进销售。不过那些日子早已过去,如今,零售商们已经自行管理货架的摆放,但如果制造商对类别管理经理给予强大的信任,那么这个项目可以被共同管理起来。当然,仅仅考虑自己产品的获益是不能建立起这种信任的,至少,这样做可以保证自己的产品得到平等的对待。

可悲的是,买方和卖方之间的关系常常被定义为双方都具有侵略性,其中一方总是试图从另一方获得更多的利益。这对任何一方而言都不是好事。良性经营是建立在双方可共享的双赢之上的。市场蛋糕的大小是不固定的,是可以增长的,双方都可以从中受益。卖方不仅应该提供产品,还应该提供一系列的市场支持,例如,面向整体市场开展营销,面向广大消费者做好广告宣传、店内培训和商品展示等。零售商首先应该提供渠道——这是本章的中心内容,同时,还应该发挥自己更了解客户的优势。此外,零售商还应该为其员工提供更多的支持以促进产品销售。

## 选择性分销

分销管理面临的困难之一是选择性。许多制造商会考虑限制其产品的分销,以获得商品的独占权。简单地说,他们不希望高价产品与劣质产品放在一起销售,以免影响商品形象。例如,香水只在高级商店销售,而很少出现在市场摊位上。从制造商的角度来看,这是合理的。他们在产品开发、包装和广告方面投入了大量资金,因此希望保持商品的独家形象。制造商还希望保护那些在商品展示、员工培训等方面有大量投入的零售商,并且不希望其产品被划入低档行列。当然,这种愿望虽然是可以理解的,但在实践中困难重重。

### 1.《欧盟运行条约》(The Treaty of the Functioning of the European Union)

欧盟的这部法律的大部分内容来源于1957年《罗马条约》,该条约的很多内容被纳入《欧盟运行条约》,被称为《里斯本条约》。欧盟竞争法律的基础是罗马条约第81条和第82条。第81条第1款规定,禁止可能影响欧盟成员国之间贸易的协议,禁止阻止、限制或扭曲欧盟内竞争的行为。第81条第2款宣布任何此类协议自动失效。欧盟委员会有权对违反第81条第1款处以重罚。但是,第81条第3款允许特定的协议被宣布豁免第81条第1款。有关内容被列入TFEU的第101条中。豁免的协议类别被称为集体豁免。集体豁免适用于独家分销协议、独家采购协议和特许经营协议。最著名的集体豁免是针对汽车行业的,该行业利用其巨大的政治和游说影响力来保护封闭式或捆绑式分销体系,这意味着您只能从授权经销商处购买特定型号的汽车。毫无疑问,这样的分销有很多好处,但它通常也会使价格高于正常价格。

### 2. 选择性

最常见的选择性分销体系是,供应商指定零售商可以无限制地向最终用户转售其产品。供应商通常只向授权的零售商供货,并可能承诺不向未授权零售商或公众直接出售产品。因此,选择性分销会形成一个封闭的交易网络。在供应商指定授权零售商之前,通常该零售商需要确保其在管理、技术、资金、场地质量(取决于产品的性质)等方面达到供应商的标准。在选择性体系不排他的情况下,供应商可授权的零售商数量没有限制,而且不同授权零售商之间距离可以很近,授权零售商也可以自由地销售其他产品,包括竞争性品牌。

2004年以来，企业必须对其分销安排是否符合欧洲法律做出自己的判断，但欧洲法院（ECJ）也有一套判例法裁定。欧洲法院已经接受了选择性分销制度并非必然限制竞争的观点，并认为，如果达成某些条件，这种制度就符合第101条第1款的规定。这些条件大致归纳如下：

● 产品适合选择性分销形式；

● 经销商是基于质量方面的客观标准进行选择的，这些标准统一适用于所有潜在经销商，并且不具有歧视性；

● 这项制度实质上是以增强竞争为目的的，从而平衡选择性分销体系所固有的特别是在价格方面的竞争限制；

● 制订的标准不会大范围地超出必要范畴。

然而，欧洲法院（ECJ）也认为，如果满足这些要求的选择性分销制度大量存在，则可能限制竞争，会使得其他形式的分销没有存在空间。

我在索尼公司时，曾深度参与制订了一项新的泛欧洲分销政策，以便使公司的分销更加符合欧洲的要求。与许多其他公司一样，索尼也在不考虑泛欧要求的情况下按不同国家建立了分销制度。它的第一家欧洲公司是在瑞士成立的一家财务机构，旨在资助通过第三方分销商进行初始交易的当地企业。第二家公司，索尼英国有限公司（Sony UK Limited），成立于1968年，也就是我后来管理的公司。索尼法国（Sony France）随后建立。这些公司都制订了自己的单一国家内的贸易政策。索尼英国成立时，英国甚至不是《罗马条约》的签署国。最终，在经过相当多的内部谈判之后，在欧盟范围内形成了统一的分销协议。这项协议是针对特定产品的，而其他需要较少服务和销售知识的产品被视为"开放"并可以自由销售。

3. 排他性

分销体系通常会涉及两类排他性：地域排他性和产品排他性。具有地域排他性的分销体系的最常见的形式是，供应商同意只向指定区域内的一家零售商供应特定产品。该区域通常被称为"领土"（有一些分销体系使用其他术语来表达相同的意思）。零售商致力于产品在该地区的销售。通常，供应商在这个区域没有自己的直接销售队伍，完全依靠零售商来实现市场渗透。零售商可以自由选择其客户，可能（最常见的情况下）包括最终用户和经销商。供应商可以阻止或控制零售商向该区域以外的经销商或顾客进行销售。

作为交换，零售商也要接受某些类型的产品排他性，如承诺完全不出售竞争产品，或仅在某地区内不出售竞争产品，或不出口相关产品。

## 特许经营协议

通常，特许经营协议确立的是许可，授权某公司用某种特定经营模式分销产品或服务。其中一项重要内容是可以使用知识产权（IPRs），包括商标、标识和专有知识等。特许经营者需要向许可提供者支付特许权使用费，从而使用其知识产权、经营理念、商业计划等。这些特许经营协议为特许经营商提供了一种低成本方法，即建立统一网点分销其产品或服务。信誉良好的特许经营商可以通过特许经营协议以低成本、已测试的方式开展新业务。

以汉堡王为例，该公司曾经在一段时期由皮尔斯博瑞公司所有。当我在其英国董事会工作时，我们曾经听到过来自不同渠道的不同声音。汉堡王现在在英国非常成熟，但在早期，可以肯定地说它有若干个问题。汉堡王由来自美国的管理人员管理，这些人有管理中西部餐厅的经验，但没有海外经验。所以当他们来到英国时，他们的第一家餐厅在伦敦中心地带开业，第二家餐厅也开在附近。当时还挺好，但是他们的野心越来越大，他们的第三家餐厅开在伯明翰，第四家餐厅开在曼彻斯特，第五家餐厅开在南安普顿，第六家餐厅开在雷丁。对他们来说，所有这些城市之间的距离看起来很小，但实际上他们已经覆盖了该国一半以上的电视区域，为六家餐厅打广告就需要支付包含了全国60%以上的电视台的费用。

特许经营协议经常与纵向约束结合起来,其中可包括非竞争性条款以及选择性分销和排他性分销要素的组合。

特许经营已广泛应用于零售分销体系和快餐店。像麦当劳和汉堡王这样的公司已经基于加盟商的资本建立了庞大的连锁店。作为回报,他们让加盟商持续获得经过验证的商业模式,该模式包括强大的品牌形象和营销支持。

我在50多个国家工作过,因此在职业生涯中处理过很多由于文化差异而产生的问题,这些问题存在的原因与当地的管理层有关。我在美国的沃顿商学院学习外国市场进入战略,遇到一位正计划将安海斯-布希公司(Anheuser-Busch)的产品系列带到英国的人。百威啤酒在英国是一个非常成功的啤酒品牌,这是因为其管理层已经学会以英式方式将其出售给英国人——既幽默又偶尔古怪的方式。英国的啤酒爱好者喜欢用他们最喜欢的啤酒开玩笑。然而,这位男士始终坚持用美式的营销方式——啤酒与体育紧密联系。当时,我无法让他相信他的想法是错误的,所以,安海斯-布希公司在第一轮的营销中浪费了很多钱。

皮尔斯博瑞公司在中东的出口业务非常成功,主要归功于斋月期间大量销售的甜点产品。尽管斋月期间,白天时光很快,但到了傍晚时分,一家之长会为家人准备丰盛的食物,幸运的是,很可能包括用我们的焦糖混合面粉制作的甜点。作为负责这项业务的总经理,我非常希望看到产品的分销情况,并对所有相关地区进行了调研。我在迪拜时,曾在一间旅行社更改航班计划。店主听到我的名字后做了自我介绍,我才得知他还是当地皮尔斯博瑞公司的代理以及其他许多业务分销的老板。他邀请皮尔斯博瑞的出口经理和我在他家中用餐,对于初次见面的人来说这是非常热情的款待,随后我们成了朋友。

我总是想在销售地点看到产品被当场售出。对我而言,这是理解业务的重要部分。每一家经营良好的零售商都明白这一点,大多数零售商的高级管理人员都会花费相当一部分时间去拜访商店,并了解他们在总部精心打磨的策略实际上是如何执行的。供应商需要在一定程度上采取同样的态度。在索尼公司，我一直鼓励管理层尽可能多地花时间进行实地调研。事实上，我制订了一个标准，称之为20∶20。我希望他们至少花20%的时间进行实地考察，再花20%的时间参与员工培训。这样的话，每周还有三天的时间可以花在文书工作、参加会议，以及盯着电脑屏幕呢！

## 展会

在本章中，我讨论了商品出售的各种各样的渠道，但都是面向消费者的。然而，相当多的业务是以企业对企业（B2B）为基础进行交易的，其中大部分业务都是通过展会进行的。如今，许多这样的展会成了一种混合体，他们同时以消费者和企业为对象，因此最终的服务对任何一方来说都不是特别好。消费者可能对诸如电子产品或视频游戏等产品类别有兴趣，愿意花一天的时间参加此类展会以了解最新产品。但对企业来说，他们很可能已经通过之前的介绍和会议知道了这些产品，不过他们可以从中了解公众与新产品间的互动。

展会的最大好处是，企业有机会与业内其他人会面。这是一个简单的事实：一个行业确定一个时间和地点把大家聚集起来，以便在短时间内可以见到大量的供应商或客户，展会是非常高效的。引领观念或技术的文件在会上得以签署。当然，为了达到这些目的，需要付出的成本也是十分巨大的，因为大型展示设备需要在短时间内建立起来并在短时间内被处理掉。我本人参加了世界各地的100多场贸易展览，涵盖各种不同的行业。我曾尝试开拓各种不同的项目，以激发公众对某一类别的兴趣。例如，1993年，我是NEWS国际集团在英国首个推广电子产业节目的第一个签约人，我们称之为直播节目。在索尼公司的支持下，NEWS国际集团签署了一系列其他的参展商，还为公众推出了一个精彩的节目。

在索尼公司，我们还专门为客户举办展会。该行业通过其行业协会

BREMA同意在每年春季的固定时间在伦敦举行展会。然而，由于我们保留邀请我们客户的权利，并且不希望竞争对手参与我们的对话，所以我们拒绝与其共同举行展会。我们大多数竞争对手每年都在同一家酒店举办他们的展会，但索尼公司的座右铭是"我们做别人不做的事情"，我们总是努力做一些与众不同的事情。我不是这一传统的发明人，但我很高兴能够继承这一传统并延续下去。在我上任的前一年，展会在海德公园的地下停车场举行。我在任期间，展会选择在巴特西公园的一个巨大的帐篷里、在怀特利百货公司废弃的三楼、在马里波恩路上一座摩天大楼的尚未出租的顶层两层，以及我个人最喜欢的——在阿尔伯特音乐厅一场拳击冠军赛和埃里克克莱普顿演出的间隔中间举办。

但是，我们继续承受着参与同一个展会的压力。最后，我与一家独立的龙头零售商秘密会面。他同时在两份主要的贸易报纸中撰写有趣且有影响力的专栏文章，其中一个以自己的名字写，另一个以笔名写。他说，行业的首要责任是使得像索尼公司这样有影响力的制造商支持这样的展会。零售商需要它才能聚集在一起，相互之间、和供应商一道聚集力量。我同意了，于是从那时起，我们开始参与这样的展会。它并不符合我们的销售计划，因此我们仍然与我们的授权经销商举行单独的展会。但我们为更广泛的利益做出了让步，并且提高了我们在独立经销商中的地位。

随着互联网的发展，很多业务现在都是在线交易。因此，网站已经成为交易的渠道。这种情况看起来和已有100多年历史的"邮购"没有什么不同。因此网站设计也应以促进销售为目的，这种区分非常重要。我们将在下一章探讨促销问题。

渠道管理是营销的重要组成部分。这是一个企业中销售和营销两个部门的责任，并且需要仔细分配这个责任。

## 第四章 推广力/Promotion

离开了推广，一切努力都将会化为乌有。

——巴纳姆

如果一个人能写出比别人更好的书，传授更有哲理的布道，或者做出更好的捕鼠器，那么即便他住在深山老林里，世人也将踏平一条直通他家门的路。

也就是所谓的"放置一个更具吸引力的诱饵，世界的机遇将纷至沓来。"

——拉尔夫·沃尔多·爱默生

上面这些话其实涉及了一系列问题。在上一章中，我们讨论了其中一个问题——渠道，但更重要的问题是市场知名度。一项产品如果不为人知，做得再好也不会有人购买。所以在市场营销的过程中，我们需要推广力，传统的营销四大"力"之一。大多数人将推广理解成一种线下的活动，比如通过某个渠道与消费者进行间接交流，而线上则代表直接的沟通。为了方便起见，我们在本章遵循这一划分。我们将首先讨论广告，或者所谓的"线上推广"。同时，尽管"公共关系"（PR）向来是推广力的一部分，但本章在对推广力进行定义时将其排除在外。理由很简单。公共关系对推广力有一定的影响——良好的公共关系造就了有效的推广宣传，但公关不仅仅是一种单向的主动沟通。更重要的是，公关是与公众的互动，并以此进行交流。这就意味着公司需要知道如何去回应公众的关注,但这与推广力就相去甚远。无论怎样,公共关系都是市场营销中的一个重要概念,而我们将在第八章公关力中专门讨论。在第八章,我们还将讨论另一个特殊的主题——赞助。从某种角度上看,赞助与整体的推广战略密切相关,但从另一个角度看,赞助则与产品推广无甚关系,反而与商业声誉更加紧密相连。

即使排除许多概念,剩下的传统的主题——广告和推广——与市场营销也有很多含义的重叠之处。但我坚决反对这一观点。对我来说,广告和推广的确是市场营销的重要组成部分,但并不是其全部内涵。在英国营销界,人们为创意能力而骄傲,因为这意味着他们的行业已经成为一个独立的行业,甚至成为创意艺术的一个分支。但是离开了客户,这个行业将不复存在,因此考量这个行业成功的唯一标准,就是客户的成功。如果客户因目标达成而满意,这就意味着这项广告或推广手段的成功。客户为了"创意"而过分关注细枝末节,完全不考虑效率,这种行为在我看来是不可思议的。

现在回归主题。我们已经做出一个好的产品,下一步,我们如何让潜在客户也意识到这一点呢?

## 广告的历史

在橱窗里摆好商品并邀请路人进来观看,这对于在一个小社区里做生意的人来说就足够了。但只要我们想把生意拓展到更广阔的市场,我们就需要通过媒体将信息传递给更广阔的市场。所以,随着时间的推移,越来越多的媒体加入了广告行业来传播商业信息。从商店招牌到广告牌,从报纸到广播电视,从纸质信件到电子邮箱,商家们通过各种各样的方式发布广告信息,以此吸引潜在客户的注意力。早在1780年,塞缪尔·约翰逊(Samuel Johnson)曾说过,"大部分广告都只追求数量,以至于很多都是粗制滥造而成。只有承诺和雄辩才能获得注意力,这其中有些是高尚的,有些则是悲哀的——承诺，巨大的承诺，才是广告的灵魂。"

工业革命带来了大规模生产，也刺激了大众对消费的需求。因为人们需要广告，新型媒体出现了——在杂志和报纸上划出一块空间来做广告。在维多利亚时代，这引发了第一次大规模推广活动：在艾尔伯特王子的策划下，1851年的世博会在海德公园临时搭建起的神话般的水晶宫中举行了。在这个最早的全球性展会上，制造商们被邀请来亲身体验和参与发明与商业的奇迹。超过600万的游客参观了15000件展品，而这意味着，消费主义时代来临了。

1865年，一个年轻人走进一家肥皂制造公司，成为其初级合伙人。后来，他成为广告史上最杰出的人物之一。他就是托马斯·巴雷特（Thomas J. Barrett）。他创办了the Pears广告公司，该公司凭借自身的实力而成名，甚至使其品牌同样出名。托马斯写出了诸如"早上好，今天你用Pears香皂了吗？"等精彩的广告词。这句话后来无处不在，人们的早晨问候语都因此发生了变化。为了实现同样的商业目的，他还添加了艺术元素。他买下了约翰·埃弗里特·米勒斯的画作《泡泡》，聪明地在上面画了一块肥皂。米勒斯知道此事后十分愤怒，直到后来他才知道，成千上万的海报被复制并出售，而这幅画成了当时最受欢迎的作品。托马斯还发起了一年一度的"Pears小姐"选美大赛，一直举办了一个世纪。

从这些先驱者开始，许多人开始关注广告事业。广告在媒体、消费者购买习惯、街头家具和娱乐融资方面的影响力越来越大。"肥皂剧"一词就来自肥皂巨头们对广播和后来的电视连续剧的赞助。一些极聪明的人选择广告业作为他们的职业，有的还发了财。罗伊·汤姆森（Roy Thomson），一个精明的加拿大人，退休后在英国创办了一家电视企业。他有句名言，"电视特许经营权是印刷钞票的许可证"。这笔钱完全来自广告商，因为他们认为这是最有效地吸引大量潜在观众的方式。今天，英国最大的广告商是英国政府。

在讨论广告时，有两个重要的问题需要解决。首先，广告有效吗？第二，如果有效，广告是如何产生效果的？

## 广告有效吗

很多人心里都对这个问题有一个固定的答案。他们不认为广告对他们产生了任何影响，即便对其他人有一定作用。但这是虚伪的。在实际生活中，所有人都会因为广告而购买一些东西。他们可能只是对报纸上的某个分类广告进行了回应。他们可能在一个房地产经纪人的窗口看到他们喜欢的房子，考察后买了下来。也有可能，他们一直在市场上寻找一辆新车或一台新电视机，之后他们看了相关杂志，又试着开了车或看了一些样品，才做出选择。所有这些都是有效广告的例子，因为它们推动客户做出购买决策。

广告非常有效地向公众提供了有用信息，而且通过提供信息、鼓励竞争、宣布创新和刺激需求使得市场有效运行。但仍然有人怀疑广告具有操纵性和误导性。许多人还把广告，特别是拍摄广告，视为一种娱乐，从而忽视了广告的真实价值。在20世纪60年代和70年代，人们常说广告是电视上最好的内容。公众喜欢火星人的广告，这些广告嘲笑老派人士做土豆泥的方式落后于时代。有些讽刺的是，当人们对这些广告的记忆仍然强烈时，广告中的产品却已经不再存在。人们喜欢吉尼斯马、哈姆雷特雪茄以及其他赛事产品，事实上却从来没有在市场上购买过它们。

万斯·帕卡德（Vance Packard）在20世纪50年代出版了《隐藏的说服者》一书，从那时起，人们开始正面地质疑和讨论广告。广告确实有效，但其效果体现在方方面面，也不是在任何时间对任何一个人都有效。如果我们仅仅从经济学角度看待这一问题，我们可以认为广告与社会繁荣之间有直接的关系。换句话说，社会的繁荣程度与广告水平成正比。这并不一定是一种直接的因果关系，但两者之间的确存在很大关联。

有句话这样说："我花在广告上的钱有一半被浪费了，但问题是我不知道是哪一半"。从宝洁公司的亨利·宝洁（Henry Procter），到联合利华公司的威廉·利华（William Lever），这句话一直被反复提起，但它最早是19世纪末的百货公司巨头（曾任美国邮政署长的）约翰·瓦纳马克（John Wanamaker）说出来的。这个问题也同时被用来衡量生产力，本书将在第十二章中进一步讨论。这个问题也与效率有关。作为一个从事营销工作的人，我经常被问及我对某个广告的评价。我很少回答，因为严格意义上讲，我无从判断广告的好坏，除非我了解广告背后的细节，比如目标客户和广告的目的。人们只有知道了这一系列问题的答案，才能准确判断广告的力度。话虽如此，我仍然要说，我看到的许多广告都是令人费解的。我认为这些广告的文案一定乏善可陈，写得很糟糕，又没有经过充分的思考。这种情况下，糟糕的广告是不可避免的。这与软件编程的原理是一样的——输入的是垃圾，输出的必然也是垃圾。

为了进一步证明广告的有效性，我们来看看整个广告业在发现广告自由面临监管限制的风险时，是如何反应的。曾几何时，烟草业是广告业的大客户，而烟草业中的说客总在说，广告并没有提高市场规模，只是一个帮助各个烟草公司争夺市场份额的零和博弈。这种天真的论点从未被接受过，而其所涉及的证据也被夸大了。其中就有这样一个发生在日本的故事：长期以来，日本烟草商都有一个不成文的约定，就是不做面向女性的吸烟广告。因此，日本的女性吸烟率与国际水平相比很低。后来，由于政治压力，一家美国公司进入了日本市场。这家公司不承认这一约定，因而推出了一些专门针对女性的品牌广告，导致大量的年轻妇女养成了吸烟的坏习惯。我们可以推断，她们中的许多人将会由于吸烟的各种副作用而缩短寿命。

现在，还有其他几个行业也面临着广告被限制的压力，包括饮料业以及儿童食品生产业。饮料业尝试着自我调节并重复着这句口头禅：广告只能简单地移动棋盘上的棋子,没有那么重要。不过,我的一位曾在饮料业中取得成功的同事私下里跟我说,"所谓酒精饮料其实就是专为吸引年轻人而研发的,当然就会面向这个群体宣传。"我们将在本书的结论部分讨论道德问题。应该说,广告商负有相当大的责任。

## 广告是如何产生效力的

这个问题包含了大量的学术研究。正如我先前所说,大部分人都不认为广告是有效的,因为广告的有效性意味着其中的商业信息有能力说服人们去做某些事,而人们不愿意承认这一点。但难道不是吗?生活就是一种互相说服的过程。男人和女人互相献殷勤,并在这一过程中展示出自己最好的一面。这也是整个动物世界的法则。求职者为了找到一份好工作,在其最初申请、写简历乃至面试的时候,都在努力地将他最好的一面展示出来。如果我打算把房子卖掉,我会在出售之前把它打扫干净,甚至重新油漆。在买家来看房子时,我也许还会在厨房里放上一壶咖啡,散发出诱人的香气。我们还可以举出很多很多例子。这种"互相说服"是很正常的,大家也都能坦然接受。但大家无法接受的是这一过程变得不诚实。广告也是如此。广告必须合法、得体、真诚、可信。如果没做到这几点,人们就会开始抱怨,有些广告甚至会被撤回。

广告的有效性体现在人类理解力的两种层面上——理性层面和感性层面,分别对应左脑和右脑。有人会说,广告对理性的人不起作用,因为用左脑思考的人能够抵抗广告中的情感共鸣。然而,精彩的广告往往对这两种层面都有效。我记忆尤深的一个非常棒的广告,是艾博特·米德·维克斯(Abbott Mead Vickers)为英佰瑞做的。这条广告只是简单地说:"在英佰瑞,好吃的东西也很便宜。"然而,这个简单的陈述既含有情感说服,也有理性说服。"好吃"就是一个情感上的表达。虽然从理性角度说服观众相对困难,但"便宜"这个形容词是非常理性的,也很容易理解。最聪明的是,他们将这个广告分成两部分。"好吃"这部分具体体现在杂志中展示的色彩艳丽的照片和可爱的图案,而它们都是大卫·艾伯特(David Abbott)最棒的摄影作品。《每日邮报》的特别推荐栏目对其细致描述,则成为"便宜"这一特点最真实的佐证。于是,"好吃又便宜"就成为英佰瑞品牌在超市里的标志语。

广告中如何同时含有情感和理性两个层面,这个问题也涉及时机的选择,我们有时候需要抢先一步。例如,Bounty是来自玛氏集团的巧克力椰子棒糖。提到Bounty,观众们总会想起长期以来的宣传语:"Bounty,天堂的味道",并将产品与宣传片中的南海群岛联系在一起。当我在智利,考虑哪些玛氏集团的产品应该在该国上市时,我想到了Bounty。回到伦敦后,我与达彼思公司(Ted Bates)的一位高管吃饭时,我解释了我的理论:"智利人热爱南海。大溪地就是他们梦中向往的地方;他们一定会喜欢Bounty的!"可他却冷淡地问:"智利人知道这是什么吗?早在我们拍摄南海群岛之前,我们花了10年时间来向观众描述椰子和巧克力的融合过程。"重点是,在这一过程中,理性的解释首先出现,情感因素随后才被添加。当你的理智告诉你去购买某项产品,这种理性决定会让你感觉很好。耐克和星巴克的品牌专家、前首席营销斯科贝德伯里(Scott Bedbury)表示:"想做出一项成功的品牌产品,仅仅拥有成功的产品模型是不够的。世界上到处都是行之有效的产品和服务。你必须评估你的品牌带给消费者的感受。"

当我第一次从销售转型到营销时,我最期待的事情之一就是有机会为我管理的品牌拍摄自己的商业广告。不幸的是,如前所述,其中大部分都是市场上的模仿类型的产品品牌,其战略设计旨在削弱我们那些主要竞争对手的产品组合,而不是有其产品自身的生命周期曲线。尽管如此,我还是很早就向我的第一个营销老板克里斯·布拉德肖做了一个推销。克里斯是一个非常聪明的营销人员,他曾经在宝洁公司接受过

第四章 推广力/Promotion

培训。他在宝洁工作期间推出的Ariel洗涤剂，现在仍然是市场上的一项主要产品。后来被宝路宠物食品公司招募后，他制订了一项战略，使Whiskas猫粮品牌获得了惊人的成功和大量的盈利。20世纪70年代中期，能源危机引发了一些恐慌，人们开始思考镀锡板未来的性能和作用，以及是否有必要依赖半湿润或干燥食品技术而不是罐装技术，以及如何将镀锡板多样化为更为紧凑的其他包装形式。同样的道理，这些产品在当时不太热销，而罐头一直占领市场很多年，最终干燥和半湿润食品技术确实取代了罐头。公司为这批产品建立了一家专门的工厂，而克里斯则负责运用市场营销完成销售。

加入他的团队对我来说是一个极好的机会，因为我可以向两位大师，同时也是我才华横溢的同事——保罗·杰克逊（Paul Jackson）和德拉蒙德·霍尔（Drummond Hall）学习。保罗在玛氏集团工作过很长一段时间，业绩斐然；德拉蒙德则将继续担任Dairy Crest集团的首席执行官。

从前在与克里斯的讨论中，我讲述过对一个推广品牌的广告的想法。克里斯指出，广告只是一种与消费者沟通的方式。做出好广告的诀窍是明白如何沟通，并能够在负担不起一种广告形式时，找到其他合适的形式。这是宝贵的经验，我从来没有忘记。罗伯特·路易斯·史蒂文森（Robert Lousic Stevenson）最恰当地表达了这一点，他说："文学的困难之处不是写作，而是表达出你的意思。在广告或市场营销中，这是一个挑战。用一条简单的信息总结出你的品牌所代表的内容，这条信息就可以通过广告、捆绑销售或任何方式与你的最终用户交流。"我们将在第十章（定位）中回到这个主题上。

后来，在另一位主管的领导下，我以一种新的形式重新推出了同一品牌，并将其与之前发布的品牌合并。显然，我们有必要向消费者解释这一切，于是他们提出了一个绝妙的想法。我们可以说，这种产品营养丰富，足以供给湖区的山区救援犬，也足以喂饱你的小狗。这个想法在行话中被称为耐力测试。这是一个令人兴奋的想法，于是我们决定与一个真正的山区救援队合作。我记得当我向董事会提出这个想法时，财务总监的问题是，这项广告对产品来说是否过于好了——这是一个有见地的分析。不管怎样，我还是和广告团队、登山救援队长和他的狗一起上了山。这位登山救援队长是个天生的运动员，相貌粗犷，并愿意和我们建立长期的合作关系。他的狗是一对母女俩，在广告片中它们会互相替身。我们同时拍摄了产品对比，并与鱼片做了比较。我们唯一一次需要化妆师是她在母犬的头发上涂上一层灰，使她更像她的女儿。这样让鱼片看起来更好，因为在主管眼里，它并不像鱼片。我认为这并不影响这条广告的合法、得体、真诚和可信。

## 线下

线下活动涵盖了其他推广形式，主要是对销售流程的支持。这在很大程度上涉及推广过程的一个合理性层面，如产品试用、品牌忠诚度建立或销售奖励等。但对于"折扣"起到的作用，以及如何计算这方面的亏损，很多人都有一些困惑。折扣可以从毛收入中合理的扣除，也可以计入推广成本，这具体取决于该行业内折扣方式以及该行业的习惯做法。有很多所谓的促销活动，只不过是换个名字打折而已。

一直以来，在世界上大部分地方，讨价还价都是做生意时的常态。在所谓成熟和发达的西方市场，我们已经失去了谈判或讨价还价的艺术。我们不好意思要求折扣，而且对无须面对面的自助服务更为满意。我们可以不说一个字就在超市里买齐我们一周的所需。在这个过程中，我们可能会对许多"推广"信息做出回应，目前它们的主要差异是价格。

如果你在当地的超市里逛一逛，你会发现同样的价格折扣有两种表达方式："两件商品只要一件的价格"或者"买一送一"。这在贸易中称为BOGOF（Buy One Get One Free）；也就是"半价"或"五折"。

第四章 推广力/Promotion

这些优惠有区别吗？好吧，"半价"和"五折"在意义和影响上是完全相同的；"买一送一"需要相同的实施成本，但它对市场有着不同的影响。"买一送一"增加了顾客购买所得的实际产品数量，从而使消费者在很长一段时间内不再光顾同类市场，从而打击了竞争对手。它还保护了原来的价格点，虽然商家给予了相当可观的优惠，也就是一个完全免费的额外产品，但原本的价格并没有变。改变原本售价的成本是相当高的。如果制造商想要降低售价，比如每件5便士，他们就必须降低自己的批发价。这将比最终零售价格的5便士代表更大的百分比，如下例所示。

我们假设，一个产品的通常零售价为50便士，而一批产品有12个。从制造商处购买一批产品的批发价格为3.60镑，因此当零售商以推荐售价售完这批产品后，他就获得了40%的毛利，也就是2.40镑（50×12÷100-3.60）。现在，如果制造商提供折扣，使零售价便宜5便士，那么每批产品的批发价也必须相应降低60便士至3.00英镑。这家零售商的销售价格为45便士，但仍然实现了同样的现金利润，2.40英镑，也就是44.4%的毛利。制造商的利润则减少了60便士，因为这部分利润进入了零售商的腰包。

为了解决这个问题，20世纪70年代，当时我还是宠物食品的年轻品牌经理，发明了一种新的特价产品的销售方式。很明显，打包销售是一种有效的市场营销，不过最有效的是简单明了的降价。然而，正如刚才解释的那样，制造商需要支付这个过程中所有的支出，所以作为制造商，我们能够支持降价的资金是有限的。我想出了"特殊降价"的主意。每件打包销售的产品都标有"特价"字样！这样一来，客户会期待一个更低的价格，但具体低多少则由我们决定。作为制造商，我们根据自己的负担能力改变折扣价格。然后，我要求我的销售团队尝试与零售商协定，让他们也支付一部分减去的利润，从而达到我们试图维持的原始价格。这样的做法很成功，我们一直保持着这样的减价方法很多年。

大多数的贸易推广其实与购买清单没有什么区别。除了全球最大的制造商外，零售商逐渐获得了对所有制造商的影响力，大量的贸易经营体就建立起来了。零售商"压榨"制造商的各种手段越来越娴熟。当我还是宠物食品的销售经理时，我们提出了相当诡辩的论证，为了拒绝零售商对其整体营业额要求的过度折扣。这些论证大多围绕着我们在市场、产品开发、消费者教育等方面的投资。就我个人而言，它们总是成功的。

然而，从那天起，零售商学会了反补贴方法，主要是利用他们对制造商的权力：制造商要同意零售商的要求，否则他们会把其除名。这种被除名的威胁无处不在，甚至购买清单，即库存产品协议，也会带来一定的费用。零售商将向制造商收取同意库存产品的费用和产品的费用，并在年底向制造商收取库存产品的费用。我记得20世纪80年代，一家大型连锁超市的一位特别贪婪的采购主管，在又一次勒索一家供应商之后，走进员工食堂，按铃叫人注意，然后宣布"又一家制造商倒霉了"。我很高兴地说，世界是圆的，当零售商被一个更具侵略性的掠夺者收购时，这位采购主管得到了报应，他所负责的业务被取消——他失业了。

这种滥用权力的行为经常被调查，但很少得到裁决。这是因为没有制造商会提供证据来证明这种情况，因为他们害怕公司失去业务，自己失去工作。每个人都知道这种行为在继续。除了那些大公司之外，很少有人能改变些什么。这些大公司的业务规模很大，因此可以与个别零售商保持一定的距离，而不会屈从于他们的所有要求。即使如此，零售商在世界各地游走的趋势也越来越明显。我曾经认为零售业基本上是一个依赖当地知识的企业，它不容易跨文化转移。有许多例子表明，零售商在自己的国家享有主导地位，但除非业务是"盒装零售"，否则无法建立国际业务（即出口模式没有太大变化）。因此，十分成功的玛莎百货未能在美国立足，畅销的英佰瑞在美国的经历同样令人失望。

麦当劳和汉堡王等快餐零售商花了很长时间消除当地的文化差异，现在已经建立了非常成功的全球业务。至于百货公司，沃尔玛收购英国阿斯达（Asda），以及乐购收购东欧和东南亚地区的食品公司都表明，跨文化转移企业是可行的。但对于曾经在美国的试验品牌，Fresh & Easy，乐购仍然不得不自食恶果。

正如我刚才所说，推广活动大部分都只是为了减价或支持上市。当营销人员用减价的方式来贬低他们的品牌或讨好最终用户时，他们经常辩驳他们是通过这种方式建立忠诚度。假如我们不夸大这种形式的促进作用，它是可以发挥作用的。

## 线上vs线下

品牌所有者希望在"线上"和"线下"两个方面开展活动。他们希望与消费者保持直接沟通，同时提供适当水平的贸易支持。但是，如果他们的总资金有限，而且不能充分完成这两项任务，他们将做出怎样的决定呢？他们很可能会撤回广告，因为他们不想因为撤回他们的贸易支持而失去顾客。撤回广告不会有立竿见影的效果，但他们认为，如果不支持贸易买方，那么买方将被除名，他们将没有业务。

20世纪80年代初，我在格林布莱顿百货公司时，也面临着类似的困境。作为总经理，我决定分配广告和促销预算。我曾在码氏集团的学校接受培训，在那里我们制订了严格的规则，规定了支持广告活动所需的最低支出水平。我们认为，除非达到这些最低限度的出现频率，否则广告在某种意义上是浪费金钱，因为太低的出镜率不足以传递信息给潜在消费者。消费者看不到，召回率也太低。

因此，我决定把所有的开支都拨到线下活动。我把预算给了一家领先的销售推广公司，显然他们很开心。他们提出了一个富有想象力的全年活动计划。他们对一个品牌提出了以日历为免费礼物，我们将生产日历来鼓励全年使用该品牌的消费者；另一个品牌则是和巴纳多的慈善事业开展合作等。我的首席执行官布鲁斯·诺布尔（Bruce Noble）是高露洁棕榄的优秀经理，曾在麦肯锡（McKinsey）和伦敦一家主要的广告公司工作过。他对这一计划表示怀疑，并试图劝阻我不要这样做，但我确信，这比我们在这方面所能实现的任何目标都更物有所值。

我错了。这一系列活动非常失败，几乎都没有达到推广目标。以这种方式散布促销资金的效果甚至比广告更差。具体的错误是发出了一个信息，即该品牌不再是一个广告品牌。这一信息不仅传达给消费者，虽然我怀疑他们是否真的意识到这一点，但更重要的是传达给直接利益相关者，尤其是我们的员工和销售人员。他们不再拥有背后的广告力量，他们的客户也发现这是一个失去信心的品牌。

第二年，我把可用资金转移到了线上，并委托给我们余下的代理商艾博特·米德·维克斯。由于我们是其初始客户，尽管我们的预算很少，但其仍然对品牌保持相当大的忠诚，把他们的一些最优秀的人才交给我们，并提供了一些高质量的杂志广告，恢复了品牌的一些名声。布鲁斯·诺布尔优雅地指出我应吸取的教训，并强调了这一点。他向我指出，在他看来，一个品牌应该保持一定的广告支持，即使在《广播时报》这样的周刊的角落里被缩小为小广告。这代表着品牌在世界上的地位。

我记得我在索尼公司时的教训。我要支付的预算要大得多。然而，当20世纪90年代初经济衰退袭来时，我的许多竞争对手在某些情况下将广告支持减少到零。他们当然没有减少对贸易的支持，而是越过了布鲁斯为我规定的界限。相比之下，我提高了广告支持的水平，使索尼看起来几乎是唯一一个与观众认真沟通的品牌。我们的广告份额上升到75%以上，这似乎有些过分，但其结果是我们的总体市场份额大幅增加，即使在市场需求下降的时候，销售额也显著增加。在随后的几年，我们能够保持这些份额的增长，在此期间，我们实际上减少了分配给广告和促销的营业额的百分比。

所以当我们问自己"广告是如何产生效力的？"时，除了考虑对最终用户的情感和理性诉求外，我们还必须考虑所有其他利益攸关方的态度，特别是销售人员。

# 第五章 包装力/Packaging

鸡蛋是一件艺术品,是设计、建造、包装下的一件杰作。

——迪莉娅·史密斯

在本章,我将解释为什么传统的市场营销"4P"至少还需要第五个"P"——包装力。包装可能被认为是产品或推广的一部分,这取决于我们是在谈论包装的功能还是在谈论对包装上的设计,但这正是重点所在。包装有两个完全不同的目的,因此它既是一种艺术形式,也是一门科学。形式和功能之间的问题必须被解决。

现以可口可乐为例。可口可乐是一种众所周知的饮料。不管我们是从瓶子、罐子还是冷饮柜台里喝到它都无关紧要,因为这是它们自己的配送系统(delivery system);但在营销的背景下,这些配送系统传达出了一个完整的商业模式。可口可乐以浓浆的形式生产,其秘密配方只有少数人知道。浓浆随后被分销到世界各地的装瓶厂(现在也是罐装厂等);工厂加入碳酸水,然后出售瓶装、罐子和其他形式的最终产品。在这种情况下,包装有了全新的意义。

当我管理格林布莱顿,一家干混食品企业时,原材料成本和包装成本大致相等。产品的价值主张是:顾客可以通过购买蛋糕或者甜点的半成品(即重要原材料的混合)来制作它们,不过像一个鸡蛋或一些牛奶这些最后加入的新鲜配料将不会被包括在半成品(混合配料)中。这种销售方式的聪明之处在于,通过添加这些配料,消费者会觉得自己也对蛋糕的成品做出了贡献，因此他们的歉疚感比买了一个即食蛋糕要小。他们在烤箱里烤蛋糕，做出成品算是自己的成果。在这种情况下，包装非常重要。它必须保证卖出去的所有半成品（配料组合）都质量良好、数量准确，以便消费者能够完成他们的成品。

包装上展现的东西也非常重要：必须有一张最终产品的照片。这既是为了吸引消费者购买它，也是为了让他们做好蛋糕后安心。然后，必须有一份说明书清单，相当于烹饪书上的"食谱"。同时，包装还得满足许多其他监管和法律要求。最后，也是最重要的，包装上必须要标明这是著名品牌旗下的可靠产品，即必须有商标或品牌标志。

品牌和商标并不是同义词，不过几乎已成为可以互换的名词。最初，一个品牌是农民用热熨斗在牛或羊身上做的标记。它标出了他的财产，供他自己和邻居参考。这个词后来被用来表示商标，即代表产品的制造商。这是一个承诺，承诺来自这一货源、带有这一商标的所有货物都拥有着相似的质量。英国的第一个注册商标是酿酒商巴斯（Bass）早在1876年元旦《1875年商标注册法》生效时使用的红三角。

## 功能

包装首要且必要的功能是作为产品的保护罩和运送器。这与建筑原理相同。在我们判断这座建筑物的外观之前，我们必须知道它是否适合使用。它能站起来吗？它能经得起风雨吗？管道好用吗？包装设计师可以从大自然中的一些精彩例子中吸取经验。我在本章开头引用了迪莉娅·史密斯的话，她称赞了鸡蛋壳作为包装设计的质量。它能保护珍贵的鸡蛋内部，直到它们被孵化成生命，或是在厨房里被用来给菜肴添加独特的蛋白质和矿物质。香蕉皮是包装的另一个杰出例子：具有保护性但易于被剥离，人们甚至不需要任何能量消耗就可以享受香蕉的营养和美味。

## 包装的历史

早期的人工包装使用当时可用的天然材料：芦苇篮、酒皮、石罐、木箱和木桶、陶瓷花瓶、陶瓷安瓿、编织袋等。随着包装的逐渐发展，一些加工后的材料也派上了用场，如早期的玻璃和青铜容器。对旧包装的研究也是考古学的一个重要方面。

1800年，拿破仑提供了12000法郎的奖金，奖励能够为行军中的军队设计实用的食物保存方法的人。大量报道声称，他的原话是"兵马未动，粮草先行"。经过大约15年的实验，尼古拉斯·阿佩尔（Nicolas Appert）提交了他的发明，获得了奖金。后来，阿佩尔出版了《动植物物质保存的艺术》（The Art of Preserving Animal and Vegetable Substances）。这是第一本关于现代食品保存方法的烹饪书。

1810年，英国发明家彼得·杜兰德（Peter Durand）为锡罐头申请专利。杜兰德致力于锡罐保存食物技术的研究而不是锡罐制造。这种技术之所以成功（尽管生产条件不够清洁）是因为高温：100℃而不是现代巴氏杀菌中使用的约70℃（不过较高的温度也破坏了食品口感）。阿佩尔使用了玻璃容器，而杜兰德是第一个在专利中提及锡罐的人。

杜兰德似乎对这一发明有些怀疑，因为他自己也没有生产任何罐头，反而把他的专利卖给了另外两个英国人，布莱恩·唐金（Bryan Donkin）和约翰·霍尔（John Hall）。这两个人建立了一家商业罐头厂，直到1813年，他们都在为英国军队生产他们的第一批罐头。1818年，杜兰德在美国重新申请了专利，并引入锡罐。1820年，罐头食品在英国和法国成为公认的商品，1822年在美国成为公认的商品。

早期的罐头用铅焊密封，有时候会导致铅中毒。最出名的事件是，1845年约翰·富兰克林爵士（Sir John Franklin）的北极探险活动，船员们在吃了三年罐头食品后铅中毒。

1817年，第一个纸板盒在英国生产。折叠纸盒最早出现于19世纪

60年代，为了节省空间，它们被平放运输，需要时再由客户安装。1879年，随着机械模切和压痕技术的发展，纸箱产生了波纹效应。1911年，第一家硫酸盐浆厂在佛罗里达建成；1915年，盖博顶牛奶盒获得专利；1935年，一家奶牛场第一次被发现开始使用这种盒子。耐热纸板则于1974年推出。

大约10年后，我担任格林布莱顿百货公司的总经理，引进了一种非常成功的混合物来做布朗尼。这种混合物配有一个可加热的托盘，正好装在标准格林纸盒内。消费者只需在混合物中加入少许水，在热烤箱中烘烤，30分钟后，一盘非常美味的布朗尼就做好了。因此，消费者不必在家准备所有的烘烤设备。该产品直接在市场产品图表中冲到第四名！

20世纪初，一些更高级的包装出现了——胶木包装瓶，透明玻璃纸外包装和纸箱面板。这些先进包装的出现不仅提高了加工效率，也改善了食品安全。随着铝和几种塑料等附加材料的开发，它们也被融入包装中以提高性能和功能。

许多北极地区的国家会把食物保存在冰洞或水坑中。斯堪的纳维亚就是以这种方式保存鱼类，特别是鲱鱼。冷冻食品是一种常见的食品保存方法，它既能减缓食品腐烂，又能使水变成冰，使大多数细菌无法生长，并减缓大多数化学反应。美国发明家克拉伦斯·伯德塞（Clarence Birdseye）于1932年发明了速冻食品保存法，他被认为是冷冻食品工业之父。著名品牌"鸟眼"（Birdseye）来自他的姓。

冷冻食品是在8℃（46°F）或以下的冷藏温度下储存的预加工食品。冷冻食品的关键要求是在消费的时候保持良好质量和微生物安全。自20世纪60年代以来，它们已经在英国、美国和许多其他工业化国家上市。罐头食品可以在食品柜中储存几十年，但是想要储存冷冻和冷藏食品，则必须在家里安装冰箱或冷库。因此，当引入一种新型包装时，营销人员需要研究这种器具的使用主人。

本节集中讨论食品包装，因为这与药物和药品包装一样，是包装最具挑战性的用途之一。在任何新的开发过程中，包装设计和开发都是重要组成部分。要设计包装，首先需要确定所有要求，如结构设计、市场营销、保质期、质量保证、安全、物流、法律、法规、最终用途、环境等。然后需要制订和同意设计标准、时间目标、资源和成本限制。

在不再讨论包装的功能方面之前，给大家两个提醒：第一，虽然越来越多的压力要求防盗和防拆封包装，但我们必须记住，包装必须能够被其目标用户打开。正如美国喜剧演员戴夫·巴里（Dave Barry）所说："第一，越来越多的产品带有保护性极强的包装，以防止消费者消费它们。如今，你不得不啃咬几乎所有的消费品来打开包装。第二，我们需要少用包装。许多产品包装过多，有时是出于此类原因：内容比实际情况更重要。除了需要回收和再利用之外，实现可持续发展的最佳途径是首先减少使用。因为，正如戴夫·万（Dave Wann）所说的那样，'微波'晚餐的包装可以保存6个月，烹饪时间2分钟，垃圾掩埋时间却要几百年。"

## 身份包装

一个人是通过他或她的名字和外表来识别的。一些个人为了在特定的市场上推销自己，比如电影表演或流行音乐，会变换一种新的身份，这种身份具有新的名称和风格化的外观。产品营销也是如此。我们需要创造一个完整的标识，该标识具有设计元素的层次结构，以便帮助目标消费者轻松识别。

其中第一个显然是名字本身。如果我们的产品是烘焙豆，我们需要将它与其他标记的烘焙豆的名称区分开来。即使是超市提供的最便宜的商品，也会带有超市自己的品牌。在名字的选择上，神秘性也占有一席之地：它似乎呈现出一种艺术形式。然而，正如莎士比亚笔下的朱丽叶所说："名字里有什么？我们称之为玫瑰的东西，她的名字就像闻起来一样甜。"

为了解开这个谜团，我研究了50个著名的名字，以了解它们的来源和分类。2009年，我所在的营销协会庆祝其成立50周年，它选择了50个黄金品牌作为记录这50年的标志。和所有清单一样，这份清单有些主观。被评定为"黄金品牌"的标准对作者而言没有什么意义，似乎更多的是基于独特的广告活动。正如我希望这本书能说清楚的那样，营销和品牌管理的意义远不止于此。至少这份榜单并没有因为每年都有一个品牌被选中而无法通过通常的近期测试。但这反过来又导致了企业对短期活动的关注，而不是持续的品牌建设。该列表包含碧浪，但不包含佩尔西；有巴克莱卡，但没有美国运通；包括第四频道，但没有英国广播公司BBC；有德芙却没有吉列等。也许最奇怪的遗漏之一是沃达丰，因为英国电信、$O_2$和Orange都包括在内——沃达丰从成立之初就成为英国最有价值的公司，这是现代历史上股东价值的最大发展之一。

然而，对于我的目标来说，这个列表和其他列表一样好。表5.1简要总结了这些名称的推导过程以及简单分类。注意，我的研究是一个基于个人知识的案头研究。随着时间的推移，形成了一些关于名字发展的神话被逐步传说，这些传说在不同情况下可以有不同的解释。

这一分析表明，我们可以将品牌名称的来源分为6大类，并对这些类别进行了多种组合。在这50个领先品牌中，13个是家族名称，另外7个则使用了家族名称派生元素。8个是象征性的，另外6个则使用象征性元素的组合。6个是简单描述性的，另外4个则是具有组合的描述性元素。有4个是被新创的，另外4个则是新创元素的组合使用已经被发明的元素。3个是合成词，由8个以上字母合成起来。只有1个，坦格（Tango），是纯粹的情感用词。

选择这些名字有多重要？如果约翰·吉百利被称为约翰·塞恩斯博瑞的话，他会不会就不那么成功呢？或者约翰·塞恩斯博瑞，又或者他有吉百利的姓将会怎么样？如果路易斯·佩里尔用人造碳酸水而不是找到一个天然的碳酸水源，雅各布·施韦普在法国南部（或他的祖国瑞士）发现了矿泉水温泉，情况又会怎么样呢？索尼有远见地发明了一个可以在世界各地轻易使用的名字，但竞争对手东芝和日立紧随其后做得很好。

一个名称之所以不同，就在于它是经过时间考验的。偶尔也会有一夜成名的，但大多数受人尊敬的品牌的建立都是经过了几十年。它们开启了一个意义而不是跟随那个意义。因此，史密斯和韦森以其枪支而闻名，而布朗和普尔森则以其玉米粉而闻名。虽然名称都可以互换，但是经过一个多世纪的沉淀之后，附着在名称上的这种身份已经确立。1904年，查尔斯·罗尔斯在曼彻斯特遇到了亨利·罗伊斯。罗尔斯先生负责销售和财务支持，罗伊斯先生负责工程。这听起来像是理想的伙伴关系，但是罗尔斯真正的激情在于飞行；他试图说服罗伊斯制造航空发动机，但失败了。1909年罗尔斯转而担任非执行职务，1910年成为首位在飞行事故中丧生的英国人。然而，这两个人的名字结合在一起是不朽的，也是一个进入列表行列的不合格奢侈品牌的最伟大例子之一。

表5.1　1959—2009年营销协会50个黄金品牌

| 序号 | 品牌 | 名称类型 | 名称起源 |
| --- | --- | --- | --- |
| 1 | 安得列司 | 新创的 | 名字来自伦敦北部沃尔瑟姆斯托的圣安得列司磨坊，1942年在此首次制作卫生纸 |
| 2 | 苹果电脑公司 | 象征性的 | 1976年苹果电脑公司在加利福亚州成立。2007年，成立了30年的苹果电脑公司在名称中舍弃了"电脑"一词，反映公司除了专注个人电脑之外，还扩展到消费电子产品市场 |
| 3 | 碧浪 | 象征性的 | 碧浪是宝洁公司生产的家用洗衣液。Ariel是希伯来"上帝之狮"中的名字，也是莎士比亚《暴风雨》中的角色 |
| 4 | 奥迪 | 家族的/象征性的 | 奥迪一名是由创始人奥古斯特·霍奇姓氏的拉丁文翻译而来的，此姓氏本身意为德语"听" |

续表

| 序号 | 品牌 | 名称类型 | 名称起源 |
|---|---|---|---|
| 5 | 巴克莱卡 | 家族的/合成的 | 巴克莱银行的起源可以追溯到1690年,当时约翰·弗雷姆和托马斯·古尔德在伦敦伦巴第街从事银行业。1736年,约翰的女婿詹姆斯·巴克莱成为公司的合伙人,其名字成为公司名字的一部分。巴克莱信用卡是英国推出的第一张信用卡,1966年投入使用 |
| 6 | 贝纳通 | 家族的 | 这是一个全球时装品牌,总部设在意大利特雷维索。名字来自1965年创立公司的贝纳通家族 |
| 7 | 金边臣 | 家族的 | 1873年,金边臣由理查德·本森和威廉姆·赫奇建立。公司成立的目的是为当时的威尔士亲王阿尔伯特爱德华生产香烟 |
| 8 | 鸟眼 | 家族的 | 由通用食品公司成立于1929年,收购了克拉伦斯·伯德塞的专利——速冻工艺的使用权。该品牌在欧洲由联合利华所有,直到2006年出售 |
| 9 | 英国天然气 | 描述性的 | 英国天然气股份有限公司,曾经的英国天然气垄断企业。其继任者Centrica拥有英国天然气名称的权利 |
| 10 | 英国天空广播 | 合成的/象征性的 | 1990年,鲁珀特·默多克的天空电视台和英国广播公司联盟,开始与巨额亏损做斗争,导致1990年11月的50∶50的财务上的合并。这家新公司就是英国天空广播公司,但标识为天空广播 |
| 11 | 英国电信 | 首字母/描述性的 | 前英国电信公司属于英国电信集团 |
| 12 | 吉百利 | 家族的 | 1824年,约翰·吉百利开始在伯明翰生产和销售可饮用的巧克力。后来他开始生产各种椰子和巧克力饮料。约翰和弟弟本杰明合作。当时公司被称为"伯明翰吉百利兄弟公司" |
| 13 | 第四频道 | 描述性的 | 该频道的设立是为了向英国提供第四套电视服务,打破了BBC两大既定服务和单一商业广播网络ITV的许可证费垄断局面 |

第五章 包装力/Packaging

续表

| 序号 | 品牌 | 名称类型 | 名称起源 |
|---|---|---|---|
| 14 | 可口可乐 | 合成的 | 源自古柯叶和可乐果,用作调味品。可口可乐创始人约翰·彭伯顿把科拉的"K"改为"C",使名字看起来更好 |
| 15 | Direct Line | 描述性的 | 1985年由创始人彼得·伍德创立,它是英国第一家电话保险公司,不久就成为英国最大的机动车辆保险提供商 |
| 16 | 多芬 | 象征性的 | 联合利华收购了荷兰的Duif肥皂厂,英国品牌"多芬"就是从这家肥皂厂产生的 |
| 17 | 多乐士 | 新创的/合成的 | 多乐士是帝国化学工业集团生产的一种油漆品牌。杜邦公司自1931年起就开始使用"多乐士"这个品牌 |
| 18 | 金霸王 | 合成的/描述性 | 金霸王由科学家塞缪尔·鲁本和商人菲利普·罗杰斯·马洛里创造,他们相识于20世纪20年代。马洛里公司生产的军用汞电池优于当时大多数的电池技术。1964年,"金霸王"正式作为品牌名 |
| 19 | 易捷航空 | 合成的 | 易捷航空有限公司是一家英国航空公司 |
| 20 | 易趣 | 合成的 | 皮埃尔·奥米迪亚创建了拍卖网上交易网站,并成立了名为"Echo Bay技术集团"的网上咨询公司。Echo Bay并不是指内华达州的城镇;奥米迪亚说:"它只是听起来很酷。"Echo Bay Mines Limited已经拥有了Echo Bay.com,所以奥米迪亚注册了他认为是第二好的名字:eBay.com |
| 21 | 小仙女液 | 象征性的 | 1837年,托马斯·海德利公司在泰恩河畔纽卡斯尔成立,生产香皂和蜡烛。该公司购买了"仙女(Fairy)"一词的版权,并于1898年推出了第一款多功能肥皂。直到今天,仍然是家喻户晓的家庭用品品牌之一。1930年,宝洁公司收购托马斯·海德利股份有限公司,成立第一家海外子公司 |

续表

| 序号 | 品牌 | 名称类型 | 名称起源 |
|---|---|---|---|
| 22 | 谷歌 | 新创的/象征性的 | 起源于单词"googol"的拼写错误,指$10^{100}$表示10后跟100个零。有人说,这是受到道格拉斯·亚当斯《银河系漫游指南》中"Googleplex"的启发 |
| 23 | 吉尼斯 | 家族的 | 亚瑟·吉尼斯从1759年开始在雷克斯利普酿造啤酒,后来在首都柏林 |
| 24 | 栖息地(Habitat) | 描述性的 | 特伦斯·考伦在伦敦西部切尔西国王路开设了第一家家具店,当时正值20世纪60年代的鼎盛时期。栖息地描述了一种物理属性和一种新物种的诞生 |
| 25 | 亨氏 | 家族的 | 亨利·约翰·海因茨是一位美籍德国商人。1869年,亨氏与一位朋友洛伯共同创立亨氏公司,开始销售辣根。公司于1875年破产,但第二年海因茨与家人成立了另一家公司,F&J亨氏。这家公司最早的产品之一是番茄酱。1888年,海因茨收购了另外两个合伙人的股份,并将公司改名为亨氏公司,沿用至今 |
| 26 | 霍维斯 | 合成的/符号的 | 这个名字是伦敦学生赫伯特·格里姆斯在一次全国性比赛中创造的,比赛由菲顿父子公司举办,目的是为富含小麦胚芽的专利面粉寻找一个商品名称。格里姆斯从拉丁语(hominisvis)"人的力量(the strength of man)"中创造了这个词,并因此赚了25英镑 |
| 27 | 乐高 | 新创的 | 该公司的创始人克里斯第森取自丹麦语"Leg godt"(发挥良好),公司成长为乐高集团 |
| 28 | 李维斯 | 家族的 | 李维·斯特劳斯是移民美国的德国犹太人,他创立了第一家用牛仔布生产蓝色牛仔裤的公司。李维斯特劳斯公司于1853年在旧金山成立 |
| 29 | 玛莎百货 | 家族的/姓名首字母 | 这家公司是由波兰犹太移民迈克尔·马克创立的。首先,他在进入英国港口哈特尔普尔开了一个便士集市,出售从波兰进口的商品。马克随后冒险来到蒂斯河畔托克顿,最后于1884年来到利兹开了一家百货商店。1894年,托马斯·斯宾塞加入这家公司后,它被称为玛莎百货 |

续表

| 序号 | 品牌 | 名称类型 | 名称起源 |
|---|---|---|---|
| 30 | 麦当劳 | 家族的 | 1940年，迪克兄弟和麦克·唐纳兄弟在加利福尼亚州圣贝纳迪诺开了一家餐馆 |
| 31 | 微软 | 合成的 | 由创始人比尔·盖茨创建，该公司致力于微型计算机软件开发。最初的名字为Micro-Soft，1987年随着新公司身份和标志的引入"-"而消失 |
| 32 | Mini | 描述性的 | Morris Mini Minor于1959年8月向大众展示。当时它被称为Austin Steven和Morris Mini Minor，后来改为奥斯丁Mini和莫里斯Mini |
| 33 | 雀巢咖啡 | 家族的/合成的 | 雀巢以其创始人亨利·内斯特（Henri Nestlé）的名字命名。亨利·内斯特出生在德国。"Nestlé"是德语，意为"鸟巢"。公司的标志是一只母鸟和两只雏鸟蹲在鸟巢 |
| 34 | 耐克 | 象征性的 | 以希腊胜利女神命名 |
| 35 | $O^2$ | 象征性的 | 英国电信公司的消费品牌更名为$O_2$，为氧气的化学符号，该集团的所有其他业务（Manx电信除外）也用此名。品牌重塑是由兰比一奈恩设计公司设计的，认为公司为大家提供了必不可少的服务，就像氧气对生命不可或缺一样 |
| 36 | Orange | 象征性的 | 是由Microtel的一个内部团队创建的。品牌咨询顾问沃尔夫·奥林斯负责设计品牌价值和标志，广告公司WCRS创造了其口号"未来是光明的，未来是Orange的" |
| 37 | Oxo | 新创的 | 浓缩肉提取是1840年前后由Justus Liebig发明的，1866年开始生产。最初产品是仅含有肉提取物和4%盐的黏性液体。1899年，该公司推出了商标Oxo；这个名字的来源还不清楚，但推测是来自"牛（ox）"这个词 |
| 38 | 毕雷 | 家族的 | 毕雷的水源来自法国南部的温泉。它从罗马时代起就被用作水疗中心。1898年，当地医生路易·佩里尔买下温泉，并在那里经营一家商业温泉；并把水装瓶出售 |

续表

| 序号 | 品牌 | 名称类型 | 名称起源 |
|---|---|---|---|
| 39 | PG tips | 描述性的/新创的 | 20世纪30年代，亚瑟·布鲁克在英国茶叶市场推出了PG Tips，其名称是Pre-Gest-Tee，因为人们认为茶有助于消化。该名称很快被杂货店和货车推销员缩写为PG。该公司采用这一名称作为官方名称，并增加了"tips"，指的是只用茶树的tips（顶部的两片叶子和花蕾）。1951年，PG tips被正式采用 |
| 40 | 英佰瑞 | 家族的 | Sainsbury成立于1869年，当时约翰·詹姆斯·塞恩斯博瑞和他的妻子玛丽安在伦敦霍尔伯恩的德鲁里巷开了一家商店。其最初是一个新鲜食品零售商，后来发展到包装食品，如茶叶和糖 |
| 41 | 史威士 | 家族的 | 德国出生的瑞士制表师和业余科学家雅各布·史威士（Jacob Schweppe）发明了一种制造碳酸矿泉水的方法，1783年他在日内瓦成立了史威士公司 |
| 42 | 壳牌 | 象征性的 | 荷兰皇家/壳牌公司成立于1907年，当时荷兰皇家汽油协会与壳牌运输和贸易有限公司合并了业务。后者是19世纪末由塞缪尔公司于1830年建立的。塞缪尔公司在成立一家石油公司时已经开始进口日本的贝壳，因此这家石油公司以贝壳命名 |
| 43 | 司木露 | 家族的 | 司木露品牌始于莫斯科一家伏特加酒厂，由俄罗斯文盲、农民的儿子彼得·阿尔塞尼耶维奇·斯米尔诺夫创立 |
| 44 | 索尼 | 发明的 | 盛田昭夫说："拉丁单词'sonus'的意思是声音，还有'sonny'，是美国人用来指聪明的年轻人的俚语，因为我们是工作在声音和视觉方面的聪明的年轻人。"公司成立于1946年，名为东京通信工程公司，1958年更名为索尼。索尼之所以被选中，是因为它可以用多种语言轻松发音 |

续表

| 序号 | 品牌 | 名称类型 | 名称起源 |
|---|---|---|---|
| 45 | 时代啤酒 | 家族的/象征性的 | 1708年，塞巴斯提安·阿托瓦成为登霍伦的酿酒大师，1717年用他的名字命名酿酒厂。1926年，斯特拉·阿图瓦推出，最初是作为圣诞假日市场的季节性啤酒 |
| 46 | 坦格(Tango) | 情感的 | 坦格是一种碳酸软饮料，由科罗娜啤酒于1950年推出。科罗娜啤酒于1958年被比彻姆集团收购，比彻姆软饮料于1987年被Britvic收购。最初，坦格是一系列不同口味饮料中橘子味的名字，每种饮料都有自己的名字 |
| 47 | 乐购 | 家族的/姓名首字母/合成的 | 创始人杰克·科恩（Jack Cohen）从1919年起在伦敦东端的市场上出售食品杂货，他从斯托克韦尔（Stockwell）购买了一大批茶叶。他用供应商名字的前三个字母和自己姓氏的前两个字母做了新标签 |
| 48 | 美体小铺 | 描述性的 | 据说，安妮塔·罗迪克和她的丈夫戈登·罗迪克是在旧金山旅行时想到这个主意的。他们在旧金山的联合街和伯克利附近的电报大道上遇到了一家商店，他们把这家商店命名为"美体小铺"，用小塑料容器出售洗发水、洗液和护体霜。1976年，安妮塔和戈登在布莱顿开了一家新店，也称之为"美体小铺"，这个词也是某家汽车修理厂的双关语。罗迪克夫妇否认他们抄袭了该公司的名字，但确实为了冠名权给这家美国公司付费 |
| 49 | 丰田 | 家族的/新创的 | 来自创始人丰田喜一郎的名字。最初的名字叫Toyoda，后来改为Toyota，因为其发音更好听。这个新名字是用片假名写的，有八个笔画，这个数字在日本被认为代表幸运 |
| 50 | 维珍大西洋(Virgin Atlantic) | 象征性的/描述性的 | 理查德·布兰森创办了一本名为《学生》的杂志。布兰森在自传《失去童贞（Losing My Virginit）》中说，当他们开始通过邮购出售唱片时，其中一个女孩建议说："处女（Virgin）怎么样？我们在生意上完全是处女。" |

## 更改品牌名称

换个名字充满了危险,通常只有在拥有压倒性的理由时才应该尝试。温斯克尔(Windscale)核电站发生了一次令人尴尬的事故,并被重新命名为塞拉菲尔德(Sellafield),以试图向公众保证,在新的名称下,管理层将更加谨慎。然而,当邮局决定为英国皇家邮政(Royal Mail)花一笔钱来购买一个新名字时,他们肯定是已经失去了自己的名声。英国皇家邮政可以说是英国历史最悠久、最值得信赖,甚至最受欢迎的品牌之一。他们想出了一个完全没有意义的名字——Consignia,幸运的是,很短的时间内,它就被写进了案例研究的史册。

玛氏集团的高层管理人员希望在全球范围内理顺其品牌名称,但是在这个过程中失去了很多粉丝。在英国,欧宝水果软糖已被归入星光镜(Starburst),士力架取代马拉松,尽管马拉松作为伦敦马拉松的第一个赞助商已经积累了宝贵的品牌资产(我还记得已故的克里斯·布拉舍,伦敦马拉松的创始人和帆布靴的主席,我是他的董事,他告诉我他们在这个决定上的争吵)。英国仍有消费者对联合利华在欧洲把 *Jif* 统一为 *Cif* 表示不满,因为他们人听起来,*Cif* 就像是一种疾病。

显然,试图跨越语言边界传播品牌名称时会犯一些错误。关于这一点有很多故事,如命名一辆车为Nova,但在西班牙No va的意思是"不去"。

## 标识

对许多人来说,标识是品牌管理的最重要部分。除了少数情况下我会这样认为,对我来说它是最不重要的,但这是创造身份的步骤之一。很难想象任何标识都具有鼓舞人心的意义,标识或符号与我们一起存在了数千年。在人类历史的长河里,大多数人基本上是文盲,因此简单图形设计的二维符号是人类聚集的重要集结号。军事活动家有他们的徽章,演变成武器外套,然后国旗。有考古证据表明,纳粹党的十字记号在新石器时代，在东方，它被印度教、耆那教和佛教使用。臭名昭著的是，它被纳粹所利用，现在它不仅被德国禁用，在西方世界的其他国家也是禁忌。

所有这些符号都很简单，易于识别，但具有足够的独特性，可以与竞争对手区分开，并在现代社会受到法律保护。对一系列标识的分析显示，许多标识做到了简单，但却未完美地达到其目的。对一个汽车爱好者来说，梅赛德斯的标识是立即可识别的，并使人想起梅赛德斯汽车的所有品质：工程卓越、可靠性、效率等。但是，如果再加上一个笔，这个标志看起来非常像核裁军运动的通用符号，如图所示。

梅赛德斯　　　　　　核裁军运动

标识在运动装市场上尤为重要。20世纪引入了许多运动服品牌，随着时间的推移，这些标识得以很好的管理，使得服装和鞋类不仅用于苛刻的运动环境中而且获得了更广泛的发展。然而，有两个普遍规则可使时尚品牌合法化。该品牌首先把自身与男女运动员或国家队或俱乐部联系起来。其次，时尚的标识将是服装设计的永恒特征。后一个需要相当的技巧，因为以前总是穿在衣服里面的标签上标志设计师的品牌。衣服所有者知道这个品牌，但羡慕者就只能靠猜测。

阿道夫·达斯勒（Adolph Dassler）是最早遵循这一战略的人之一。他把自己的名字缩写合成"adidas"。然后，他开始劝说顶尖运动员穿上他的鞋子，这样普通人就会想模仿他们心目中的英雄。1936年德国奥运会上，伟大的杰西·欧文（Jesse Owen）在赢得四枚金牌时穿着阿迪达斯球鞋，很快德国国家足球队就穿上了达斯勒的足球鞋。不过，著名的三条纹标志是其1949年从芬兰一家名叫Karhu Sports的公司购买的，代价为1600欧元和两瓶威士忌。20世纪80年代，我参观了阿迪达斯的总部，参观了博物馆，这里介绍了阿迪达斯基于与体育明星的亲密关系发展品牌的历史和易辨识的三条纹。阿迪达斯对标识的保护一直很严格，并导致了许多诉讼，其中一些诉讼涉及的标识具有显著的不同，这些标识源自阿迪达斯的图案，如带有两个或四个条纹的标识。

耐克公司是1964年由菲尔·奈特（Phil Knight）创立的，其愿景是"击败阿迪达斯"。耐克在年收入已经实现了这一目标，因为耐克超过了阿迪达斯成为世界最大的运动装制造商。它采取了与阿迪达斯相类似的策略，它首先进入田径运动领域，毕竟，跑步鞋是最广泛使用的运动用品。接着因为赞助伟大的迈克尔·乔丹，它进军篮球界，一下子出了名。乔丹是那些超越了自身的运动员之一，看到乔丹穿着耐克标识一个接一个地扣篮，那个标识就像一种支持、一种象征，体现了耐克的口号"Just Do It"。耐克公司很好地诠释了这如何包装品牌、标识和口号，它与乔丹建立了长期合作关系，与高尔夫球手"老虎"伍兹和网球名将罗杰·费德勒等伟大运动员达成了长期协议。

鳄鱼（Lacoste）品牌采用了另外一个办法，它并不试图获得耐克或阿迪达斯的销量，但凭借自身优势获得了巨大成功。这一品牌沿用了类似的模式，区别在于它是由同名的网球明星创立的。勒内·拉科斯特（René Lacoste）是网球"四剑客"之一，20世纪20年代和30年代初主宰了网球比赛。他在法国、美国和温布尔登网球锦标赛中赢得了七个大满贯单打冠军。1926年和1927年，他是世界第一，由于他凶猛的比赛风格，粉丝们称他为"鳄鱼"。

1933年，拉科斯特与安德烈·吉尔莱尔（André Gillier）共同创立了服装公司。该公司生产的网球衫是拉科斯特在比赛时经常穿的，胸部绣有鳄鱼（一般认为是鳄鱼）。这家公司有许多第一。它第一个推出彩色网球衫的，后来，第一个推出非木制网球拍。公司业务逐渐扩展到高尔夫和帆船运动，但谨慎发展它的品牌。1963年，勒内将公司的管理权移交给儿子伯纳德，伯纳德在不影响产品质量和声誉的情况下，在品牌和产量建设方面做了出色的工作。

## 涂色

在设计元素的层次结构中，下一个是涂色。在某些情况下，这就是一个简单的配色方案；但其他情况下，它具有更复杂的内容。有时市场是按颜色划分的，如加油站：BP是绿色的，壳牌是黄色的，Esso是红色、白色和蓝色的等。超市的用色几乎是一样的：乐购（红色、白色和蓝色）、阿斯达（绿色）、莫里森（黄色）。英佰瑞是橘色的。

颜色是整个包装的一部分，也便于识别。颜色对某个行业是至关重要的，这个行业就是航空业——大多数航空公司都沿着相同的航线飞行，因此它们通过服务主张、涂色等来互相区分。我记得英国航空公司一位杰出的营销总监利亚姆·斯特朗（Liam Strong）向我解释了他们在设计和购买产品时遇到的麻烦。从制服到餐具，从洗漱用品到服务，他们都遵循严格的公司身份识别规则。那么，他的继任者是如何得出这样的结论：飞机装饰中最引人注目的部分——尾鳍应该让位于与公司主题毫无联系的国际现代艺术呢？他们最强劲的英国竞争对手理查德·布兰森爵士立即看到了这个机会，并在他的维珍大西洋飞机上设计了一些表现爱国主义的图案。最终英航管理层明白了原因，重新在飞机上画上国旗，但无法计算这一事件对其品牌形象造成的损害。

## 包装也是商业模式

包装主题的另一个内容是包装一系列与采购相关的所有元素，以使采购成为一个易于完成的单一工作。与此相关的熟悉而成功的例子是"度假包"。我们中的大多数人总有一天会从旅行社购买度假套餐。然后,我们出国旅行,通常是乘坐飞机,在机场见面,在酒店休息,并支付我们所有或大部分的餐费——所有这些都是通过国内的一笔交易完成的。对于许多不会说当地语言的人来说,这是一件好事,也是一件非常成功的营销工作。除此之外,还有隐藏的好处,即如果任何供应商在合同完成之前破产,单独购买这些活动的个人旅行者可能没有足够的保障。通常情况下,服务包的提供者是有担保的,如果一家公司倒闭,担保生效,旅客将由另一承运人送回家。

体现包装重要性的另一个例子是软件市场,软件程序被安装在计算机中。微软在这一市场上确立了主导地位——尽管人们普遍认为有更好的产品可以选择——这主要是因为微软成功地获得了各种PC制造商的认可。

总之,包装是营销结构中的一个基本板块。它汇集了所有支撑产品特性的设计元素。例如,当你看到一辆劳斯莱斯时,你会从名字、它的三维标识以及汽车本身的设计中立即把它辨认出来。

我们讨论完了第一部分,它基于最初的营销四个力,并添加了包装力。在下一章中,我们将讨论成功管理"力"所需的行动。第一个是计划力,因为正如约翰·列侬在《美丽的男孩》中唱的那样:"生活就是当你忙于制订其他计划时发生在你身上的事情。"

# 第二部分
## 行动力

# 第六章 计划力/Planning

"如果一个人不知道他要驶向哪个码头,那么任何风都不会是顺风。"

——塞涅卡

"每个人最开始都有计划,直到他们被意外打击得晕头转向。"

——迈克·泰森

在第二部分,我讨论五个与市场营销相关的问题。首先从计划开始,正如柏拉图所说,"开始阶段是工作的最重要部分。"当我从牛津大学毕业,作为一个拥有法律学位的职场菜鸟开始职业生涯后,做的唯一明智的事就是成为一名肥皂推销员。宝洁公司以其培训而闻名,它教会了我所谓的"7×6"电话,即销售电话的七个步骤及六种销售手段。销售电话的第一步就是计划和准备,余下步骤我就不在这里赘述了。有时,计划和准备这两个词似乎是混淆使用的,但它们的意思其实是截然不同。作为一名曾经的童子军,我知道其座右铭的含义,"做好准备!"当我去乡间散步的时候,我会通过看地图或导游手册计划行程,选择合适的圆形路线。然后我会准备好户外装备和背包,装满各种各样可能需要的物品,尽管其中大部分我都很少使用。我无法提前计划迷路这种意外的发生,但我会拿着地图、指南针和手机为可能发生的事情做好准备;我当然也不会提前计划自己被铁丝网割伤,但会做足准备,提前接受急救训练。这就是计划和准备的不同。

在市场营销中,计划是一个必不可少的过程。如果少了这一步,企业就像在没有图纸的情况下盖房子，或在没有航海图的情况下远航。正如挪威著名探险家罗尔德·阿蒙森（Roald Amundsen）所说，"冒险只是代表着计划的失败。"如果你提前计划，你也不一定会成功，但如果你没有计划，你一定会失败。我在公司接受培训时曾被告知，无论是工程还是销售，计划都是重要步骤之一。我意识到，市场营销并没有什么不同。但我遇到过许多不知道这一点的企业。正如我们不能想象在没有工程图纸的情况下，制造一辆汽车或任何其他产品一样，我们也无法想象没有计划就把产品推向市场。

一个好的计划就像一个好故事：有开始、中间和结局。开始时应说明计划的目标，也就是我们的目的。中间部分则说明计划所包括的方法，也就是过程。最后说明我们如何衡量自己是否实现了目标。我读过或收到过很多商业或营销计划，这些计划通常都有开始和结束，但几乎没有中间部分，即对于"如何实施"的描述。但对我来说，这是最重要的部分，因为我需要通过它来了解企业将如何实现它的目标。设定目标很容易（虽然实际比看起来难），但真正难的是执行。那么我们该怎么做？正如艾伦·凯（Alan Kay）所说："预测未来的最好方法就是决定未来。"发明一项产品的最好方法就是计划好如何实现自己的构想。

## 目标管理

宝洁公司教会了我一种更正式的计划流程，我们称之为BOMMB。这纯粹就是把彼得·德鲁克的目标管理（在他1954年的著作《管理实践》所述）换了一种说法。首先，你要确定目前的水平，这是"基础"。其次，设置"目标"。再次，决定实现目标的"方法"。最后，制订出衡量自己是否达到目标的"标准"。这将把我们带到一个新的"基础"，我们可以再次开始这个过程：基础（Base）→目标（Objective）→方法（Method）→标准（Measurement）→基础（Base）

在"目标管理"的过程中，我们必须关注产出而非投入。我们观察房子是否干净来评估清洁工的工作，而不是观察清洁工挥动掸子和扫帚的方法或频率。确认房子干净的标准就是没有污垢。

新工党沉迷于制订目标，却未能理解这一过程，这无疑是因为实施变革的人本身没有经历过这一过程。因此，驻华盛顿前大使克里斯托弗·迈耶爵士（Sir Christopher Meyer）在他的著作《让我们前进——500年的冒险和阴谋：英国外交的内幕》（2009年）中写道：

"在华盛顿，身为大使，我不得不参与一项年度目标制订工作。伦敦指示我在个人目标中加入一系列今年的公开演讲。我对他们的主题或听众没有兴趣，脱口而出一个数字'35'。好吧，这是我的回答。年底，我正式报告说我已完成配额。反馈是'干得不错'。"

至少目标是可以衡量的。

设定目标很容易，因为我们谈论的是未来，所以任何事情都是可以想象的。但目标必须遵循某些标准才能发挥用处，这一点很难达到。我第一次学会的关于设定目标的关键词缩写是SMAC，它代表具体的（Specific）、有标准的（Measurable）、可实现的（Achievable）和兼容的（Compatible）。后来我学到了另一个更有用的缩略词SMART，这就是我现在推荐的。目标应是具体的（Specific）、有标准的（Measurable）、可实现的（Achievable）、与现实相关联的（Relevant）、基于时间的（Time-based）。

我们可以将两个缩写词合并如下。

- S表示具体的
- BOMMB分别表示基础、目标、方法、标准和基础
- A表示可实现的
- R表示相关联的
- T表示基于时间的

如果我们在批量销售中设置了一个目标，我们可能会制订目标为增加某产品的销售量。只有完成销售后，我们才能知道是否达到了标准。这个目标不是"具体的"。我们只能通过参考其他因素才能知道它是否"可以实现"，它是否"相关"。也许吧，但我们只有在研究了这种产品的状况之后才能得出结论。它是基于时间的吗？不是吧。那么，如果我们说：在下一个自然年里，某项产品的销量增长20%，这是"具体的"（有具体的数量会更清楚）。这就是可测量的目标。它也是基于时间的。其他条件只能在上下文中回答。

在我的职业生涯中，我在不同的时期都遵循这个过程，并且一直认为这是值得的。如果不是这样，那可能是因为我没有很好地遵循它，或者我忘记了在计划中考虑另一个标准，那就是当计划A（无论什么原因）不起作用时，我要遵循计划B。

1980年，我第一次和一位来自玛氏的同事来到智利。智利的经济开放给我留下了深刻的印象，于是下一次访问之后，我们向玛氏提出了一项建议，即他们应该成立一个市场营销公司来管理当地业务。经过进一步调查访问，我被聘用来领导这家新公司。我无意中提出这项建议，恰巧符合我个人的目标。1981年，我成为智利圣地亚哥埃芬智利Ltda的负责人，我写了一个商业计划。它被分发给了我们的法人代表、高级管理人员以及我们在智利的顾问，直到今天我仍保存着这份商业计划的一份副本。它被称为1982—1985年中期计划。报告分为以下四节：

- 智利市场总体分析；
- Effem Ltda智利分公司 1981~1985年的发展；
- 1982—1985年营销战略；
- 1981—1982年财政支出表。

整个计划大约60页，在同事和顾问的帮助下，全部由我自己完成。最重要的是，我自己完成了所有的财务计划，而这是在个人电脑普及之前的日子里，我仔细研究了公司以及我们的营销发展在整个计划期间将如何逐步完善；整个计划基于若干假设。

这项计划推出的第一年取得了相当大的成功。计划被超越了，大部分计划过的行动得到了执行，总产量比上一年翻了一番。然而，智利在第二年陷入经济危机，导致经济急速衰退。我们的业务基于一个关键假设：1979年开始的比索与美元的39∶1汇率将继续维持。直到1982年6月比索贬值之前，它一直保持不变。在接下来的几个月里，比索进一步贬值，跌至90比索兑换1美元，我们的进口业务也随之泡汤。由于没有对冲机制，当我们收回比索债务时，它们不足以兑换足够的美元偿还债务。

用泰森的话来说，我本来是有计划的，但后来被意外冲击得晕头转向。我犯了许多错误，致命的一点就是没有为比索贬值带来的可能后果做出计划。我没有意识到比索贬值会对我们产生很大的影响，所以没有更多地关注到这一点。我学到了教训：详细的计划很有必要，但对于各种可能发生的情况的考量，和对业务运营风险的恰当的评估也同样重要，尤其应该关注风险的概率和事件发生带来的影响。

1988年，我加入索尼公司，最初担任索尼消费产品公司英国董事总经理。该公司正从家用录像系统（VHS）的崩溃中走出；最低点时，我曾负责的英国子公司一年内损失了3000万英镑。那时，我立下军令状，三年内将销售额从上一年的1.5亿增加到2.5亿。除此之外，我还设定了盈利能力、市场份额、品牌形象和服务绩效等目标。我再次着手编写实现这些目标的计划，以六个月为区间，对每个业务领域和每个目标进行详细说明。然后，我着手让我的管理团队认领这些目标，并商定实现这些目标的方法。这些举措意味着，这些目标牢固地嵌入了每个人的目标、审查和评估之中。在这三年中，我们实现了3亿美元的销售额，业务翻了一番，并实现了所有其他目标。我们继续以这种方式工作，最终，当我于1998年离开去彭特兰公司时，公司销售额已经增长到5.23亿英镑。我们没有面对过像我在智利所面临的那样糟糕的衰退,我们的耐用消费品市场因为20世纪90年代初的经济虽然经历了一些困难,但销售额没有下降,甚至还在继续增长,因为我们在广告、促销和分销方面投入了更多的资金。我们有计划B!

## 好的营销计划的特点

那么,一个好的营销计划中需要什么呢?营销计划是一份经公司高级管理层批准的书面文件,其中总结了为实现一个或多个营销目标所需要采取的行动。一般来说,计划期为一至五年。通常是制订五年计划,计划里的第一年提出下一年的预算。营销计划一般是公司或业务部门总体业务计划的一部分。周密的营销战略是好的营销计划的必要基础。

## 企业愿景

成功营销的最重要因素是"企业愿景"。汤姆·彼得斯(Tom Peters)和罗伯特·沃特曼(Robert Waterman)所著的《追求卓越》这本广受欢迎的商业书在某种程度上受到了质疑,因为书中许多所谓的优秀公司相继衰落,甚至倒闭,但书中传达的主要信息是"没有什么比想象更能推动进步。想法先于行动。"

如果一个公司整体,尤其是其首席执行官,对这个公司的未来有很强的远见,那么它很有可能在市场上获得强大的地位(并实现这一远见)。因为其战略将是一致的,并将得到各级工作人员的支持。

吉姆·柯林斯和杰里·波勒斯在他们的畅销书《基业长青:企业永续经营的准则》中谈到了这一点。这本书概述了一个为期六年的研究项目的结果,该项目的目标是研究什么造就了经久不衰的大公司。作者研究的一个主要目的就是"找出高瞻远瞩公司的共性的潜在的特征"。他们确定了18家符合所有标准的公司,并将它们与未达到标准的优秀公司进行对比。这些公司都成立于1950年之前,以满足持续发展这一标准。大公司的一个共同特征是他们采纳了"极其大胆的目标"。例如,亨利·福特(Henry Ford)对他的汽车公司的愿景是"使汽车民主化",即每个人都能使用汽车,而不仅仅是富人。福特在20世纪80年代还在关注这一点,欧洲的蒙迪欧就是这样的车型。但其最近出现的问题可能部分源于这样一个事实:福特最初的愿景已经实现。一旦出现这种情况,这家公司就需要设立新的愿景。

## 战略管理

战略管理学科始于20世纪50年代和60年代的美国。1957年,菲利普·塞尔兹尼(Philip Selznick)克提出了使组织内部因素与外部环境相匹配的想法。这一核心思想是从哈佛商学院总管理小组开始逐步发展起来的的,直到我们现在所说的SWOT分析。公司的优势和劣势是根据其商业环境的潜在机会和威胁来评估的。SWOT分析包含了PEST分析。PEST分析是一种业务衡量工具,主要关注组织外的影响因素。PEST是政治、经济、社会和技术因素的缩写,用于评估企业或组织单位的市场。PEST分析主要用于环境分析,也可用于分析战略或定位、公司方向、营销主张或想法。PEST分析的模板有多种形式,如PESTLE分析,增加了对法律和环境因素的考虑,STEEPLE分析,增加了对教育因素的考虑;STEEPLED分析,在前者基础上增加了人口数量因素。

阿尔弗雷德·钱德勒(Alfred Chandler)意识到,在一个包罗万象的战略下,协调好管理的各个方面非常重要。钱德勒还强调了着眼于未来时具备长远眼光的重要性。在他1962年的开创性著作《战略和结构》中,钱德勒认为,为了给予一个公司结构、方向和重点,制订一个长期的协调战略是必要的。1965年,伊格诺安索夫(Igor Ansoff)提出了经典的公司战略,他开发了至今仍在使用的差距分析。在该分析中,我们必须了解我们当前所处的位置与我们希望所处的位置之间的差距，然后实施"缩小差距行动"。

20世纪70年代，大部分战略管理都涉及产业规模、增长和投资组合理论。PIMS研究是20世纪60年代开始的一项近20年的研究，旨在了解营销战略PIMS对利润和市场份额的影响。这项研究始于通用电气公司，后于1970年代初转移到哈佛，又在1970年代末转移到了战略规划研究所。它包含了关于盈利能力与战略的关系的几十年信息。这项研究的初步结论是显而易见的：一家公司的市场份额越大，其利润率就越高。高市场份额提供了数量和规模经济。它还提出了经验和学习曲线的优势。综合效应就是增长的利润。

## 组合管理

金融行业激发了组合管理的思想，而这种思想逐渐发展成为一种商业理论。哈里·马科维茨（Harry Markowitz）和其他人得出结论，大范围的金融资产组合可以减少特定风险。20世纪70年代，营销人员将这一理论扩展到产品组合决策，管理策略师将其扩展到运营部门的组合决策。波士顿咨询集团进一步于1970年提出了著名的BCG矩阵，用以帮助公司配置资源，如图6.1所示。

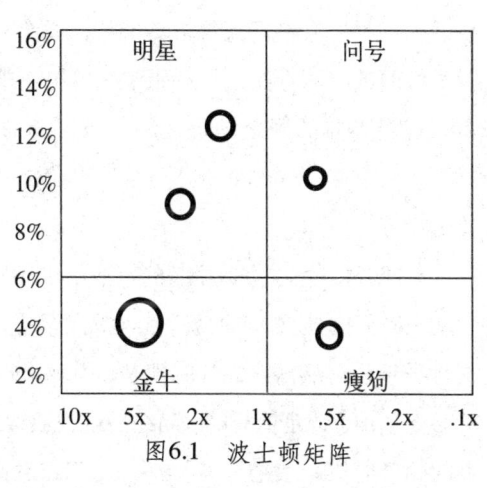

图6.1 波士顿矩阵

要使用该图表，分析师可绘制散点图，根据业务部门（或产品）的相对市场份额和增长率对其进行排序。

- "现金牛"指增长缓慢的行业中具有高市场份额的业务单元。这些业务单元的营业额通常都能超过其维持业务所需的资金。在"成熟"的市场上，它们被认为是保守乏味的，然而，每个公司都乐于拥有尽可能多的这种业务。它们将继续用最少的投资维持这些业务，因为在低增长的行业中，投资基本都会被浪费。

- "瘦狗"指的是在一个成熟、增长缓慢的行业中，市场份额很低的业务单元。这些业务单元通常"收支平衡"，营业额不足以维持公司的市场份额。虽然拥有盈亏平衡的业务单元可以提供就业机会和可能的协同效应以帮助其他业务部门，但从会计角度看，这种业务毫无价值，不能为企业创造收入。它们压低了盈利公司的资产回报率，许多投资者用这一比率来判断公司管理得有多好。大部分人都认为，"瘦狗"应该被卖掉或关闭。

- "问号"（也称为问题）增长迅速，因此消耗了大量现金，但由于市场份额低，因此没有同等营业额收入。这就带来了大量的现金消费。"问号"有可能获得市场份额，成为"明星"，并最终成为市场增长放缓时的"现金牛"。如果"问号"不能成功地成为市场领导者，那么，经过多年的现金消费之后，当市场增长放缓时，它将退化为"瘦狗"。我们必须仔细分析"问号"以确定它们是否值得增加市场份额所需的投资。

- "明星"是在快速增长的行业中市场份额较高的业务单元。企业希望随着时间的推移，"明星"会变成"现金牛"。维持这一业务单元的市场领导地位可能需要额外的现金，但如果这是该业务单元保持领导地位的必要条件，这是值得的。当经济增长放缓时，如果"明星"能够保持它们的领导地位，会变成"现金牛"。当然它们也可能从短暂的明星地位转变为"瘦狗"。

随着某一特定行业的成熟和增长放缓，所有业务部门要么成为"现金牛",要么成为"瘦狗"。大多数业务部门的周期是从"问号"开始,然后变成"明星"。最终市场停止增长,因此业务部门成为"现金牛"。周期结束时,"现金牛"变成了"瘦狗"。正如波士顿咨询公司1970年所说:只有拥有均衡组合的多元化公司才能利用其优势,把握好其增长机会。均衡投资组合包括高份额和高增长确保了未来的"明星";为未来发展提供资金的"现金牛";通过附加资金转化为"明星"的"问号"。

通用电气(GE)业务屏最初是为了帮助营销经理克服与波士顿矩阵相关的问题,如缺乏可信的业务信息。波士顿矩阵主要讨论的是商品而不是品牌或战略业务单元(SBUs),而现金流往往比市场增长和市场份额这两个指标更可靠。

通用电气公司的业务屏介绍了一个"3×3"矩阵,其中包括中等类别。它将企业吸引力作为一种比波士顿咨询公司的市场增长更具包容性的衡量标准,并以竞争地位取代原来的市场份额。

一家大公司可能有许多战略业务单元,它们基本上在同一个战略保护伞下运作,但各具特色和个性。关键是,成功的战略经济部门在有吸引力的市场上表现出色,因为它们增加了客户需要支付的价值。弱势公司表现糟糕的原因则正好相反。为了进一步分解做出决策的影响因素,我们需要考虑一些子因素。

市场吸引力:
- 市场规模;
- 市场增长率;
- 竞争的本质与其多样性;
- 边际利润;
- 科技影响;
- 环境影响;

竞争地位：

- 市场份额；
- 管理概况；
- 研究和开发；
- 产品和服务的质量；
- 品牌推广成功；
- 地点（或分销）；
- 效率；
- 成本降低。

然后根据策略需求调整上面的列表。通用电气矩阵有五个步骤。

- 决定产品、品牌、体验、解决方案或战略业务单元；
- 回答这个问题:是什么让这个市场如此吸引人？
- 决定该商业在通用电气矩阵中的定位因素；
- 确定衡量吸引力和商业定位的最佳方法；
- 根据业务实力将每个战略业务部门分为低、中、高三个等级；以及相对于市场吸引力的低、中、高三个等级。

现在，我们需要遵循所有盒子、模型和矩阵中常见的注意事项。是的，通用电气矩阵优于波士顿矩阵，因为它使用了多个维度，而不是波士顿矩阵的两个维度。然而，它仍然有一些限制：

- 没有研究证明市场吸引力与商业定位之间存在关系；
- 战略经济部门、产品、品牌、经验或解决方案之间的相互关系没有纳入考量中；
- 这种方法需要广泛的数据收集；
- 评分是个人的和主观的；
- 对如何加权各项因素没有硬性规定；
- 通用电气矩阵提供了一个广泛的战略，但没有说明如何最好地执行该矩阵。

迈克尔·波特（Michael Porter）对佳能公司做出了重大贡献。波特最初是工程师，后来成为经济学家，再后来专攻战略。他描述了一个由三种一般类型的战略组成的分类方法，这些战略通常被企业用来实现和保持竞争优势。这三种一般战略分别从战略范围和战略实力两个维度进行界定。战略范围是从需求方维度考虑的，它着眼于企业打算瞄准的市场的规模和构成。战略实力是从供应方维度考虑的，它关注的是企业的实力或核心能力。他特别指出了他认为最重要的两个优势：产品差异化和产品成本（效率）。

他最初将三个维度（差异化水平、相对产品成本和目标市场范围）中的每一个都分为低、中或高，并将其并列在三维矩阵中。也就是说，类别方案显示为"3×3×3"立方体。但27个组合中的大多数都不可行（见图6.2）。

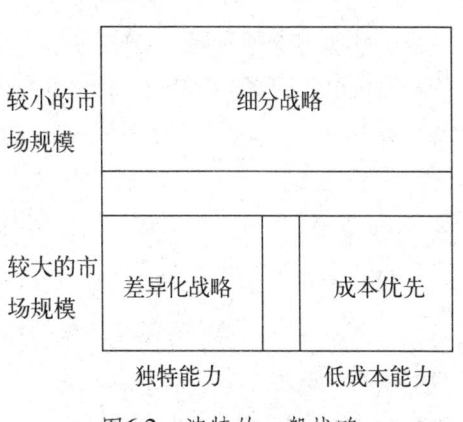

| | | |
|---|---|---|
| 较小的市场规模 | 细分战略 ||
| 较大的市场规模 | 差异化战略 | 成本优先 |
| | 独特能力 | 低成本能力 |

图6.2 波特的一般战略

在波特1980年的经典著作《竞争战略：分析行业和竞争对手的技术》中，他将计划简化为三个最佳战略：成本优先、差异化和市场细分（或聚焦战略）。细分的市场规模较小，而成本优先和差异化战略的市场规模相对较大。这一过程虽然流行，但其标准也仅限于一个小范围。另一些人则认为，成功更好地体现在利基战略中，或者正如W.钱·金和勒妮·莫博涅最近出版的《蓝海战略》中所述，成功的挑战在于创造无竞争的市场空间，让竞争变得无关紧要。

我于2000年进入NXT担任CEO，当时正值技术繁荣时期。该公司的股票价格猛涨，但业务却处于亏损状态，价值为16亿英镑的产品营业额为几百万英镑。而且，该公司缺乏重点。它把注意力分散到了其开发的平板扬声器技术的每一个可能的潜在优势。在高级管理团队的支持和伦敦商学院几名工商管理学生的帮助下，我制订了以七个关键领域为重点的业务计划。在今后几年中，这些部门的主要原始设备制造商都推出了产品。虽然销售从未达到预期高度，但这种对少数关键领域的关注为公司提供了其急需的方向。

一旦企业商定了战略目标，就可以把它变成详细的计划。在这里，企业要考虑实现这些目标的具体方法，考虑本书所述的许多优先事项，并根据在每个领域采取什么行动以实现商定目标来逐步展开。在这方面，时机至关重要。在商业中把握好时机和在体育运动中把握好时机一样重要。

## 项目管理

设在美国的组织为了帮助规划这一流程已经开发出了好几项技术。关键路径分析是一种基于数学的算法，用于调度一组项目活动的时间安排。这种分析方法是进行有效项目管理的重要工具。它是20世纪50年代由杜邦公司（DuPont Corporation）研究出来的，当时通用动力公司（General Dynamics）和美国海军正在开发项目评估和评审技术（PERT）。今天，它通常用于所有形式的项目，包括建筑、软件开发、研究项目、产品开发、工程和工厂维护等。任何具有相互依赖活动的项目都可以应用这种调度方法。这些主要以工程项目为目标开发的优秀技术没有理由不被应用于营销计划中。事实上，优秀的营销人员总是会使用这些技术中的某一种。

使用关键路径方法（CPM）的基本技术是构建项目模型，该模型包括以下内容：

- 完成项目所需的所有事项清单；
- 每件事完成所需时间（持续时间）；
- 活动之间的依赖关系。

使用这些数据，CPM将计算计划活动到项目结束的最长路径，以及每个活动可以开始和完成的最早和最晚路径，而不会使项目变长。此过程确定哪些活动是"关键"（即在最长路径上）以及哪些活动具有"总浮动"（即可以延迟而不延长项目）。这些结果允许管理人员对活动进行优先级排序，以便有效管理项目完成，并通过修改关键路径活动、通过"快速跟踪"（即并行执行更多活动）和/或通过"破坏关键路径"（即通过添加资源缩短关键路径活动的持续时间）来缩短项目的计划关键路径。

甘特图是一种显示项目进度的条形图。甘特图说明了项目主要影响因素的开始日期和结束日期。这些因素构成了项目的工作分解结构。一些甘特图还显示了活动之间的相互依赖关系。甘特图虽然现在被认为是一种常用的图表技术，但在最初引入市场时，被认为是革命性的突破。第一个已知的甘特图是1896年由卡罗尔·阿达米茨基（Karol Adamiecki）开发的，他称之为调和图。但是直到1931年阿达米茨基才发表他的甘特图，而且当时只有波兰语。这张图表因亨利·甘特（Henry Gantt）而闻名，他在1910—1915年设计了这张图表。虽然甘特图对于能够呈现在单个屏幕上的小型项目非常有价值，但是对于活动超过30个的项目来说，甘特图可能变得非常笨重。

## 预测

任何计划的一个不可避免的特点就是，它必将包含预测。另一个特点是，这种预测几乎不可避免地会出错。我们谁都无法准确地预测未来。正如温斯顿·丘吉尔所说："我总是避免事先预言，因为事件发生后预言要准确得多。"伟大的棒球运动员约吉·贝拉说得更简洁:"人们很难做出预测,尤其是对未来的预测。"

这里有几个例子说明了人类对未来的预测能力,特别是在创新方面。

"一切可以发明的东西都已经被发明了。"(查尔斯·迪尔,美国专利局官员,1899年)

"电话有太多的缺点,不能作为一种严肃的交流手段。"(西联的备忘录,1878年)

"电影院只不过是一时兴起。"(演员、制片人、导演、联合艺术家联合创始人查理·卓别林,1916年)

"用比空气重的机器飞行是不现实的,即使不是完全不可能的,也是希望渺茫的。"(西蒙·纽康,数学家,1902)

"马车会一直留存,但汽车只是一种新鲜事物,一种时尚。"(密西根储蓄银行总裁建议亨利·福特的律师不要投资福特汽车公司,1903年)

"电视不会持久。"(玛丽·萨默维尔,广播先驱,1948)

"核动力真空吸尘器可能在10年后成为现实。"(亚历克斯·路易斯,真空吸尘器公司Lewt Corporation的总裁,1955年,《纽约时报》)

我们可以开发统计模型来提高准确率,但重要的是,我们首先要知道,我们一定会出错,然后我们才能计划管理这个过程。话虽如此,我相信提高预测的准确性是竞争优势的来源。在索尼,我们有一位非常有才华的市场研究经理,他利用所有可用的商业资源,外加他自己的解释,对市场发展做出了非常准确的预测。然后,我们将这些预测作为商业计划的基础,并与主要客户分享这些计划。我们邀请他们根据这些计划向我们提前下达未来的订单。不过,他们自己的预测当然是非常不准确的。预测市场规模是一回事;预测一个特定型号会卖出多少是另一回事。竞争对手可能会把更多的资源投入某个特定的模式中,或者干脆降低价格,促使我们的一条生产线失去竞争力。

## 应急计划

我们需要再一次强调计划B的重要性。我们永远需要一个应急计划，一个在我们的产品出现问题时发挥作用的储备金。零售商的计划视野要短得多。

英国最大的消费类电子产品零售商迪克逊商店集团（Dixons Store Group）前副主席马克·苏哈密（Mark Souhami）曾告诉我，零售商的战略计划时间约为10分钟。我们的工厂喜欢按照长期计划运作，准备时间很长。我们的客户希望对周末的销售数据做出反应。时任尼克松公司首席执行官的约翰·克莱尔（John Clare）在周六晚上会把一周的销售数据带回家（我知道，因为我是周六晚上参加他家晚宴的客人，他会告罪离开一会儿，去研究这些数据）。周一早上，他会和采购及营销团队一起审查这些问题，然后致电供应商，要求他们帮助他解决销售缓慢的问题。我想，所有这些过程，从短期来看，都将随着更快的计算机和更好的电子通信的发展而加速。

在一个我们对未来几乎没有把握的、快速变化的环境中，最好的预测方法就是不断地审视目标以及在这些目标上所取得的进展。如果企业愿景很明确，可能有很多方法可以达到目标。体育教练制订比赛计划时，如果他的球队落后，他就不会严格遵守。1984年，我加入皮尔斯博瑞英国分公司，担任该公司格林布莱顿分公司总经理时，皮尔斯博瑞集团在华尔街上市，并连续13年实现了每股收益的季度增长。它的财务驱动力来自对其业务部门的有力控制和要求。格林布莱顿被认为是一个摇钱树，而我的任务就是提供一个具体的捐款数字。这些目标是由美国管理层制订的，英国经理的工作就是实现这些目标。

格林的工厂位于南约克郡的一个矿业城镇。我们是仅次于全国煤炭委员会的第二大雇主，该委员会的雇员在那一年举行了全国罢工。可怕的劳资纠纷蔓延到了工厂。我们的预算是经过仔细计算的，不允许就每年的加薪问题与工会进行谈判。老板、英国董事总经理和我将这一信息传达给了工人代表,他们建议工人罢工。经过九天的谈判,工人回来上班,这显然比原来的一些让步要多。因此,我们的管理强加给我们的无法改变的预算,被我们试图强加给工人们,这导致了更糟糕的结果。(我很高兴地说,在我离开公司四年之后,各方关系有了显著改善。)

在商业上,我主张滚动计划和预测更新,以适应前景的每一个重大变化。这需要小心管理,并可能影响到机构化所采用的薪酬计划。但是,正如更好的做法是在移动年度总量(MAT)的基础上评估历史业绩以了解趋势一样,我们最好通过更新每一条主要新闻来提前预测,最好计划好一系列场景。三个明显的情况可能如下。

- 目标:公司的目标定位。
- 预算:管理层承担的职位。
- 底线:在削减成本和/或投资之前必须达到的最低限度。

# 第七章 说服力/Persuasion

空讲道理，不如谈谈利益。
——本杰明·富兰克林（1706—1790），美国政治家、科学家和哲学家

本章我们讨论市场营销中说服力的重要性。在我看来，市场营销代表了决策过程中的市场因素，因此它应该发挥主导作用。要做到这一点，就需要捍卫这一根基。倡导品牌，说服其他职能部门同事追随这一品牌，并最终说服消费者和终端用户购买公司的产品和服务。要做到这一点，就需要具备演示的技能，而且是在大众面前演示。

在前面章节，我一起回顾了宝洁商学院销售培训中的7×6销售拜访。演示是拜访中最重要的步骤之一，也是大多数人认同的职业销售技能之一。在演示中，要使用六种推销工具。但我认为我所学到的是一个基本的大纲性的展示技巧。说它有效，它的确有效，但并不特别具有说服力。尽管采用了推销工具，它仍旧缺乏一种结构性，而结构才是这些步骤中最重要的，有助于实现好的收尾。

在公司工作了一段时间后，我被认为是一个具有进步潜力的人，因此公司要求我去参加总部的销售技巧的课程，一位资深的美国销售经理在那里授课。他坦率地告诉我们，我们这群未来的明星是缺乏销售技能的。不久之后，也许正是由于这次经历，销售团队的每一个人都接受了一场更专业的职业推销技能培训。我们学到了新的五步演示法：说服推销术。还发给我们一个助理备忘录——这五个步骤被印在一个小塑料钱

包上,随身携带,这样我们就不会忘记。40年后的今天,我仍然随身携带着这个备忘录。五步说服推销术内容如下所述。

- 总结现状:所处形势;购买者的需求;限制因素;获得利益的机会。
- 陈述想法:简单,清晰,简洁;满足购买者的需求;给出行动建议。
- 解释如何去做:做什么……什么时候做……在什么地方做;操作性如何?估计会出现什么问题和异议;确保对方理解。
- 描述并强调核心利益:购买者获得了什么利益?利益与当前形势相关吗?这个利益具有独特性吗?
- 方便后续工作——问一个收尾性的问题:直接问;选择性问题;小问题;容易马上实现的。

在过去的40年里,这种方法帮了我很大的忙,据我所知,至今没有哪种方法比它还好。虽然关于销售技巧的办法有很多新的进展,但五步说服推销术把最关键的要素都包含进去了。对许多人来说,演讲仅限于内部会议,但规则是具有相似性的。你虽然没有把同事当作购买者,但你的确在试图说服他们接受你的想法。如果他们看不到对他们的好处,不管是个人利益,还是部门利益,还是他们认为的公司利益,他们就不大可能会接受。因此,说服同事或同事团队的技巧与说服客户的技巧没有什么不同。这就有必要建立一个利益共同体。

## 利益共同体

我在宝洁公司学到了很多技能,而我在玛氏学到了很多哲学知识。福雷斯特·玛氏(Forrest Mars Sr.)提出了一套非常强大的商业理念,这一理念已经渗透到其他公司,因为玛氏已经把人才输出到世界各地。这些理念中最重要的一点,就是他所说的利益共同体。他认为,公司通过建立其与供应商、客户和员工之间的利益共同体,能够取得卓越绩效。他的家族企业现在是世界上最大的私人控股企业之一。我将在第十三章中进一步探讨这一点。

美国前总统亚伯拉罕·林肯说："如果你想说服一个人同意你的观点，那么首先让他成为你的朋友。"这句话是对利益共同体这一概念的深刻解读，也就是说，人们更喜欢从他们喜爱的朋友那里买东西。这就要求销售人员要非常努力地与消费者成为朋友，从而购买者建立起一种销售壁垒。有些公司可能会试图滥用买方和卖方之间应该存在的信任，我也确实听说过这样的故事：给顾客送礼物的做法太过了。许多公司现在对这种情况开始加强控制，这是对的，虽然只是为了保护买家不受供应商的慷慨热情的影响。

友情不是建立在这样的基础上的。友情来自相互的尊重、爱好和共同的兴趣。在商业中，即便没有殷勤或者礼物这种潜在腐蚀性的影响，友情也是完全有可能建立起来的。当然，我在生意上结交了许多朋友，有殷勤的成分，但并不是直接由于殷勤而成为朋友。

也许比友情更重要的是信任。我在宝洁做培训经理时，与该公司全国各地的销售代表们一起工作。我的工作职责是观察他们的表现，提供建设性的评估，并在适当的时候推荐一些新的技能或技巧。其中有一位我共事过的非常有经验的销售人员名叫德里克，多年来一直在补救一个相同的问题补丁。每个人都认识他，他认识每个人。他倾向于跳过我讲过的那个步骤——演示和结尾。他会走进商店，向经理打招呼，进行库存检查，计算订单需求量，然后离开的时候对经理说："我已经处理完了，两周后我会再来的。"然后布置他的订货任务。当他说"处理完"的时候，商店的经理们都相信他，因为他不会辜负他们的信任。我们习惯于将拜访分为A、B、C三类。在A类拜访中，我们有支配权。在B类拜访中，我们需要对话。在C类拜访中，我们没有支配权，只是收集订单。一个持续的目标可能是增加支配强度，从C到B或者从B到A。德里克的所有拜访都是A。我没有什么可以教他的。

但是，最好的销售代表是那些倾听最多的人。正如迪安·拉斯克

（Dean Rusk）任美国总统国务卿时所说："说服的最好方法是用耳朵倾听。"使用耳朵与嘴巴的比率是2∶1。

我不是宗教人士，但我相信基督教和其他宗教的中心思想是好的。"你要他们怎样待你，你就要怎样待他们"，也就是中国人所说的"己所不欲，勿施于人"。这是一条黄金法则。如果每个人都按照这句话去做，世界将变得更美好。销售也不例外，并不是一个人要强加于另一个人。在宝洁公司，我们不相信把冰卖给因纽特人是聪明的，因为他们不会买第二次。

## 说服同事

说服同事对任何营销人员来说都是一项重要任务。大部分的说服都是通过Power Point这一单一方式来完成的。PowerPoint是使得生活变得更糟的技术之一，它容易使用，无处不在，成了缺乏说服能力的人的拐杖。在PowerPoint和其他同类工具出现之前，我们一直使用投影胶片，通过投影仪将其放大到空白屏幕上。年长的读者可能记得它，年轻人在博物馆里能找到它。类似的古董还有计算尺、传真机和电传机等，这些工具我以前都用过。当年我在宝路宠物食品公司做营销时，被分配到"非罐装食品"部门，这个部门名字的含义就是为了与罐装食品部门区分开。宠物罐装食品业务非常成功，Pedigree Chum狗粮和Whiskas猫粮都成为品牌领袖，每种产品的总资产回报率都超过了30%。总体而言，罐装宠物食品业务的回报率达到27%。1974年石油危机爆发时，公司的很多大众商品都受到了影响，包括锡板等。管理层决定，需要通过投资其他非罐装技术（生产干性和半湿性产品）来抵消锡罐成本上涨风险。其他竞争品牌比如桂格燕麦（Quaker Oats）和三花（Carnation）已经领先一大截。公司在彼得伯勒建了一座新工厂。1978年，我加入市场营销团队时，非罐装食品业务尽管已经做了很多努力，还是很不成功，一直没有盈利，玛氏尽管推出了许多新产品，但都没有产生大的影响。

营销部门负责人克里斯·布拉德肖（Chris Bradshaw）经常被叫到每周的董事会会议上，审查业绩并讨论战略。我们三个人作为他的营销助手，经常被要求制作支持论点的图表。我们大部分时间都用来制作图表，我们把自己看作是图表工厂。我们论证想法，核对事实，手绘图表，打印出来，然后在一台特殊机器上把它变成投影胶片，把它交给克里斯，确保他每周一早晨在董事会上进行汇报。所有这些图表，按照要求应该显示任何数据的来源。这些引用的数据通常是购买尼尔森、AGB或我们自己的内部机构玛氏集团服务（MGS）的研究成果。有一次我自己进行了预测，并没有其他引用来源。我在图表的底部写上了F.I.T.A，看起来像是另一个机构或行业协会，但实际上含义是"空中手指"（finger in the air）。

索尼的销售公司每年在东京与Jigyobu或商业集团正式会面两次。这些会议安排紧凑，通常是开一整天的会，之后与高级管理人员共进晚餐。因为我负责消费产品，所以我需要参加两个星期里的所有会议。当天的任务就是说服。我们对市场的了解非常充分，但发现产品规划人员和工程师说服能力很差。不管怎么说，他们都已在几周内与各个销售公司一直在开会，以便为全球开发制订连贯的计划。

有一次，他们向我展示了一个新的CD播放器。计划用这个新产品取代一个非常成功，在所有的高保真媒体上都有五星好评，而且一直在做饥饿营销的播放器。我问，这个产品新在哪里？之后被告知，更好。但在哪些方面更好呢？产品规划人员解释说，它有更好的芯片。但到底好在哪里呢？过了一段时间，我们仍旧无法获得更多的信息。然后我问，是否可以继续销售现有的播放器，因为它非常成功。但又被告知，不可能。他们已经开始对该产品排产。这个新产品最终的市场销售状况十分糟糕，以至于面对这一糟糕的现实，我们不得不亏本清空库存。

总的来说，我们的高保真业务非常成功。这项业务由史蒂夫·道德尔（Steve Dowdle）创立，他后来接替我负责英国分部的管理。他出身于零售背景，了解那些购买者想要的是什么。所以说服工厂建立了一套音轨体系的产品线。这套体系后来被称为基于唱机转盘宽度的数码音响系统。它们可以将以下部件组合一个或者两个系统：唱机转盘、CD播放机、盒式磁带机、放大器、调谐器和匹配的扬声器等部件。定价则定在了一个极具竞争力的魔术定价点上：从£199到£599。这一策略在几年时间内非常有效，但后来我们输给了爱华（Aiwa）公司，该公司采用和索尼同样的技术，但是价格更低。

令人难堪的是，索尼公司拥有爱华50%的股份。相当于我们把自己的技术给了一个同行，然后他们在市场上打败了我们，抢走了我们的市场份额。我们投诉了很多年，结果一无所获。后来，公司在东京成立一个强大的企业集团——将所有的消费者AV产品集团合并在一起——新集团高管中的两个人，奥田宫和中村先生曾经来拜访过我们。我和他们都很熟。奥田宫是公司的高级销售人员之一。他花了很多年的时间在美国建立了公司。我和迪克森的高级管理人员访问东京时，他曾接待过我们，因为迪克森在美国购买了仓库，并尝试将自己定位为全球零售商。末广中村（Suehiro Nakamura）是我们所知的"老虎"（Tiger），曾经是威尔士的布里奇德电视工厂（Bridgend TV Factory）一名非常出色的经理和索尼英国的一位导演。我向他们介绍了我们的全部业务。大部分业务都很顺利，但高保真业务的业绩持续下滑。我解释了我们看到的这个事情，以及我们长期以来一直在申诉的事实。奥田宫看着我说，"也许你缺乏令人信服的力量！"鉴于此，我终于认识到了说服的重要性。

我与另一位中村先生的合作十分成功。中村秀夫是开发紧凑光盘格式的工程师之一。作为对这一贡献的奖励，他获得任命建立新的轿车内娱乐事业部，他称之为移动电子事业部（Mobile Electronics）。我的前任，索尼消费产品英国公司的执行董事，认为这个领域没有太多的机会，所以指派了一名销售人员到产品小组，这个人虽然很有进取心，但缺乏经验。我们公司的战略似乎比其他日本品牌落后了，先锋、健舞、松下等都已经建立了汽车后产品业务。我经常去看中村先生,告诉他我们在英国的其他产品小组做得怎么样。他会生气地说他不在乎。"为什么我们在移动电子领域做得这么糟糕?"他想知道。最后,我说服他派他最好的工程师之一乔(Joe Usui)去英国做市场营销负责人。乔的英语不是很好,所以我们给他安排了一个英国市场经理约翰·安德森(后来负责欧洲的所有音频销售业务),他们两人制订了新策略:向汽车经销商提供索尼的车载产品作为升级选择。这个策略非常成功,销售增长十分迅猛。我们带中村先生去了阿斯顿马丁公司,看到了以索尼产品为标准制造的汽车。我们每年的移动电子产品销售额从100万欧元增长到了5300万欧元,海外市场成为索尼公司的主要市场。

## 公众演讲

我在前面曾经说过,公众演讲是说服别人的一项重要技能。伟大的罗马演说家西塞罗(公元前106—前43年)说:"想要说服别人的人,应该把自己的信任建立在正确的语言而不是正确的论据上。"语言的力量总是大于感觉的力量。我最喜欢的一个例子不是演讲,而是一个信号——这个词是偶然发现的。1802年签订的《亚眠条约》结束了革命战争,海军上将霍雷肖·纳尔逊在圣文森特、尼罗河和哥本哈根的战役中表现突出,但这是一种令人不安的和平,众所周知,拿破仑正在为下一次的战争做准备。1803年5月,在恢复战争之前,纳尔逊被任命为地中海总司令,并在"胜利号"战舰上升起他的旗帜。接着,他遭遇了土伦的持续封锁,主要为了阻止在布雷斯特的法国舰队和西班牙对英国宣战后在卡塔赫纳和加的斯的西班牙舰队的联盟。

到了1805年初,作为一项宏伟计划的一部分,拿破仑命令联合舰队在西印度群岛集合,然后控制住英吉利海峡的航行,以便入侵。纳尔逊的舰队追到西印度群岛,但并没赶上他们,然后回到直布罗陀,在那里他让海军上将科林伍德部署了对加的斯的封锁,然后就回家了。

在确认联合舰队已经撤退到加的斯之后，纳尔逊于1805年9月18日乘坐"胜利号"战舰加入了封锁舰队。10月20日，法国指挥官维伦纽夫上将驶出了加的斯。第二天拂晓时分，法国—西班牙舰队的侧影出现在特拉法加海角，纳尔逊的部队分成两个部分，分别在纳尔逊和科林伍德的带领下进行战斗。当敌方舰队接近时，纳尔逊试图用一个信号来激励舰队。纳尔逊将军将"胜利号"战舰的信号官约翰·帕斯科召唤过来，对他说："帕斯科先生。我想对舰队说：'英格兰相信每个人都将尽到自己的职责。'"帕斯科说，"'信心'一词不在信号书里，可用'期待'这个词代替。"纳尔逊表示同意，并补充道："你必须快点，因为我还有一个信号要发布，那就是要采取更密切的行动。""英格兰希望每个人都能尽到自己的责任"这句话在每艘船上都受到了三次欢呼。纳尔逊在随后的战斗中阵亡了，但这一次英格兰舰队取得了压倒性的胜利，事实上，在未来的一个多世纪的时间里，英国的海上战争没有再输过。纳尔逊的名言成为人们耳熟能详的爱国箴言。即使是缩略语"英格兰期待！"一发出就引起了共鸣。

我在宝洁公司做销售员的时候，常常期待参加销售会议，有时这些会议会宣布推出一款令人兴奋的新产品。品牌经理们会以高超的技巧和幽默来证明他们的观点，而我总是会在向目标用户推销新产品时表现得恰到好处。当我成为品牌经理时，我开始模仿其他经理的表现，努力使我的演讲具有激励性和娱乐性。我们曾经聘请过一名演员来润色我们的演讲。他曾经是《神秘博士》的早期演员之一，给了我们一些关于公众演讲的很棒的建议。后来，在索尼公司，我对公众演讲者那些很差的表现十分惊讶。

令人尴尬的是，在一次销售会议上，一个活动持续了很长时间——部分原因是没有一个发言者尽心排练——出席会议的那些重要的日本客人不得不提前离开，以便赶上预订好的航班。好在四名坐在前排的重要日本客人的离席并没有对士气带来不好的影响。从那开始，我制订了制度，持续排练,尽可能巧妙地表演。我们的排练通常在周末进行,每个人都明白这些排练的重要性。从此,我们的每一次销售会议都做到了高标准,这既包括销售团队的内部会议,也包括与经销商的大型生产会议。

索尼公司有一件大事,就是年度索尼电台奖,持续至今。业内人士曾说,这个大奖是广播行业的"奥斯卡"。作为索尼英国公司的董事总经理,我曾在很多场合多次介绍过这一大奖。有一年,克里斯·埃文斯(Chris Evans)在他的广播节目上说:

"索尼的那个人从一开始就站了起来,他做了这个演讲,他实在是太棒了。他做得像比尔·盖茨那样,不是吗?在1200人面前,他是一个非常自信的演讲者。我真的很佩服那些能做到这一点的人。我可以在没有人能看到我的广播中,或者在没有真人的电视上演讲,但站在这么多人的面前……我对约翰说,'这个家伙很好,难道不是吗?'约翰说,'嗯,他是一个很好的演讲者,索尼就是有好的演讲者!'"

## 说服最终用户

说服,理所当然,是我们与消费者或最终用户的关系中的一个关键因素。在索尼公司,我们花费了大量的精力去培训那些销售我们产品的经销商的员工们。我们的产品技术先进,需要经常演示和说明。如果要说服顾客购买,各个方面都需要高品质。我们在品牌名称和广告上面做了很多,但最终用户还需要更多的说服。机票价格不仅高,而且购买错误的风险相当大。这些与其他那些便宜的产品形成了鲜明的对比,如一种新的软饮料。我不记得有人亲自劝我买一种新的可乐或柠檬水。但是,当消费者购买一台新电视机时,距离他或她上一次在市场上购买可能已经七年了,技术可能会有大发展。这使得消费者不确定,并渴望得到保证。

一个最好的例子,就是詹姆斯·戴森爵士(Sir James Dyson)在英国制订他著名的无袋真空吸尘器的策略。我在米德兰群岛的多层立交桥附近的大型咖喱店开张时偶遇詹姆斯爵士。他解释说,他给了咖喱店的每个销售代表一个清洁剂样品。他们把它带回家,在不需要替换袋的情况下,亲身感受吸尘效果。因此,这些咖喱店的销售人员非常有信心说服他们的顾客购买这种新型的清洁剂。这个策略听起来十分昂贵,但与其他那些更间接的促销方式相比,成本并不高。这种说服力是十分有效的。正如17世纪的法国科学家、宗教哲学家布莱斯·帕斯卡(Blaise Pascal)所说,"人们往往更相信自己发现的原因,而不是别人发现的原因。"

## 市场营销中的心理学

说服是广告的一个核心内容,我们在第四章中曾经讨论过这一观点。长期以来,人们一直在研究营销心理学的课题,以便进一步深入理解消费者动机并学会如何影响它。厄内斯特·狄克特(Ernest Dichter)是一位美国心理学家和市场营销专家,被称为"动机研究之父"。1934年,他从维也纳大学获得博士学位,并于1937年移居美国。1946年,他在纽约州成立了动机研究机构,后来又在瑞士和德国建立了类似的研究所。狄克特开创性地应用了弗洛伊德精神分析概念和技术,特别是用于消费者行为研究。这极大地影响了广告行业的实践。根据1998年《纽约时报》的一篇文章,狄克特是"焦点小组"一词的创造者,他还强调了形象和说服在广告中的重要性。

埃索石油公司的初始口号是"将一只老虎放在你的罐中",在与芝加哥广告人的合作中,当来自《美国杂志》的作家万斯·帕卡德(Vance Packard)在1957年出版了他的开创性作品《隐藏的说服者》时,狄克特的作品以及其他方面的工作吸引了更多观众的注意。帕卡德探索了"消费者动机"的研究和其他心理技巧的运用,包括深度心理学和潜意识策略,由广告商操纵预期并诱导对产品的欲望,尤其是在美国战后的时代。这本书质疑使用这些技巧的人的道德性。然而,随后的研究表明,使用潜意识信息技术不太可能改变长期行为，甚至可能正好相反。

大脑研究是人类科学的一个最新前沿，我们对大脑的理解正在增长。也许有一天，我们会发现一种通过某种方式将能量引导到大脑的方法来影响别人。在我看来，如果这样的研究是成功的，人类注定要失败，政治家和其他人将无法抗拒这种技术的滥用，就像机关枪的发明者认为他的发明将停止战争，没有人能够支持使用这样一个可怕的武器。

与此同时，对更温和的说服进行更适度的研究是相当有益的。2008年，芝加哥大学的理查德·H·泰勒（Richard H. Thaler）和卡斯·R·桑斯坦（Cass R. Sunstein）出版了一本书，名为《改善健康、财富和幸福的决定》。他们的"选择架构"方法帮助人们从个人投资、学校、孩子到我们所吃的食物等方面做出更好的决定。因此，学校系统的食品主管可以考虑超市如何摆放他们的产品，然后为孩子们提供不同的食品选择，进而让他们吃更健康的食物。另一个例子是英国在道路上写的"向左看"或"向右看"，以便行人做出安全的选择。所有党派的政客都在关注泰勒和桑斯坦的研究成果，看看这些经验能否适用于更广泛的行为。

经验告诉我，说服不是一门复杂的科学。相反，它是对人们动机的简单理解，无论是对消费者还是其他人。你应该说得简单些。大卫·奥格威（David Ogilvy）是20世纪广告业最早的专家之一，当被问及"广告的语法规则是什么"时，说："我不知道语法规则。如果你试图说服人们做一些事情，或者买东西，在我看来，你应该使用他们的语言。"

在下一章，我们讨论宣传，特别是公共关系。营销的这一分支与广告和促销是完全不同的，因为尽管它们通常是单向的主动活动，公关却有着不可避免的被动形式，无论是积极的还是消极的，都需要对某一行为的公众做出回应。

# 第八章 公关力/Publicity

有些人天生伟大，有些人成就伟大，有些人则雇用公关人员。

——丹尼尔·J·布尔斯廷，教授，美国社会历史学家和教育家

公关和广告不一样。公共关系管理包含主动和被动的功能。一个企业将制订积极的战略来发展它的公关，但是需要有对事件做出反应的能力，无论是消极的还是积极的。在其最熟练的公关活动中，可以将可能产生负面影响的事件转变为对企业声誉产生积极影响的事件。

## 公共关系的定义

公共关系（PR）是管理组织和公众之间沟通的实践。公共关系通过公共利益和不直接支付的新闻项目来获得组织或个人的公众接触。常见的活动包括在会议上发言、与媒体合作、和员工交流。它不是有形的，这是它有别于广告的特点。

公共关系可用于与员工、客户、投资者、邻近社区或公众建立融洽的关系。几乎任何一个在公共场所被描绘的组织都有一定程度的公共关系。在公司沟通的旗帜下，大量相关的学科产生了，如媒体关系、投资者关系和内部沟通，包括员工关系。公司沟通可以而且通常会在组织中与其他的营销职能分开而单独报告，但是这也使得它成为市场营销的一部分，因为它明确涵盖了公司及其品牌的声誉。事实上，公关最重要的一个方面就是产品公关，即通过公关策略而不是广告来宣传某一特定产

品或服务。

在第四章中,我们引用了爱默生的名言:"放置一个更具吸引力的诱饵,世界的机遇将纷至沓来。"1855年,爱默生在他的日记中写道:"我相信,我们都必须拥有共同的名声。"如果一个人有很好的玉米,或者木头,或者木板,或者是卖的猪,或者他可以做比别人更好的椅子、刀子、坩埚或风琴,你会发现有一条宽阔的、坚硬的路通向他家门口,即使房子掩藏在树林深处。

一个更流行的版本诞生了。1889年,萨拉·SB(Sarah SB Yule)和玛丽·基恩(Mary S Keene)正在准备讲座,试图复述爱默生的原话,但他们不能。所以他们用其他话语表达了类似的意思:"如果某人可以写一本更好的书,更好地传道,或者做一个比邻居更好的捕鼠夹,尽管他在树林里安家,这个世界也会为他打开机会的大门。"

就像我之前说的,这不是真的。我们需要推广我们更好的捕鼠器,以使世界认识到它,并给出它为什么更好的理由。但是我们也需要公关活动来帮助世界理解为什么它会更好。事实上,许多公司没有资金宣传它们的新产品,但能够发起一场低成本、效果好的宣传活动。

在美国玛氏公司,我们用一个不同的名字来称呼公共关系,即外部关系或者ER。我们把它定义为公司与所有公众的对外关系的任何方面。

## 新闻稿

公关工具箱中最常用的工具就是新闻稿。这份文件是向新闻界发布的,以宣传该组织想要宣布和被放到公共领域的事情。制作这样一份文件并不是一件简单的任务,编写技巧是值得研究的。它需要涵盖所有重要信息,还要以读者会被它的标题和开头的文字所吸引,并最终想了解更多的方式书写。它通常是由企业的高管层签署的,内容必须经过仔细审查,因为一旦发布,覆水难收。

这可能不太公平,但我怀疑今天的新闻标准并不是过去几代人的标准。过去,新闻记者在被调入国家媒体之前,接受过当地报纸的真实报道训练。他们被教导要检查信息的来源,这意味着他们想要报道的每一个事实或断言都能得到确证。电影《总统班底》(1976)描述了历史上最大的独家新闻之一,揭露了一个被掩藏的阴谋。在1972年美国总统选举期间,在水门饭店的民主党总部发生了非法入室事件。在这部电影中,根据鲍勃·伍德沃德和卡尔·伯恩斯坦所说,他们的畅销书在印刷前对每一项内容都进行了确认,有力地证明了新闻报道的质量。

今天我不太确定。我怀疑报纸上大部分新闻内容实际上只不过是与新闻发布的直接引语交织在一起的八卦。

这导致了"公关作家"的兴起,他们的公关艺术非常老练,能够编造故事,并具有把黑变成白的能力。公关作家被认为是一种政治生物,这种效果在政治上体现得淋漓尽致。例如,新工党(New Labour)宣布了一种政府投资的方式,在宣布政府投资的时候,就像之前宣布的那样,制定出了新的政府投资策略。然而,在市场营销的战场上这种技巧经常被学习到,而且不带有任何贬义的内涵。

毫无疑问,"公关之父"是爱德华·伯奈斯(Edward Bernays,"精神分析之父"西格蒙德·弗洛伊德的侄子),他后来成为公关人员的首席。在他的著作《公共关系》中,他明确表示,公关不是宣传、新闻报道、促销、广告或一袋把戏,而是一个持续的社会融合过程。它调整私人和公共利益的领域。这本书很重要,它告诉我们如何通过深入分析公共关系的起源和发展、目标和责任,并在现代世界中修复它的位置,来调整自己适应公共关系。

## 负面宣传

人们常说,没有负面宣传这回事,但这显然是不真实的。像Max

Clifford这样的公关人员从那些急于不让故事被媒体讲出来的明星那里赚取了大量的费用。"老虎"伍兹可以说是世界上最著名的体育名人之一，在他的私生活被公之于众后的一段时间里，他被驱逐出高尔夫球场。他的几个主要赞助商被迫放弃他作为他们品牌的代言人。

受到负面宣传影响的产品包括毕雷。1990年，在北卡罗来纳州的一个实验室发现了几个毕雷瓶子中有苯后，其纯洁的声誉受到了打击。毕雷反复解释这个事件，最后说这是一个工人在过滤过程中犯了错误的一个独立事故，泉水本身并没有受到污染。这一事件最终导致召回了1.6亿瓶毕雷，而且可以说，它从未完全恢复它的声望。相比之下，召回一种叫泰勒诺（Tylenol）的药物要好得多。泰勒诺是北美一种用于缓解疼痛、退烧和缓解过敏、感冒、咳嗽和流感症状的药物。1982年9月29日，芝加哥有七人服用了被蓄意污染了氰化物的强效泰勒诺，当第一个人死亡之后，泰勒诺的恐慌开始了。案件没有侦破，泰勒诺的销售暂时崩溃，但该品牌在几年内得以重建和恢复。该品牌在发明了一种天然的防篡改胶囊之后被拯救了，弥补了氰化物事件后92%的胶囊类销售损失。这也促使制药业中防拆封包装的出现。

我参与了索尼的一个重大产品召回。在我加入公司不久，我就意识到我们的一些电视机中使用的德国电源开关存在故障。有时，这个开关会着火，可能会引起家庭火灾。该公司对此非常重视，但只制订了所谓的"软召回"（soft recall），即每一个事件都有一名服务工程师会去拜访业主并与业主协商，并安排更换。如果该产品为其他服务返回，则该部分将被替换。我坚持要在全国的媒体广告中全面召回并罗列受影响模型的数字型号。这一点得到了同行的支持，他们开始召回，并在所有他们有完整记录的设备上进行交换。这样，我们就能遏制风险。公众对召回事件的反应完全是正面的，他们说他们期待像索尼这样的公司应该这样做。可以说，这一经历让索尼品牌的声誉得到了提升。

对产品的负面宣传并不总是源于质量问题或犯罪行为。有时，它可能来自公众对产品构成的不良反应。20世纪80年代中期，有大量关于在食物中使用E类添加剂的负面宣传，尤其是那些儿童食品。有些成分，如香料或色素，与一些不良反应有关，甚至不良行为也被归因于E类添加剂的使用，如柠檬黄，一种合成的黄色食用色素。这是对美国食品制造商的讽刺——我当时为皮尔斯博瑞工作并负责其格林布莱顿蛋糕粉业务。E表示食品添加剂的分类，欧洲共同体允许在食品制备过程中使用E类添加剂，因为他们判定是安全的。一些E类添加剂被认定为天然的，另一些则属于维生素，如维生素C或番茄红素，西红柿的颜色。任何不含E类添加剂成分的食品基本上是不可能的。

食品制造商有义务按重量列出其产品中的所有成分。制造商可以选择使用E类添加剂或使用完整的技术术语。这是一个困难的选择，因为一方面技术术语可能是一个高深莫测的化学表达，另一方面所有的E类添加剂都被公众认为是与坏的和人造的东西联系在一起的。一些生产厂家声称他们的产品"不含E类添加剂"。但这主要指的是缺乏添加剂，而不是缺少含有E类的成分。

在皮尔斯博瑞，我们试图减少E类添加剂的数量，但其中一些是安全范围内或可接受的。我们试过的所有公关手段对公众舆论影响甚微。我上了电视，对使用E类添加剂的做法进行了有力辩护，但收效甚微。公众缺乏科学知识给该产业带来了长期损害。顾客永远是对的。

在这种情况下，欧洲政府曾试图帮助公众做出更明智的选择，但这种做法被误解了。其他情况下，政府试图干扰既定的商业惯例。20世纪70年代后期，当时的卡拉汉工党政府试图引入一些考虑不周的立法，这些立法将会提高制造商的成本，而对公众没有任何明显的好处。我代表美国玛氏公司在英国的利益分配进入调查委员会。在对这个问题进行全面审查之后，我们所有人都认为这是一项没有积极结果的立法。一位来自商界糖果业的资深营销人员,保罗·柯蒂斯(Paul Curtis)很恼怒,但却幽默地说:"好吧,至少我们能改变一下政府吗?"几个月后,卡拉汉工党政府倒台了,相关立法也未付诸实施。

## 赞助

赞助是公关的一种形式。赞助包括对某一事件、名人、活动或慈善机构提供财务支持,以换取冠名权和其他特权。有些赞助做得非常好,而有些赞助则是更换频繁。赞助的规模范围很广,从屠夫可能赞助一个快速投球手一块免费牛排,到致力于赞助吸引全球观众眼球的世界赛事的巨额资金,如奥运会。

我第一次在彭特兰接触体育赞助,在那里我对速比涛、艾力士和贝豪丝等品牌负有全球责任。我们还获得了鳄鱼的鞋类许可证,该公司在其钟爱的网球和高尔夫运动项目中制订了一项完整的赞助计划。速比涛是基于奥运会游泳项目出色表现的品牌,在1996年亚特兰大奥运会上,身着速比涛泳衣的游泳运动员赢得了70%以上的奖牌。艾力士的成功也建立在赞助上。它原先是一个滑雪品牌,开发了滑雪裤,然后是夹层滑雪外套。20世纪70年代,它赞助了意大利国家滑雪队的Valanga Azzurra,成为20世纪70年代和80年代最成功、最引人注目的滑雪品牌之一。20世纪80年代,它曾一度是十个国家滑雪队的官方供应商(西德、意大利、瑞士、加拿大、苏联、比利时、卢森堡、荷兰、挪威和保加利亚)。

1975年,它决定进军网球行业,1980年,它与克里斯·埃弗特(Chris Evert)和吉列尔莫·维拉斯(Guillermo Vilas)签署了赞助协议。1983年,艾力士与年仅15岁的德国年青网球手碧加(Boris Becker)签订赞助合约。20世纪80年代初,世界排名前10位的女选手中,有六名与艾力士签约,其中包括英国球星乔·杜里(Jo Durie)和维吉尼亚·韦德(Virginia Wade)。20世纪80年代和90年代,这项赞助滑雪和网球顶级明星的政策一直持续,甚至延伸到其他运动项目中。1982年,世界杯冠军意大利国家足球队与艾力士签订在球场上穿休闲服的赞助合同;在美国,它赞助了著名的纽约宇宙足球俱乐部和一些纽约及波士顿马拉松冠军。

在运动装领域,赞助是大多数制造商战略的关键部分。多年来,耐克和阿迪达斯一直采用这种方式。然而,成本已经变得异乎寻常的高昂。只有最大的品牌才有足够的财力,同时代理商也变得擅长合同谈判,尽管这些合同对赞助的明星或团队非常有利。一个领先的足球俱乐部,现在在英超,被赞助穿着一种特殊的品牌衬衫,实际上,通过赞助产生的所有利润都流向了俱乐部。

我所观察到的大部分赞助似乎都不过是对公司董事长心血来潮的纵容。然而,在索尼,我有非常愉快地让赞助作为相关市场上宣传和保持品牌在公众视野中有效途径的经验。

自1983年起,索尼公司就在英国赞助了无线电奖。索尼公司与无线电行业的代表密切合作,为节目制作者和艺术家们颁发了卓越奖。这些奖项在每年春季精心准备的晚宴上颁发,并在媒体和广播电台(尤其是获奖者名单)竞相报道。对索尼来说,这是一个特别愉快的联盟,因为它是广播公司用来记录和广播节目的设备的主要制造商,同时也是公众接收节目的无线电接收器的主要制造商。英国广播电台是一个非常健康的行业,它是由公共资金和商业资助的广播公司,这是独特的组合。索尼与整个行业建立了独特的关系。

1991年,英式橄榄球世界杯首次在不列颠群岛举行。索尼获得了各种各样的赞助机会,包括成为竞争对手的八个赞助商之一。然而,我更感兴趣的是索尼成为广播权的唯一赞助商,这曾是独立的商业频道ITV所有的殊荣。广播赞助还处于起步阶段。在过去的一年里,一家电力公司成为足球世界杯的转播赞助商。但是关键比赛都在BBC和ITV中播放了,通常当公众有选择的时候,出于传统习惯和规避广告的原因,他们会选择BBC。这一次ITV拥有独家经营权。索尼决定只赞助广播，把活动赞助留给别人。我相信更多的人会在电视上观看比赛，而不是在体育场观看比赛，我也不喜欢与其他参与者分享赞助的想法。事实也证明如此。大多数人认为索尼实际上是活动赞助商，这引发了官方活动赞助商的指控，认为索尼公司"伏击了"竞争对手。但这是错误的。我们只是从代表世界杯主办者和主持机构所给的选择中做出了合理选择。

在广告公司百比赫（Bartle Bogle Hegarty）的帮助下，我们推出了一个全新的概念。每次广告结束前，索尼都要提出一个关于橄榄球的问题。休息结束时我们给出答案。索尼鼓励观众休息的同时能接触到其他信息——在这个过程中索尼提供了一点乐趣。这是一项非常成功的创新，后来被大量模仿。索尼把促销活动和体育活动联系在一起，并利用它来提高产品的知名度。对于你在这件事上花的每一英镑，你必须再花一英镑（或五英镑）来做赞助工作，这是真理。那年11月3日，我们在橄榄球世界杯决赛中发起了新的电视宣传活动。接下来的一周，领先电气贸易报纸（ERT）的编辑在他的社论中写道：

看球看得准

最近几周，超过1400万的英国电视观众一直目不转睛地盯着橄榄球世界杯。

这些观众中的大多数人都会留下这样的印象：索尼在很大程度上要为这场比赛提供的娱乐活动负责。

现在，索尼并不是这个系列的唯一赞助商。但是有多少观众能记住其他赞助商的名字呢？

通过每次商业广告中明确使用的第一和最后的镜头，索尼确保了它的品牌主导了比赛的覆盖范围。

索尼通过其资源的智能运用，卓越地利用了其花费数百万英镑所获得的赞助和广播机会。

其他广告商注意到——你可以凭借创造性思维从花费中获得大量的影响。我们所有的制造商和经销商都能从中受益。

我唯一的失望呢？英格兰队以12比6的比分输给了澳大利亚队。

## 企业社会责任

在过去的几年里，产生了一个与公共关系密切相关的新概念，即企业社会责任（CSR）。对此并没有一个统一的定义，但是一个可使用的定义可能是企业社会责任是关于企业如何管理业务流程，以产生对社会整体的积极影响。公关之所以与此密切相关的原因是，如果没有得到社会的认可和重视，那些为社会的整体利益做出巨大贡献的企业将没有任何成就。一个真正的利他主义者可能不会为此担心。做一件好事就足够了。然而，任何一位向股东负责任的，具有我之前提及的法律责任董事会成员，如果不努力去看它的贡献，那将是愚蠢的。正如约翰·洛克菲勒所说："在做正确事情的时候，最重要的是让人们知道你在做正确的事情。"

公司需要考虑其经营的两个方面：管理的质量——无论是人员方面还是流程方面；它们对社会各个领域影响的性质和质量。

外部利益相关者对公司的活动越来越感兴趣。大多数人关注的是该公司无论是好还是坏的实际成就，不论是在产品和服务方面，还是在对环境和当地社区的影响上，或是在如何对待和发展员工方面。在各种利益相关者中，主要是关注管理质量的金融分析师——以及代表未来业绩的一个标志的过去财务业绩。

世界可持续发展商业委员会，在其出版物《良好的商业意义》一书中，作者Holme和Richard Watts使用了以下定义：

企业社会责任是企业继续致力于道德行为，促进经济发展，同时提高劳动力及其家庭以及当地社区和社会的生活质量。

传统上，在美国，企业社会责任的定义更多的是一种慈善模式。公司除了履行纳税义务外，还能盈利。它们将一部分利润捐赠给慈善事业。从捐赠中获得任何利益的行为都被认为是对公司的玷污。

欧洲模式更注重以一种社会负责的方式运营核心业务，并以可靠的商业案例为理由对社区进行投资。我认为这种模式更具有可持续性，因为：社会责任成为财富创造过程中不可或缺的一部分——如果管理得当，将提高企业的竞争力，使财富创造的价值最大化；当时代变得艰难时，企业会有更多的动力去践行企业社会责任——如果对主要业务来说这是一项次要的慈善活动，那么当事态严重时，它将永远是第一件要做的事情。

## 慈善

对于任何一家拥有不止一位股东的公司来说，慈善捐赠是一个复杂的问题。如果你拥有并经营自己的企业，那么你可以根据税法使用利润做你想做的事情。但是，一旦你把部分股份卖给另一个人，你需要通过董事会会议来征求这个人关于慈善捐赠政策的同意。人们可能会认为，一家上市公司不应该向慈善机构捐赠任何东西。公司由股东所有，任何利润都属于他们。股东可以支配分红来做慈善捐赠。然而，在现代社会，这可能不是大多数人可以接受的观点。因此，制订一项关于慈善捐赠的政策并遵循它是很重要的。

索尼英国的政策非常有效。作为一个有品牌的知名公司，在某些方面要比业务大得多，我们收到了无数的慈善请求。我们的第一个规则是将管理工作委派给一个由公司不同部门的高级经理担任主席的委员会。因此，没有任何董事试图用自己的观点或配偶的观点来影响捐赠；同样的，董事们也受到了可能会出现在他们的职位上的道德压力的保护。然后，慈善委员会被分配了年度预算，以获得利润。我们的第二条规则是优先考虑三个慈善团体。

首先,是那些由于自身残疾或弱势而不能完全享受我们产品的社会成员(如盲人不能完全享受索尼电视机)。

第二,索尼英国所在的地方社区。

第三,对我们的劳动力来说很重要的慈善机构,例如,如果有人因为癌症失去了所爱的人,那么可能会有一个请求来支持一个特定的癌症慈善机构。

在慈善活动中,我们尽可能地把我们的产品当作礼物捐赠出去,而不是直接捐钱。

## 新媒体

新媒体正在改变公关的惯例做法,就像营销的任何方面一样。在过去,公关部门通过他们在媒体上取得的专栏数来衡量他们的宣传效果。我们在美国玛氏公司使用的模型略微复杂一些,是从积极的新闻报道篇幅中减去消极的报道篇幅,从而得出总分数。

企业必须能够追踪通过Facebook等社交媒体表达的态度。当公众了解到,他们不仅可以对任何事物发表意见,而且也可以向世界表达其现点,企业必须知道其中哪些是有影响力的和微博类的一般观点是什么。企业忽视这一点是危险的。

## 声誉管理

另一个趋势是"声誉管理"概念的发展。对我来说,那些拥护这一观点的人弄错了目标。企业拥有了品牌,所以可以管理它的所有形式。企业没有名声;这是所有企业做的事情的结果,虽然没有直接管理,但这是结果。

声誉与公关直接相关,公共关系已成为成功的"关键任务"。一个组织需要最有才华、最全面的实践者,具备公共关系的"艺术和科学"的经验,引导它达到更高的沟通标准,更好地与关键利益相关者建立更互利的关系。

对决策者来说,世界变得越来越复杂。这种复杂性因为许多问题正以令人不安的速度增长,这些问题包括:

- 全球范围内交流的绝对速度;
- 沟通渠道的巨大增加,特别是数字渠道;
- 影响模式的变化,以及公民报道和博客的兴起;
- 所有利益相关者的期望上升,消费者权利的兴起;
- 通过数字技术和一种新的赋权感激新的和快速变化的利益团体;
- 监管和随后的沟通需求的增长;
- 记者积极追求的信息和"媚俗化"业务报告;
- 信任水平的下降。

良好的人际关系是当今世界成功的动力。这些关系只能通过卓越的沟通和卓越的表现来建立和维护。问题是,今天表现出众的沟通方式,明天就会不同。

# 第九章 推拉力/Push-Pull

拉绳子，它会跟去你想去的地方。推动它，它将一去不复返。

——德怀特·戴维·艾森豪威尔，美国第34任总统

营销理论区分了两种主要的促销策略——推力和拉力。从供应链管理或物流中看推力与拉力的实践。在一个基于推力的供应链中，产品通过渠道，从生产端到零售商。制造商将生产水平与零售商的历史订货模式保持一致。一个基于推力的供应链需要更长的时间来响应需求的变化，这可能导致过多的库存或瓶颈和延迟，以及不可接受的服务水平和产品过时。

在以拉力为基础的供应链中，采购、生产和分销都是需求驱动的，因此它们与实际的客户订单相协调，而不是预测需求。供应链几乎总是由推力和拉力两种方式组合而成，即基于推力的阶段和基于拉力的阶段之间的接口称为推拉边界。以戴尔构建的订单供应链为例。单个组件的库存水平是通过预测一般需求来确定的，但最终组装是针对特定客户请求的。推拉边界将在装配线的开始处。戴尔对管理推拉两难困境的反应在技术领域是不寻常的，这与市场营销的某方面不相匹配。

技术推动主要是由内部研发活动推动，而市场拉动是由外部市场力量推动的。"推拉系统"描述了两个主题之间的产品或信息的移动。市场上，消费者通常会"拉动"他们需要的商品或信息，而出价者或供应商则将他们的需求推给消费者。在物流或供应链中，各个阶段的运作通常都是推拉式的。

你可能会认为，我在宝洁公司的初期，我们会在很大程度上基于产品的需求来形成拉动策略。这样想你就错了。我们还严重依赖于一种推动策略，它非常强调零售行业的销售压力或大量库存，并将产品推向市场。我们学会了如何销售我们所谓的"业务覆盖计划"，这是一种简单的数学技巧，可以说服零售商增加额外的数量，以防止额外需求或供应不足，或者其他我们可以想到的原因。

今天的零售商要复杂得多，而且已经控制了订货流程。他们非常关注"缺货"，可能会惩罚那些未能完成订单的供应商，但他们要求供应商保持足够的库存。在这40年左右的时间里，供应链上的权力大幅下降，而在这一过程中，英国零售商大量减少库存，从而使他们的资产负债表受益。他们是世界上运营方面最好的公司之一，而乐购这样的大型零售商，在任何时候都只能在整个系统中保持四天的库存。英国政府已经了解到，重要产品的库存非常低——如果由于恶劣的天气或工业行动造成供应中断，或任何其他外部力量，供应可能迅速降到极低的水平，这甚至让白厅感到惊讶。

**保质期**

食品公司和其他生产易腐产品的公司需要考虑额外的保质期。我第一次遇到这种情况是在我去南美洲建立美国玛氏公司的时候。我以前只负责那些无限保质期的罐装食品，或者干或半湿保质期长的产品。然而，巧克力的保质期短，储存温度要严格控制。如果巧克力融化了，那就无法销售了。因此，推力策略真的不合适。我们不仅没有从过度销售中获利，还要努力工作维持良好的平衡。后来我在皮尔斯博瑞工作，那里的货架期通常是九个月。我们的大部分产品都含有面粉，随着时间的推移，面粉的质量会慢慢变差。即使我们加入膨松剂，效力也会慢慢失去。这限制了我们的库存，因此，这种情况使我们更倾向于拉力策略。

零售商们还坚持在他们接受产品之前，保留一定比例的货架寿命。比如说，这可能是保质期的三分之二，因此，一种号称保质期为九个月的产品至少要在装运期保留六个月。

保质期不仅仅与食品产品相关。我住在智利的圣地亚哥，渴望得到家里的消息，昨天的报纸几乎没有什么价值，但是我甚至为几天前的英国报纸支付高价。有一次，我从市中心的一个售货亭买了一份《泰晤士报》。填字游戏已经由别人完成了，很明显，有些回收活动正在进行。

事实上，货架期不仅仅与实物产品有关。酒店不能出售昨晚的空床。航班无论是空空如也还是满载而归，航空公司承担的成本或多或少是一样的。剧院每天晚上都想挂着"客满"的牌子。在NXT，我们经营的是一个许可模式，并没有实体库存，但是我们的发明获得了专利，所以我们仍然服从于专利权的保质期，授权之后的20年到期。正如已经提到的，一些企业已经变得更加复杂，他们如何通过操纵定价来管理需求。如我在第二章中所解释的，打折扣的航空公司将通过复杂的算法在最后一分钟改变定价。

服务企业也有库存，时间流逝后无法销售。一家咨询公司的目标是出售一定比例的计费时间。任何未售出的短期目标不能在以后的日期出售。因此，计费时间只是易腐商品的另一种形式，而且必须是按严格的推拉市场营销方式进行。一家电话公司已经投资固定线路容量。从这个意义上说，库存是固定的。在那之后，它将会尽其所能，有效地最大化使用，因为这会影响盈利能力。斯塔福德·泰勒（Stafford Taylor）曾负责英国电信的消费者业务，他告诉我，他的策略是"再多一分钟"。当时，英国消费者在固定电话上的平均使用时间是每天八分钟。如果英国电信能"再多一分钟"，它将每年额外增加五亿美元的利润。因此，他在深受大众喜爱的广告宣传活动中投入了大量资金，比如莫琳·李普曼（Maureen Lipman）和鲍勃·霍斯金斯（Bob Hoskins）等知名人士，他们主张"聊天很好"。

时尚也是一种易腐的形式。在彭特兰我们管理一系列运动品牌，我们知道我们的风格可能会在每个季节都过时，所以我们必须非常小心地管理我们的采购。即使是出版也要遵守这些规则。《私人侦探》杂志在其文学评论部分喜欢奚落名人作家，他们的作品曾被大肆炒作，现在却以极低的价格出售，或者用出版商的话来说，"（因滞销而减价出售的）存书"。《私家侦探》把这一特征称为"那一天的剩余"。

消费电子产品也有时尚元素，在索尼，我发现自己经常处于一种推而非拉的状态。毫无疑问，索尼有很好的品牌形象，并试图创造消费者对索尼产品的需求，但实际上，我们从不宣传我们销售的所有产品。每年，我在索尼公司推出大约250款新产品，只有极少数的产品在目录中停留了四年多，大多数产品是在两年后被停止和更换；在某些类别中，新产品引入的速度要比这快得多。那时，便携式摄像机市场仍然是新的，产品引入的速度非常快。每六个月左右就会引入新的型号。由于电视标准的问题，情况更是复杂。彩色电视机于20世纪50年代首次进入北美，国家电视系统委员会（NTSC）制订标准。这个系统不仅用于北美，也用于日本和其他一些亚洲国家。然而，在欧洲，一个不同的系统被开发出来。欧洲人可能会发现NTSC系统存在的问题，一些人认为这是"绝不是同一颜色的两倍"。PAL制式是由德国德律风根据Telefunken开发的。该格式于1963年首次公开，1964年和1967年首次亮机。

摄像机必须在消费者的电视上播放，所以产品首先在日本和北美的NTSC市场发行，如果成功的话，六个月后将在欧洲推出PAL格式。因此，我们总是落后一代。市场经营者知道哪些方面会有改进，如果在尺寸、分辨率、放大或电池寿命方面有特别重大的改善，他们更趋向于推迟订单。这种向市场投放的惯性是很难抵消的，我们的客户往往会被几代产品包围。迪克森商店集团（Dixons Stores Group），不仅是我们最大的客户，也是强大的传统摄影零售商，不能承担错过最新模型的损失，但结果可能有多达八代或九代的老产品地质分层一般地堆放在仓库里。

我的前辈在索尼遇到了更糟糕的问题，他们不得不处理索尼公司开发的Betamax格式和JVC与其他公司所青睐的VHS格式之间引起的视频格式战争所带来的问题。索尼采取了太多的推式策略。在日本，负责视频制作的制造公司认为该产品是在发货时销售的，而实际上，在销售公司里，全球的库存都在增加。仅在折扣和冲销上索尼英国就损失了约每年3000万美元。在Betamax（Beta制录像系统）崩溃之后，我们推出了强有力的控制措施，避免了更大的灾难。我亲自主持每月一次的审查监测会议，并且确实修改工厂的有关产品的预测和订购。然而，我们没能成功地完善整个业务流程，以便进入一个我们生产我们所销售的产品而不是销售我们制造的产品的境况。在诸如消费电子产品这样的耐用消费品中，很少有公司会销毁库存，宁愿限制供应，但或许这就是他们应该做的，以维持价格水平和健康需求。例如，在2008年9月的信贷紧缩之后，香槟的销量暴跌。在法国，生产商宁肯销毁了部分过剩库存，也不愿看到价格下跌，但在英国，世界上最大的香槟市场之一，那些持有过剩库存的零售商只是将其视为对生产商精心培育的品牌的例行影响。

我们过去常说，没有什么东西能像订单一样销售。换句话说，随着市场心理的转变，某种短缺往往会导致更大的需求。有几家公司将此作为商业惯例。一些更有声望的汽车品牌限制了生产，并产生了一个等候名单，然后他们的车主发现，当他们把车驶离车场的时候，他们的车还远远没有失去价值，这类著名的车型实际上会获得额外的奖励。

## 产品生命周期

管理市场营销推拉力的关键是懂得营销的节奏，关键是要了解产品的生命周期。

说一个产品有生命周期就是断言四件事：

• 产品有有限的生命；

• 产品销售经历了不同的阶段，每个阶段都给营销人员带来不同的挑战和机遇；

• 利润在产品生命周期的不同阶段上升和下降；

• 在生命周期的每个阶段，产品需要不同的营销、财务、制造和采购策略。

产品生命周期的不同阶段如表9.1所示。

这是一个有用的模型，但是它的应用存在严重的限制。首先，最重要的是，在营销的核心，正确地定义产品是至关重要的。因此，这个循环可能适用于个别的模型，甚至是技术，但它不太可能适用于所有类别。例如，自20世纪50年代以来，电视机一直是大众消费产品，但它经历了几个技术周期，在这一过程中，制造商经历了无数的模式改变。

在彩色电视机市场上，索尼的利润中有很大一部分来自Trinitron（单枪三束彩色显像管）技术。Trinitron是在1968年被引入的，它比其他制造商使用的RCA的shadow-mask技术有了显著的改进。索尼逐渐在市场上占据领先地位。在过去的几十年里，它每年都会推出大量的新样型。因此，产品生命周期是管理这些变化的有用模型。然而，虽说它在管理技术变化是有用的，但它真的不属于正常的计划周期的预测，当其中的（彩色显像管的）遮屏和单枪三束彩色显像管是一小组，取而代之的是等离子体或液晶显示器（LCD）技术。很明显，随着时间的推移，对于大型电视机屏幕的需求越来越大，CRT技术将不再适用于大多数人的客厅。对于平板屏幕技术的需求已经存在了很长一段时间，但它花费了业界很长的时间，开发出足够的图片质量并能够实现有价格竞争力的技术。这种技术将不那么引人注目，而且允许屏幕尺寸更大。索尼很想留住它的Trinitron（单枪三束彩色显像管）技术，并继续享受市场领先地位,而更明智的做法是用LCD和可能的等离子技术来取代它。最终,在开发这些新技术的竞争中,索尼丧失了竞争力,为了在整个彩色电视机市场中保留重要的市场份额,它被迫与韩国巨头三星成立合资企业,以获取其LCD产品。这种策略在几年前是不可想象的。

表9.1 产品生命周期的各个阶段

| 阶段 | 特征 |
| --- | --- |
| 导入阶段 | • 成本很高;<br>• 销售缓慢;<br>• 很少或没有竞争对手——有竞争力的制造商关注的是接受/细分增长损失;<br>• 需求被创造出来;<br>• 顾客被提示去试用这个产品;<br>• 在这个阶段几乎没有利润 |
| 成长阶段 | • 成本因规模经济而降低;<br>• 销量明显增长;<br>• 盈利能力开始上涨;<br>• 公众意识提高;<br>• 在建立市场的过程中,竞争开始增加;<br>• 竞争加剧,导致价格下降 |
| 成熟期 | • 由于产量的增加和经验曲线效应,成本降低了;<br>• 销量达到顶峰,市场饱和;<br>• 进入市场的竞争者增加;<br>• 由于竞争产品的扩散,价格往往会下降;<br>• 强调品牌差异化和特色多元化,以保持或增加市场份额;<br>• 工业利润下降 |
| 成熟和衰退阶段 | • 成本变得反优化;<br>• 销售量下降或稳定;<br>• 价格下降,利润减少;<br>• 利润成为生产/分配效率的挑战,而不是销售量的增加 |

## 供给和需求

经济学被许多人称为"沉闷的科学"。这是因为它试图建立可预测性的法则,定义行为规范,但失败了,因为行为不仅是数学的,而且是人类的,因此不能有一定的可预测性。正如萧伯纳所言:"如果所有的经济学家都被终结,他们就不会得出结论。"然而,一个经济学定律通常被认为是可靠的,这就是供求规律。供求是市场价格决定的经济模型。它的结论是,在一个竞争激烈的市场中,价格的作用是均衡消费者的需求量,以及生产者提供的数量,从而导致价格和数量的经济均衡。

大多数人都会联想到这一点,无数的例子可以证明这一点。然而,即使在竞争激烈的市场,需求也会因弹性而异。一些市场高度缺乏弹性。其中一个例子是汽油,通过税收和市场行动、政府采取的措施大幅增加了价格,而需求也没有多大变化。然而,如果有竞争力的食品品牌试图以比一般市场更快的速度提高价格,他们通常会看到需求的收缩。玛氏有一项审慎的政策,即保持价格上涨与零售价格指数挂钩,并据此调整产品配方。

然而,价格并不是唯一的调增者。供应可能会被故意限制,就像某些著名汽车品牌之前所做的那样,或者因为真实的短缺。并不是所有的市场都有竞争力。英国的经济是一种生产手段和提供服务混合的经济,无论是私人的还是公有制的。在这样的经济体中,有两种方式来管理供求。价格普遍受到私营部门的青睐。配给制是公共部门的默认方法。配给的另一个术语是"排队"。因此,在战争年代,甚至直到1954年,战时法令规定了一种配给制度,以限制汽油、服装和某些食品等稀缺商品的供应,以管理供应,并设法确保分配的公平。一个必然的结果是,出现了同样商品的平行市场或"黑市",在那里,价格是那些愿意和能够支付更多钱以获取可能非法来源的商品的因素。我还能模糊地记得一些最后的产品是限量供应的。

我们可能会认为，这样的日子已经过去了，但是一些公共服务仍然是定量配给的。国家卫生服务的宗旨是在使用时提供免费的最低卫生标准。根据贝弗里奇委员会（Beveridge Committee）的建议，通过国家保险制度的工作人员是分开的而且独立的支付。委员会的提议很快被保守党和自由党接受，但具有讽刺意味的是，被工党拒绝了。然而，在接下来的几年中，工党逐渐接受了大部分提案，并在福利国家的创建中实施。

因此，在卫生供应市场上，没有价格机制来控制需求。因此，需求是不受控制的，由于不可能满足不受控制的需求，一个定量配给系统就会出现在队列，即等候名单、优先排序中，在这个国家的不同地区，对配给有不同的决定。在我看来，这是系统设计的必然结果。

对我们大多数人来说，有三种基本需求——食物、住所和医疗。在文明社会中，有一长串越来越多的额外需要，如教育、治安等。在英国，我们的大部分食物都是免费提供的——尽管是受管制的市场。在农业用地的水平上，食品的供应受制于一系列复杂的法规。这些规定是在战后出现的，当时对欧洲幸存人口的供养是一场危机。在一个供应充足的时代，他们不再服务良好。但在供给的最后阶段，价值被增加，竞争市场存在，而产品对内容、描述、重量等都有严格的规定，对供给和需求没有规定。因此，价格是调节器，我们发现商店里商品充足，不需要定量配给，除了个别食品的严重短缺外。

英国的避难所，很大程度上，是私人提供的。土地的可用性确实受到限制，因为上帝不再制造更多的土地。政治家们也正确地通过诸如"绿带"之类的措施来限制其使用。有些住房是由公共服务机构建造的，以确保人们有足够的住房，但大规模的市场是私人的。住房并没有真正的短缺，这并不是说没有无家可归的人，但这些原因主要是社会原因。

因此，我们选择通过以价格作为平均水平的主要私人市场来供应两种基本需求。其中之一，粮食没有配给和供应充足。其次，住房供应充足，许多人的财富中大部分都是所有权。但由于第三个基本需求，医疗保健，市场很大程度上是国家垄断，必然会有排队的结果。

私有化应该能恢复许多公共垄断企业的竞争力——在电信方面，它做得很好。人们可能忘记了，在国家垄断的情况下，为有一条由英国电信连接的线路，你曾经不得不排队。现在，这是一个竞争激烈的时代。即使是像英国铁路，私人垄断也取代了公共垄断，但他们的商业意识和对推广的专注，导致了乘客出行的大幅增加。

另一个被定量配给的公共物品是道路网。有一种普遍的误解，即公众已经通过路税付讫为修建道路买单，因此对公路收费的做法非常反感。在许多其他国家，公路收费是正常的，而且在汽车时代之前，英国就已经有公路收费了。这意味着高峰时期的需求常常超过供给，结果造成严重的交通堵塞，每年的经济损失高达200亿美元（根据Eddington报告）。英国曾几次试图解决这一问题：尤其是伦敦的交通拥堵费，但这只占大伦敦地区的不到4%，而且可能会将一些拥堵转移到其他地区。

交通在很大程度上是经济活动的一个功能。因为我们希望经济增长，所以我们需要更多的交通流量。但我们觉得，作为个人，拥塞是另一个人——当然是我们自己。如果我们要减少交通流量，我们需要改变我们的行为，减少出行，分享汽车等，但似乎很少有人会采纳它。

顺便提一下，交通也受到推拉困境的影响。丰田等公司在寻求提高运营效率的同时，也对准时交货（JIT）的概念提出了质疑。在与供应商合作时，他们提出一个方法，关键部件及时交付，以便将其插入生产线，而不是在工厂内大量生产。实际上，供应商遵守这些要求的一种常见做法就是把他们生产的部件装上卡车，在工厂外排队等待进入的决定。从制造商的角度来看，它的库存是合理的。纵观整个供应链，效率低下的问题则被推到了上游。

## 稀缺的重要性

在数字媒体中，由于互联网和其他形式的数字媒体的破坏，商业模式发生了一些戏剧性的变化。互联网是完全开放的，这是万维网建立者蒂姆·伯纳斯·李爵士的意图。它对所有人都是免费的，一旦信息被放置在那里，它就可以被广泛分发。因此，一代又一代的消费者开始相信，下载免费的内容是正常的、完全合理的。传统上，免费下载的内容是硬格式的，版税会返还给出版商，最终也会由创作者来支付。这是唱片业的真实写照，现在的音乐行业正经历着显著的同比下降。道德准则是显而易见的。创作者的努力应该得到回报。出版商应该因为他们的努力和他们同意出版不知名的作家和艺术家的风险而受到奖励。

但是有些模式在这个新世界里适应得很好。它们总是体现在那些缺乏稀缺元素的领域。因此，卫星电视运营商能够对内容，尤其是体育节目收取较高的订阅费用，这通常是实时显示的，因为体育运动的本质是未知的结果。为了保护它们的地位，操作者编码他们的广播，并且只使它可以提供给同样合同的订户，且要购买一个已设置的顶部盒子，可以解码信号。对于那些无法控制产品稀缺的内容所有者来说，未来前景是黯淡的。另一方面，数字媒体允许组织将他们的大部分沟通转化为一种拉力策略，即授权的消费者在网上寻找信息，而不是旧的推力传播策略的单调工作。

# 第十章 定位力/Positioning

给人一条鱼，你只是卖给他一天的鱼食；教会他钓鱼，你就可以卖给他钓鱼装备。

——无名作者

伟大的沟通者偏好定位，他们能够理解他们的目标听众，以及他们能听什么，不能听什么。他们像通过一扇开放的门那样让别人听进他们的话，而不是像穿过一道墙那样想方设法让别人听进去。

——约翰·科特，哈佛教授

市场营销不应该是一场拉锯战。通过巧妙运用定位，企业能够最高效地利用资源，提升品牌形象，提高盈利能力。在市场营销中，定位意味着营销人员为他们的产品、品牌或企业在目标客户那里逐渐创造形象或心智标识的过程。重新定位意味着在目标客户的心目中，改变本产品相对于竞争产品的标识。

尽管市场定位有不同的定义，但可能最常见的定义是：采用传统的营销战略（例如定价、促销、渠道、包装和竞争），为一个品牌、产品或服务找出一个市场细分（利基）。

与一些观察者的说法相反，我把定位区别于第十五章所阐述的感知。感知发生于目标市场的思维中，这是市场中特定公司、产品或服务，与同类竞争者觉察有关的组合感知。一个公司的管理层应该积极主动地推进定位的进程，通过开明的战略行动积极地影响人们的看法。

诺埃尔·皮布尔（Noel Peebles）在 *How to Sell Your Business the Easy Way!* 一书中写道："定位是帮助消费者识别你的产品、服务或公司独特性的营销工具。利用定位明确广告目的，给它一个信息，并给它适当的基调。然后，只有在这个时候，才能确定一个好的广告战略。"

## 产品定位的过程

一般来说，产品定位过程涉及下列内容：
- 定义产品或品牌竞争的市场，如谁是相关的消费者；
- 识别定义产品"空白区域"的属性；
- 从客户样本中收集关于他们对每个产品在相关属性上的感知信息；
- 确定每个产品在消费者心目中的份额；
- 确定每一个产品在当前产品空隙中的位置；
- 确定目标市场产品属性组合的偏好；
- 检查两者之间的配合；
  —你的产品的定位
  —产品属性组合的偏好
- 定位。

这个过程类似于定位你公司的服务。然而，服务并不具有产品的物理属性。所以你需要先问你的客户，然后问你自己：顾客从我的服务中得到了什么价值？他们和我做生意有什么好处？同时提问：什么特点使我的服务与众不同？

皮布尔曾阐述："当顾客想到你的生意，他们大脑中涌现的第一个词或句子是什么？是服务？价格？可选择性？便利性？质量？还是其他什么？你是否真正"拥有"顾客心目中的那个词或句子？"

写出客户的价值和你的服务提供的属性，以创建你的定位。对那些不知道你做什么或者你卖什么的人进行测试，观察他们的反应，倾听他们的反响。当他们想知道更多时，说明你已经激发了他们的兴趣并开始了对话，你就会知道你已经在正确的道路上了。

著名的马克教授（Mark Ritson）在2009年10月的《市场营销》杂志中写道："一个伟大的营销人员可以创造感知地图，并利用它们来为他们的品牌推出一个清晰的、紧凑的三字定位。这里没有轮子或三角形，只是清晰地表达了品牌代表什么。如果要问一个能够去芜存菁的问题，那就是：你的定位是什么？这个问题常常会得到一系列关于诚信和创新的废话，或者是试图抓住这个品牌精髓的荒谬复杂的六页幻灯片。优秀的营销人员能够面带自信的微笑，简明地回答什么是定位。"

## 定义市场

西奥多·莱维特（Theodore Leavitt）在1959年任教于哈佛大学商学院，34岁时他在《哈佛商业评论》上发表了一篇具有历史意义的文章。后来他对此又进行了修订，题为《市场营销短视症》，文中问道：你在做什么样的生意？在市场分析和随后的细分中，定义你所在的行业，以及你与谁竞争，这是重要的步骤。传统上，美国铁路公司可能对他们彼此在铁路产业中占据较大的市场份额很满足。然而，这个产业如此定义，从长期看，必将首先衰退于汽车产业，然后衰退于航空公司。铁路产业应该将他们的市场定义为交通运输行业，这样就会早些看到行业危机。我把这种情况称之为偏离竞争的产业定义。

但是，将其定义得过于宽泛也同样无益。作为格林布莱顿的总经理，我曾给公司的蛋糕粉市场品牌领导人打电话，这个市场我们有一些利润。更准确的是，我们的市场定义包括其他形式的店购蛋糕，以获得那些更强大、更有生命力的像吉卜林那样的速食蛋糕品牌的普遍认可。然而，将我们的市场定义为"食品"就是愚蠢的，因为那时我们的份额是微乎其微的，从鱼饼到烤豆，一切都是我们的竞争对手，这不会给我们提供任何有用的行动指示。

一旦我们正确地定义了市场，既不太宽泛也不太狭隘，那么我们就可以通过客户的行为或客户的其他属性细分市场。然后，我们可以完成上面产品定位的其余过程。产品定位概念可分为三个一般类别。

(1) 一类产品可以采取功能性的市场定位，因为它可以解决客户的问题或为客户提供可衡量的利益。在这里，客户应理性地理解定位。

(2) 一类产品可以采取象征性的市场定位，因为它可以提高客户的自我形象、归属感或成就感。顾客会产生情绪化反应。

(3) 一类产品可以采取经验性的市场定位，因为它提供感官或认知刺激。顾客会凭本能或直觉反应。

在这个过程中，我们也将为产品定义目标市场。这可能使用人口统计学证据，但也可以是态度、行为、社会阶层、地理和许多其他的社会细分。记住时间很重要，因为市场是动态的。小时候起，我就喜爱小鸟，我无法想象向一只小鸟开枪。但是，当妻子和我被广告代理商邀请参加黏土鸽子射击活动时，我很感兴趣。黏土鸽实际上是板块状的黏土，被发射到天空的不同角度，枪手必须瞄准并在眨眼之间射击黏土鸽。起初，我经常射不中，直到我发现光盘是快速通过空气，所以我需要瞄准镜头前的光盘，并等待光盘到达我的射击范围。这种方法被证明是非常成功的。

市场营销也是如此。我们必须用子弹（品牌）瞄准目标（消费者），并且在恰当的时间把产品投放市场。我们再次看到时间在市场营销中的重要性。同样，我们的市场分析和市场定位的陈述要与时俱进。随着时间的推移，市场和他们的品牌肯定会向不同的方向发展。

如果一个品牌经历了所有权的变化，这种情况尤为真实。彭特兰在重新定位锐步品牌方面取得了巨大成功。它支付7.7万美元购买了锐步的控股权，然后在10年后将其卖出7亿7700万美元，这是20世纪的一笔大交易。随着收购扩大，它开始购买其他知名的、已陷入绝境的体育品牌。其中一个品牌是速比涛，它原是澳大利亚的泳装品牌，经历了各种所有制变化和技术转让，这意味着，当我在全球范围内对品牌负责的时候，它的定位在世界各地也发生了巨大变化。该品牌目前在诺丁汉经营，那里不可能因海滩著名，因此，集中指向的品牌定位是赛事活动品牌，即通过赞助每四年一次的奥运会游泳参赛选手，以及具有绝对优势能登台领奖的游泳奖牌获得者。与此同时，它的一些主要特许经销商，几乎在完全相反的另一个范围内，将其定位为一个海滩品牌。其主要市场包括巴西著名的科巴卡巴纳海滩、澳大利亚的邦迪海滩、美国的马里布海滩，法国的圣特佩罗海滩等。很难在单一的紧密定位中调和这些差异，这就阻碍了品牌的发展。

## 重新定位公司

在剧烈变化的市场中，重新定位整个公司是必要的，甚至是紧急的，而不仅仅是定位产品线或品牌。例如，诺基亚在1865年以木浆业务起家。从这里开始，它进入了制造业。1898年，爱德华·波隆（Eduard Polon）创立了芬兰橡胶厂，生产胶鞋和其他橡胶制品，后来成为诺基亚的橡胶公司。1902年，诺基亚的业务活动中又增加了电力供应。1912年，阿尔维德·威克斯特罗姆（Arvid Wickstrom）创办了芬兰电缆工程公司，生产电话、电报和电缆，为诺基亚的电缆和电子产业奠定基础。第一次世界大战后不久，诺基亚公司濒临破产。为了确保诺基亚发电机的电力供应继续，芬兰的摩苏尔公司获得了破产公司的业务。1922年，芬兰的橡胶工厂收购了芬兰的电缆工程。这三家公司自1922年以来紧密合作，1967年合并成立了一个新的工业集团——诺基亚公司，为诺基亚未来作为一个全球性的公司铺平了道路。新公司涉足许多行业，生产多种纸制品、汽车和自行车轮胎、鞋类、通信电缆、电信设备和其他消费电子产品、个人电脑、电力生产设备、机器人、电容器、军事通信设备。最终，该公司决定在20世纪90年代抛弃消费电子产品，只专注经营电信领域增长最快的部分。1988年，诺基亚轮胎从诺基亚公司中分离出来。两年后，诺基亚鞋业公司成立。在20世纪90年代的剩余时间里，诺基亚剥离了所有非电信业务，只专注于电信业务，并在一段时间内成为手机市场的主导制造商。即便是现在，它也在进一步将自己定位为软件公司，通过卫星导航等多个应用程序为其手机增加价值。2013年9月，微软收购了其移动手机业务。

管理这样一个不断变化的过程是非常困难的。投资者、雇员、客户以及像芬兰这样的小国，甚至政治家和监管者的期望都需要转变，每家公司都需要影响这些观念的变化。这样做意味着重新定位整个公司。

对中小型企业来说尤其如此，其中许多公司往往缺乏针对个别产品线的强大品牌。在长期的经济衰退中，经济健康时期有效的商业模式往往会变得无效，此时需要改变公司的定位。例如，高档餐厅以前曾在报销晚宴费用账户、奖金刺激的庆祝活动和时髦的企业活动中蓬勃发展，现在可能是第一次需要强调价值作为一种销售工具。

重新定位一个公司不仅仅是营销上的挑战，还包括艰难地决策市场是如何变化的，以及公司的竞争对手将如何反应。通常，这些决策必须在没有足够信息的情况下做出，仅仅因为变化是反复无常的。

## 22条商规

特劳特和艾·里斯坚持认为一些营销法则是不可改变的。在《22条商规》中，他们描述了以下22条商规。

(1) 领先定律：成为第一胜过做得更好。

(2) 品类定律：如果你不能第一个进入某个品类，那么就创造一个品类使自己成为第一。

(3) 思维定律：思维领先要优于市场地位领先。

(4) 认知定律：营销不是产品的竞争，而是认知的竞争。

(5) 聚焦定律：营销中最强大的概念是在认知思维中拥有话语权。

(6) 专有定律：在认知思维中竞争对手们不能拥有同一个定位。

(7) 阶梯定律：策略的使用取决于你处在阶梯上的哪个梯级。

(8) 二元定律：从长远来看，每个市场都会成为两大品牌之间的竞争。

(9) 对立定律：若想成为市场第二，那么你的战略应由第一决定。

(10) 裂变定律：随着时间的推移，一个产品类别会裂变成两个或更多的类别。

(11) 长效定律：营销效应发生在一段较长的时间内。

(12) 延伸定律：有一种不可抗拒的压力推动品牌的扩张。

(13) 牺牲定律：有"舍"才有"得"。

(14) 属性定律：每种属性的对面都有一种相反的、有效的属性。

(15) 坦诚定律：当你承认消极因素时，未来会给予你积极因素。

(16) 唯一定律：在任何情况下，只有一项举措能产生重大结果。

(17) 莫测定律：除非你了解你竞争对手的计划，否则你无法预测未来。

(18) 成功定律：成功往往导致傲慢、自大和失败。

(19) 失败定律：失败是被期待和接受的。

(20) 炒作定律：真实情况往往与新闻报道相反。

(21) 趋势定律：成功的方案不是建立在时尚之上的，它们建立在趋势之上。

(22) 资源定律：如果没有足够的资金，一个想法都不会实现。

## 独特销售主张（USP）

索尼公司大名鼎鼎的口号是"我们只做别人不做的"。很明显这是通过努力以便远离竞争，但同时也指引大家始终寻求差异点。这是独特销售主张的一个案例。独特销售主张最初是由达彼思广告公司提出的，巧合的是这家广告公司是我20世纪70年代工作的第一家广告公司。达彼思商标产生于1940年，当时贝茨（Bates）在纽约开办了他的第一家公司——达彼思公司。贝茨最终将他的公司建成世界第四大代理集团，而且26年间，他不断扩大公司的业务，从没有失去过任何一个客户。

贝茨的创意搭档是广告界标新立异的罗瑟·瑞夫斯（Rosser Reeves）。瑞夫斯是广告界的先驱，他开创了电视广告，制作了当时一个最流行的品牌口号 （M&Ms巧克力豆"只融于口，不融于手"），出版了第一本广告方面的畅销书 *Reality in Advertising*，提出著名的"独特销售主张"，至今仍被市场人士使用。USP的一个关键点是，它可能不是绝对独特的，但你必须先说出来，这样你就拥有了这个主张。

当我1980年随着玛氏公司搬到美国后，我参观了纽约的达彼思，看到了整个糖果，还有其中的M&Ms牌巧克力豆。迄今为止，它们被宣传为用于分享的有趣产品，但在战后它们刚推出的几年，而且在广告非常平淡的一段时间后，穿白色大衣的男子直言不讳地宣传M & Ms 巧克力豆，因为它们是融于口不融于手的巧克力。然后进一步强调这一点，像医生的一个人将握住他的手掌，宣布"巧克力没有融化！"因此，在整整一代人的心目中，我们建立了USP。

## 文案写作

这个行业的两位先驱——泰德·贝茨和罗瑟·瑞夫斯——认为广告的存在只有一个目的：销售客户的产品。引用奥美公司的创始人戴维·奥美的话，"罗瑟告诉我交易……，广告的真正目的是销售产品。"法令的有效性继续激励 （或至少应该激励） 所有广告机构。文案写作的艺术是所有市场营销中最重要的内容。许多在其他行业中出名的人，特别是写小说的人们，以写广告文案开始他们的职业生涯。下面列举了其中的一些人物。

(1) 海伦·格莉·布朗（Helen Gurley Brown）：曾担任博达大桥广告代理公司的秘书。她的上司认可她的写作能力，把她调到文案部门，在那里她进步迅速，成为20世纪60年代全国薪资最高的广告文案写作人员。1959年，她嫁给了戴维·布朗（David Brown），丈夫是《下巴》《刺痛》《茧》《为黛西小姐开车》和其他电影的制片人。1962年，在40岁的时候，布朗创作了畅销书《单身女孩》。1965年，她成为杂志《大都会》的总编辑，扭转了杂志经营失败的命运。

(2) 彼得·凯里（Peter Carey）：获得布克奖的三位作者之一，凭借《奥斯卡与露辛达》和《凯利帮真历》两次获奖。在1962年，他开始从事广告工作。1962—1967年，他在墨尔本不同的广告公司工作。

(3) 唐唐·德里罗（Don DeLillo）：《地下世界》的作者，作为文案写手，他在纽约第五大道的奥美公司工作，为西尔斯·罗巴克工作，创作形象广告，他工作了五年直到1964年离开。

(4) 肯尼·埃弗雷特（Kenny Everett）：喜剧演员和电台DJ。放学后，他在一家面包店和《商业和航运电报期刊》的广告部工作。

(5) 菲茨杰拉德（F Scott Fitzgerald）：1919年与塞尔达订婚之后，菲茨杰拉德搬进了纽约莱克星顿大街1935号公寓，尽力为他和未婚妻的生活打下基础。他在一家广告公司工作，写短篇小说，但他无法使塞尔达相信他能养活她，导致她解除了婚约。

(6) 特里·吉列姆（Terry Gilliam）：导演、动画师和巨蟒队的成员。大学毕业后，他在一家广告公司短时间任职，之后他在*Help!*杂志工作。

(7) 戴斯勒·哈米特（Dashiell Hammett）：作者。第一次世界大战期间，他身染结核病之后，哈米特开始饮酒，做广告，并最终完成他的经典著作《马耳他之鹰》。

(8) 休·海夫纳（Hugh Hefner）：《花花公子》的出版商。他曾为

《时尚先生》做过文案工作,但因为提薪五美元的要求被拒,于1952年1月离职。

(9) 约瑟夫·海勒(Joseph Heller):《第二十二条军规》的作者。在某家小广告公司做文案工作之前,他曾在《时代杂志》工作过,在那里他与未来的小说家玛丽,希金斯·克拉克一起共事。

(10) 埃尔莫尔·雷纳德(Elmore Leonard):作家,著有《决斗犹马镇》等。在他毕业前一年,他得到了Campbell-Ewald广告代理公司的文案工作机会,这个工作他干了好多年。

(11) 奥格登·纳什(Ogden Nash):诗人。他在纽约的第一份工作是为一家公司的电车卡(片)写广告,这个公司以前曾雇用过菲茨杰拉德。纳什喜欢韵律,他在1958年的新闻采访中说,"我认为,说起押韵,我六岁起就会了。"尽管押韵并不是最简单的任务,但当押韵词不存在的时候,他喜欢造押韵词。

(12) 鲍勃·纽哈特(Bob Newhart):喜剧演员和演员。1958年,鲍勃·纽哈特成为一家公司的广告文案,该公司是芝加哥独立电影和电视生产商。

(13) 艾伦·帕克(Alan Parker):电影《名扬四海》和《追梦者》等的导演。20世纪60年代至70年代,帕克开始从事广告文案工作,后来开始为电视广告编写剧本。他最著名和持久的广告作品是他在伦敦广告公司科雷特狄金森皮尔斯工作期间制作的。他执导了许多获奖广告,包括由著名演员莱奥纳多·罗西特(Leonard Rossiter)和琼·科林斯饰演的沁扎诺酒和苦艾酒广告。

(14) 萨曼·鲁西迪(Salman Rushdie):《午夜之子》的作者。在成为全职作家之前,他曾在两家广告公司工作过。他因为创造了著名的"淘气但美好"的牛奶营销委员会的奶油蛋糕广告而名声斐然。

(15) 桃乐丝·L.塞耶斯(Dorothy L Sayers):彼得温斯系列犯罪小

说的作者。1922—1931年，塞耶斯在伦敦的S.H.本森的广告公司从事文案工作，此公司是奥美广告公司的前身。作为广告商，塞耶斯很成功。她与艺术家约翰·吉尔洛（John Gilroy）联合制作了芥末俱乐部广告，至今仍有模仿作品出现。一个著名的例子是在一杯黑啤酒下拱起嘴的巨嘴鸟，配上塞耶斯的押韵小诗：

如果它能像你一样张开嘴说话，

它一定说黑啤酒对你很好。

成为巨嘴鸟多自豪，

想一想巨嘴鸟能做啥。

塞耶斯也因"广告值得付费"这句话享有盛誉。她以广告行业为背景，创作了小说《杀人广告》。

(16) 穆雷·沃克（Murray Walker）：赛车评论员。他受雇于Masius广告公司，客户包括玛氏公司、沃克斯豪尔汽车公司和英国铁路公司。他被誉为知名评论员，之后直到59岁才退休。

(17) 韦尔登（Fay Weldon）：作家。为了养活自己和儿子，韦尔登开始在广告业工作。作为广告文案的负责人，某种程度上她使"吃个鸡蛋再上班"的口号家喻户晓。她曾创造了广告词"伏特加让你醉得更快"。在一次《卫报》采访中，她说："似乎很明显，那些想快速喝醉的人，需要知道这一点。"但老板们并不同意她的观点，终止了这种说法。

## 广告词

广告词与产品定位陈述不同，但如果精心制作，广告词可以表达或者部分表达出定位陈述。"吃个鸡蛋再上班"是一句非常有效和令人难忘的广告词，但显然还不能表达鸡蛋的整体定位。相反，它的目的是提醒人们把鸡蛋作为早餐的组成部分。当饮食形势趋向于方便的冷谷物等食品时，有效的广告词通常具有如下特征：

- 说明产品或品牌对潜在用户或买方的主要好处;
- 能暗示它和其他公司产品之间的区别;
- 做出简单、直接、明快和贴切的陈述;
- 经常是机智的;
- 体现出独特的"个性";
- 塑造出品牌或产品的可信印象;
- 使消费者感受"好";
- 消费者感到一种欲望或需要;
- 难以忘记,它唤醒了一个人的记忆(不管他喜欢与否),特别是伴随着广告的辅助工具,如韵律、广告、小调、图片或电影。

这里有20条著名的广告语。所有广告语都是难忘的,但并非所有广告语都能有效地表达出对该品牌的定位。

(1) 安得列司,一种卫生纸。"软,结实而且非常、非常长",该广告词长期宣传成功占领市场,安得列司成为一个连年进入前10的品牌。

(2) 奥迪。"突破科技,启迪未来",字面意思是"通过技术取得进步",百比赫广告公司的宣传广告,强调德国工程资历。

(3) 英国航空公司(British Airways):"世界上最受欢迎的航空公司"——这是诡辩,因为它是基于以下事实:虽然一些美国航空公司飞行总里程更多,但英国航空公司比其他任何航空公司搭载了更多的国际旅客。这暗示了更多的人喜欢它,尽管调查数据显示人们可能偏好更小的航空公司,如新加坡航空公司和国泰航空。在此之前,它的广告语有:世界最佳航空公司;我们能更好地照顾您;支持自己的国家。

(4) *Cadbury's Smash*:"For Mash, get Smash"——1974年来在电视上首次亮相的玩具火星人广而告之吉百利的即食土豆泥。这个广告收获了广大粉丝,广告公司BmP不得不准备特殊的文学语句来回复。1999年,因为创造性和有效性,这个广告词被一个行业专家小组评为世纪广告。

(5) 吉百利纯牛奶巧克力："每半磅吉百利纯牛奶巧克力中含有一杯半纯牛奶"（0.5磅=226.5克）。

(6) 嘉士伯（Carlsberg）："可能是世界上最好的啤酒"，这是1973年由萨奇为英国市场创造的广告语。从20世纪80年代起，这条广告语出现在世界各地的嘉士伯广告中。

(7) 可口可乐："名不虚传"，这是一个真正的全球品牌在全球广告中极其成功的稀少案例。

(8) 吉列："男人能得到的最好东西"。

(9) 吉尼斯黑啤（Guinness）："吉尼斯黑啤酒对你有好处。"因为我妈妈贫血，所以过去她相信这句广告词。医生告诉她每天喝一杯吉尼斯黑啤酒，因为它含有铁。

(10) 哈姆雷特（Hamlet）："幸福是一支名叫哈姆雷特的雪茄。"这是狄金森皮尔斯辉煌时期值得纪念的广告宣传，但可能没有说服大多数仰慕者购买该产品。

(11) 喜力（Heinken）："有其他啤酒无法达到的提神功效。"

(12) *Kwik Fit*："你不能得到比*Kwik Fit*更适合的钳工。"这条著名的广告语首次出现在1984年，使该公司的名字家喻户晓。2008年，*Kwik Fit*在"你会为我们的所作所为大吃一惊"的广告中重返银屏。

(13) 耐克：说做就做。

(14) *Orange*："未来是光明的，未来是*Orange*的。"

(15) 宝盈："（宝盈）洗衣液，洗得更白。"这是其多年来一贯的广告词。

(16) 皇室："照着桶上的话做吧。"广告词奇妙贴切，想要了解产品定位，你需要看看桶里面。

(17) 坦格："你知道，你喝得摇摇晃晃。"现在流行的广告语是由HHCL广告公司创造的。

(18) 托迈酷客:"Don't just book it-Thomas Cook it"20世纪80年代以来,托迈酷客的一条最著名的广告词。

(19) *Wonderbra*:"你好,男孩!"这可能比任何其他海报宣传都能造成更多的交通事故。

(20) 沃尔威治:"我与沃尔威治在一起……"20世纪80年代,英国当时最大的建筑协会之一,以其娱乐性的电视广告而闻名。

广告语对电影产业具有特殊效应。市场营销人员和电影制片厂使用醒目的、诱人的广告语来宣传和销售电影,并总结出电影的情节、基调或主题。为海报和电影预告片撰写广告文案通常是电影营销和为产品制订战略方向的第一步。一些精妙摘句经常被放置在影片海报(在影片标题之上或之下)或在商品本身(DVD或蓝光等)上,用来突出影片讲述的内容。有些广告语相当模糊,不易识别和容易遗忘。通常,非常劣质的电影都有最好的广告标句。

在这本书的大部分内容中,我举的例子主要来自消费品市场营销,但这些规则和原则很可能适用其他领域。对品牌进行定位是每一家慈善机构、大学和不同行业的企业都需要做的事情。我个人曾建议两家慈善机构和一所大学明确各自的定位,并在每种情况下,率先对品牌重新定位,然后重新命名品牌,最后出现收入的大幅增长。消费品定位也是如此。但在其他领域,信息可能更加庞大。正如罗伯特·米格浩(Mighall)在2009年7月的《泰晤士高等教育》中指出的那样,"当教育被视为产品的时候,'只要做到这一点',就会有一个非常不同的反响。"

# 第三部分
## 管控力

# 第十一章 利润力/Profit

社会学者认为,赚钱是一种罪恶;但我认为,亏钱才是。

——温斯顿·斯宾塞·丘吉尔

一位客户来见一位著名律师,"可以告诉我你如何收费吗?"客户问。"当然,"律师说:"每回答三个问题我收1000美金。""这也太贵了吧?"客户说。"是有点,"律师回答"那么你的第三个问题是?"

我在玛氏集团共事过的一位著名的营销人曾说"现在只有卖水、空气或者承诺才能赚钱。"听起来他是在讽刺,但同时也揭示了真相。产品经理可以用水和空气,设计出比原材料价值高得多的产品,香水就是一个典型的例子——由水和溶解在其中的香气组成。但毫无疑问,真正让香水能售卖出去并产生利润的,是承诺。

查尔斯·狄更斯在《大卫·科波菲尔》这本书中,通过米考伯先生之口描述了利润的本质:"如果每年收入20镑,却花掉20镑6便士,这将是一件令人痛苦的事情。反之,如果他每年收入20镑,却只花掉19英镑6便士,那是一件令人高兴的事。"如果我们赚的比花的多,就能盈利。如果赚的比花的少,就会亏损。这个说法的优点是简单,但是还不够。我们还需要知道资金的成本,并且盈利能够覆盖它,否则可能资产损益表展示出不错的净利润,却没能给出足够的投资回报。

提高盈利能力的基本方法有三种:增加营业额;提高价格;降低成本。

## 增加营业额

假如成本保持不变的情况下,营业额上升会提升毛利率,最终提升利润。有些成本是固定的,有些成本是可变的。可变成本会随着数量的增加而上升,固定成本则不会。所以营业额增加后,总体利润会提高,净利润也会提高。

营业额的增加可能来源于各种渠道,但当务之急是营销经理有一个计划来做到这一点。如果经理们指示他们的销售人员在没有计划的情况下简单地增加营业额,那么销售量将增加,但盈利能力实际上会降低,因为销售人员可能会通过利润较低的渠道追逐销售量。

营销经理要对每条销售渠道和其盈利能力有很好的理解,才能将销量的增长锁定在最赚钱的渠道上。他们还应该特别注意可能已经实现了的可变折扣。我经常见到销售团队最后时刻表现神勇,但实际上减少了利润。因为年底冲刺的订单还会帮助客户通过一些门槛,他们全年的累计订单使他们可以获得额外的可追溯回扣。

## 提高价格

这可能是最不常用但最有效的方法。营销经理通常不敢提价,如果他们销售的产品不具备独特性,而且价格弹性又很大的话,那么不提价是正确的。但是一个强大自信的品牌,应该时刻准备展示它的价格领导力,力求在市场上领跑。这种增长带来的收益,一部分应该投到市场营销方面,增加对其的支持以帮助巩固价格的上涨。

作为Trill公司的产品经理,我在通货膨胀之前提高了价格,并将品牌的毛利率从48%提高到50%。Trill的客户非常忠诚,他们认为它比市场上任何其他同类产品都要优越。成交量一点没有下降,多出来的2%都直接进入了利润。

## 降低成本

在这三种提高利润的方法中,降低成本是大多数营销经理最关注的,但我认为它是最危险的。降低成本往往导致产品质量的降低。当然,在战略层面上,寻求少花钱多办事的方法是正确的,所有的优秀管理者都应该这样做。但危险之处在于,在结果导向的压力下,由于短期内无法增加产量,又不敢贸然提高价格——所有的努力都走向了降低成本的方向,利润的提高最终以某种降低产品的规格的方式实现了。

然而,我主张与供应商紧密合作,制订对双方都有利的长期计划来降低成本。我将在接下来的两章分别详细介绍生产力和伙伴关系。

我在考虑营销的20个"力"时,我几乎要把采购(Procurement)加进来,因为它是如此重要。我在管理皮尔斯博瑞集团的格林布莱顿子公司的时候,公司一直看重华尔街。我有一个杰出的采购总监,他预见到我定期提高利润的要求,他与供应商紧密合作提前准备,并且随时准备在需要的时候提供储蓄。有一次,当我走进他的办公室,向他解释总部的最新要求时,他把手伸进抽屉里,掏出一张他已经存放了一段时间的支票……

但如果你真打算降低成本,我建议你让员工参与决策,你会对他们提出的想法感到惊讶。当总部位于明尼苏达州的梅奥诊所发现它的2008项费用远远超过了收入时,他们向员工寻求能够削减成本的想法。这个非营利性组织建立了一个网站,每位员工都可以通过网站提交减少开支的想法。其中一个部门通过在下班后关闭不需要工作的电脑,每年节省了近90万美元。另一个部门建议分离处置费用更高的危险废物,还有一个部门放弃了打印版的员工目录,提供网页版,从而节省了十万多美金。最终,这些点子不仅帮助梅奥诊所节省近1.54亿美元的支出,而且还获得了意想不到的好处——员工觉得自己与公司的联系更加紧密了。

## 营销与财务的关系

在这个过程中,营销经理将不可避免地与财务部门给他们的数字相抵触。市场营销人员和财务人员之间的关系并不总是和谐的。在市场营销人员的眼中,财务人员是一群只关心眼前数字的"统计师",用短期和负面的观点限制了业务的发展。而财务人员眼中的营销人员常常是一群不合格的浪漫主义者,他们喜欢和广告代理们一起吃昂贵的午餐,而对生活的严酷现实几乎一窍不通。对于两者的描述有点夸张,但我相信读者们能识别出这两类人。然而在当今顶级的公司里面,这两个部门的人员已经建立了密切的合作关系。据我了解,在宝洁公司,营销人员和财务人员就亲密地坐在一起,共同为公司赚取尽可能多的利润。

我在索尼工作的早期,有幸听到索尼富有魅力的创始人盛田昭夫在伦敦皇家学会的创新演讲。这个活动是由英国工业贸易部组织的。观众中有许多顶尖的科学家,包括几位诺贝尔奖得主,但盛田先生的演讲很快就让他们着迷了。他从他多么钦佩英国人开始讲起。英国给世界贡献了牛顿和法拉第,还有其他很多科学家。然而,他提出了一个问题:为什么你们让会计师管理上市公司?观众们哄堂大笑,甚至连房间里为数不多的几名会计也因为盛田先生的妙语微笑起来。这在英国确实似乎是一个特别的问题:英国的人均注册会计师数量是德国的13倍。

我在索尼工作时,与财务部门的关系非常好。我们共同努力,促使年销售额稳定增长,完成了公司的利润目标。事实上,当我问我的财务总监利润应该是多少时,他反问我,我想让它是多少?然而,当时索尼公司的总体利润可能与世界一流的品牌不相称。休·戴维森教授是我最敬佩的营销学者之一,更重要的是,他在漫长的品牌管理职业生涯中留下非常成功的记录。后来他又撰写一系列具有标志性的和批评传统思想的营销学书籍。他写过《承诺:企业愿景和价值观管理》(*The Committed Enterprise*)一书。这是一本关于"愿景"和"价值观",以及如何让它们在企业中发挥作用的书。他曾经采访过我,我依然记得他尖锐地批评了索尼的低盈利能力。戴维森教授的第一本畅销书是《攻势营销》(Offensive Marketing)。然后在这本书的续集《激进攻势营销》(Even More Offensive Marketing)里,他提出了营销人员应该记住的新名词,POISE,它代表几个关键词:

盈利的(Profitable);进攻型的(Offensive);整体的(Integrated);策略型(Strategy);有效执行的(Effectively Executed)。

戴维森教授强调,在公司的利益和客户对价值的需求之间保持适度的平衡至关重要。那些将营销定义为满足客户需求而盈利的人几乎是正确的,但他们必须认识到,现实中满足消费者需求和企业盈利之间可能存在冲突。每个公司都必须既要满足消费者需求同时又要盈利才能存活下去,如何在两者之间取得平衡呢?戴维森在书中介绍了"攻势型"营销人员如何将他们的资产和能力与最适合他们公司或品牌的机会进行匹配以便获得最大化的盈利。

另一位著名的市场营销学者是伦敦商学院的蒂姆·安布勒(Tim Ambler)教授,他现在退休了,我认为他是一名优秀的市场营销学者,他在IDV(帝亚吉欧的前身,大都会集团的一部分)有一段杰出的商业生涯,他在那里创立并培育了许多著名的饮料品牌。当他还是IDV联合董事时,我曾被他面试,但是我没能得到那个工作。他对营销绩效和品牌资产的评估研究非常宝贵。在背后,他做了更多的事情来解决这个问题:董事会通常花费90%的时间来花费和计算现金流,而不知道资金来自何方以及如何增加现金流。几年前,英国的主要市场营销人物组成了营销委员会,他们认为,良好的市场营销是为股东创造价值的基础,我对他们的调查也做出了一些贡献。蒂姆·安布勒在《市场营销——公司财富的新衡量标准》(Marketing and the Bottom Line)这本书中引用了他们的研究成果。他在书中阐述了企业财富的衡量标准,不仅包括利润，而且还包括利润的贡献者。

安布勒教授总结出的关键评估指标，如表11.1和表11.2所示。

表11.1 标准损益表

| 指标 | 与计划对比% | 与竞争对手对比% | 董事会审核频率 |
|---|---|---|---|
| 销售 | 销售量/销售额 | 市场占有率 | 月度 |
| 营销投资 | 期间费用 | 广告占有率 | 季度 |
| 盈亏 | 利润 | 利润分摊 | 半年 |

表11.2 通用品牌价值指标

| 消费指标 | 评估指标 |
|---|---|
| 相对满意度 | 消费者对市场/竞争对手的平均消费偏好或满意度；应说明竞争的基准 |
| 承诺 | 转换能力指数（或者类似于维持、忠诚、购买意图或多者结合的标准） |
| 相对质量认知 | 消费者对市场/竞争对手的质量感知满意度；应说明竞争的基准 |
| 相对价格 | 市场占有率（价值）/市场占有率（容积） |
| 可用性 | 分销，例如品牌零售店的加权百分比 |

## 市场战略对利润的影响

在第六章中，我简单提到了市场战略对利润的影响（PIMS）。在这一章，我们进一步探索这个概念。

PIMS数据库的目的是提供商业策略在特定行业中取得成功的经验证据。数据的研究结果被用来制订战略管理战略和营销战略。研究确定了几个典型的影响盈利能力的战略变量，其中最重要的几项分别是市场占有率、产品质量、投资强度和服务质量（这几个因素对企业的盈利能力有较大的影响）。

《市场营销精要》（Essentials of Marketing）一书中提到，PIMS寻求解决三个基本问题：每种业务的典型利润率是多少？基于公司目前的策略，未来的经营结果可能是什么样的？哪些策略有助于改善未来的经营业绩？

《营销概念和策略》（Marketing Conepts and Strategies）中，列出了PIMS在各项业务上拥有的六个主要信息：商业环境特征；公司的竞争地位；生产过程结构；预算分配方式；营销战略；公司营业成果。

PIMS研究最早于1960年在美国通用电气公司内部开展，其目的是找出公司内部某一些业务单位业绩比其他单位更出色的原因。在西德尼·舍弗勒（Sidney Schoeffler）的帮助下，他们建立了一个研究项目，让每一个战略业务单位汇报了他们在几十个观测值上的数据。这项研究在20世纪70年代扩展到了公司外部。

在1970—1983年的初步调查期间，200多家公司的2600个业务单位参与了调查。到现在，它已增长到近4000个业务单位。每个参与调查的业务单位都提供了它关于市场运作信息、产品信息以及它实施的战略的有效性等信息。

PIMS项目分析了他们收集的数据，以确定每个业务单位所面临的选项、问题、资源和机会。基于这些来自不同行业的数据和扩展，人们认为可以为同行业中的其他企业提供制订战略的证据，从而提高盈利能力。它的主要结论是，在质量相同的前提下，市场份额大（50%以上）的企业的回报率比市场份额小（10%或更少）的企业要高出三倍以上。最后，该项研究发现了37个与企业成功关系密切的要素。《营销概念和策略》的作者们认为，以下几个变量最关乎战略营销：强大的市场地位；高质量的产品；更低的成本；较低的投资门槛。

而《市场营销精要》一书的作者们对此则有一个不同的结论：市场占有率；企业形象；投资力度；市场增长率；市场周期所处阶段；营销费用与销售比率。

虽然这些显而易见，但PIMS提供的经验数据定义了定量关系，并为一些被人们认为是常识的事情提供了数据支持。

显然，人们可能认为，在1970—1983年收集的信息的数据库已经过时。然而数据是持续地从各个参与单位收集的，PIMS答复说，它提供了一个独特的时间序列数据来源，已证明随着时间的推移其结论是非常稳定的。也有人指出，PIMS的数据偏向于传统的金属制造业，如汽车制造业，这没什么奇怪的，因为最初的调查确实是从该行业开始的。但事实上，数据库中包含的近4000家企业覆盖了消费者、工业和服务部门。

PIMS调查中大企业的比重远远大于中小企业。这是由数据收集方式导致的。一般来说，只有较大的公司愿意支付咨询费，并提供调查数据。作为回报，他们有权访问数据库，并将他们的业务与其他大型企业或其业务单位进行比较。所以明茨伯格（Mintzberg），《战略历程》（*Strategy Safari: A guided tour through the wilds of strategic management*）一书的作者提出，由于PIMS数据库中的数据主要来源于大公司，所以PIMS分析方法更适合来评估现状，而不能用作如何成长为大公司的参考。

一个更严重的理论批评是经验的相关性并不一定意味着找到原因。没有办法知道是高市场占有率带来了高利润率，还是高利润率推动了市场占有率的提升，或者是其他因素，如产品质量导致了高利润率和高市场份额。

杂志《斯隆管理评论》（*Sloan Management Review*）的一篇文章《先入市场先失败》（*First to Market, First to Fail: The real causes of enduring market leadership*）提出，PIMS分析法对市场的定义过于狭隘。受调查者用非常狭隘的方式描述他们所在的市场，使他们的市场占有率显得很高，我在上一章提到了这种危险。他们相信这种自我报告的方式包含的偏见会让人们对结论产生怀疑。他们还担心，调查对象中没有包含已倒闭的公司，会导致分析结果带有"幸存者偏见"。

PIMS的本质是认为市场占有率是决定利润的重要因素。我记得在

20世纪70年代中期，我们首次在玛氏集团遇到过这个理论，我们试图把它与我们的业务联系起来。然而，当我在20世纪80年代末加入索尼时，遇到了一位杰出的工程师，每当他承担起新的责任时，他都会发表演讲指控兰切斯特的理论。

## 兰切斯特定律

兰切斯特定律是计算捕食者/猎物对相对强度的数学公式。1916年，在第一次世界大战的高潮时期，弗雷德里克·兰切斯特（Frederick Lanchester）设计了一系列微分方程来描述两股对立力量之间的关系。其中包括兰切斯特线性定律（古代战斗）和兰切斯特线性定律（现代武器与远程武器的战斗）。兰切斯特的研究以祖鲁战争（1879）为基础，但第二次世界大战中盟军在它的指导下取得了空战的胜利。在战后时代，该理论被应用于商业世界，并取得了成功，因此我们可以断言PIMS很好地验证了有百年历史的军事理论。

## 利润区

在《发现利润区》（*The Profit Zone*）一书中，作者们提出一个观点——市场份额停滞。他们认为：

"在传统的以产品为中心的时代，盈利的关键问题是怎样才能获得市场份额，增加单位体积，并获得规模经济？但在20世纪80年代中期至80年代末开始的市场价值急剧变化的新时代，问题是不同的：行业中何处可以盈利？何种商业模式可以盈利？"

书中还描述了11种盈利的商业模式，这11种盈利模式大略可以概括如下：

(1) 客户解决方案模式（如通用电气、Nordstrom）。

(2) 产品金字塔模式[如SMH（Swatch）、美泰]。

(3) 多种成分系统模式（如可口可乐、幻影度假村）。

(4) 配电盘式模式（如施瓦布、CAA）。

(5) 速度模式（如英特尔、索尼）。

(6) 卖座"大片"模式（如迪士尼、NBC）。

(7) 利润乘数模式（如维珍大西洋、现代）。

(8) 创业家模式（如ABB、3M）。

(9) 专业化利润模式（如EDS、华莱士）。

(10) 基础产品模式（如微软、奥的斯）。

(11) 行业标准模式（如微软、甲骨文）。

优秀的管理人员总是把目光放在利润的来源渠道上。他们非常清楚自己所做的决定中哪些部分将对利润产生影响。但这并不意味着他们只关心利润。正如亨利·福特所说："企业必须盈利，否则它就会消亡。但如果任何人都仅仅因为盈利而经营企业……那么企业还是必定会消亡，因为它已经不再有存在的理由了。"还有另一种说法："一个只赚钱的生意是一个糟糕的生意。" 在我担任索尼英国公司总经理期间，我问我的上司——索尼欧洲公司的首席执行官杰克·施穆克力（Jack Schmuckli），他想要我完成什么目标，是销售增长还是客户满意度？品牌形象还是市场占有率？管理层发展还是利润？他的回答是："全都要"。

## 企业的社会责任

当然福特先生所指的可能远远不止这些，他指的更多是今天我们所说的企业社会责任（正如第八章所讨论的）。 在理想的情况下，企业社会责任作为一种内在的、自我调节的机制发挥作用，它使企业能够自我监测并确保其遵守法律法规、道德标准和国际准则。企业应承担其活动对环境、消费者、雇员、社区、利益相关者以及所有其他公众成员的影响的责任。除此之外，企业还应通过促进社区的成长和发展来促进公共利益，并且主动消除企业危害公共领域的行为，无论其合法性如何。从本质上讲，企业社会责任就是将公共利益有意识地纳入企业决策的过程，是对人、地球和利润三重底线的观察。

企业社会责任的实践备受争议和批评。支持者们认为，企业社会责任有一个强有力的案例，那就是公司以多种方式获益，其经营前景远比他们眼前的短期利润更大和更长。批评人士则认为，承担社会责任偏离了企业的基本经济角色。其他人则认为，企业社会责任只不过是做做样子而已。还有一种观点认为企业承担社会责任是试图抢占政府作为强有力的跨国公司的监督者的角色。

某种程度上，这些观点都是有价值的，企业社会责任在过去的几年里也在被重新定义。我认为，企业社会责任是企业经营过程中不可避免的一部分。一个企业必须认识到它的社会责任，并且如果它能积极地、充满热情投入其中，它将发现这对企业的使命有所帮助，同时也能指导公司建立其宗旨，并能维护他们的消费者。

## 互助组织

并不是所有的组织都是为了盈利而成立的，还有其他几种商业模式有着不同目的。19世纪，合作社兴起并发展成为一个强大的批发、零售和政治运动，能提供从出生到去世人们所需要的各种服务。事实上，合作社曾经是最大的殡葬服务供应商。合作社的盈余以股息的形式分配给成员——我的祖母就喜欢收集当地的合作社分支机构的红利邮票。合作社运动现在已经没有了昨日的辉煌，并丧失了巨大的市场份额，但是它仍然存在，它发挥的影响力仍可以从一些更为道德的银行服务中看到。

然而，在不谋求盈利的同时，合作社也在追求制造盈余以返还给成员们。可能有一些政治和道德上的负担，但是不同的动机不应该影响行为，为合作社工作的营销人员，仍然应该有效地参与到市场竞争中去并制造盈余。

互助组织的结构是类似的，特别是在金融服务领域。银行、建筑协会、保险公司都从互助形式中获益。但是许多互助组织被牺牲在自由市场放松管制的祭坛上，这是一件令人遗憾的事情。建筑协会曾从投资者那里募集存款，然后借给借款人来建造和购买房屋，这是一个让社会受益匪浅的令人钦佩的机构。但是在一代人的时间里，几乎所有类似的著名的可靠的互助组织，都因为无意义的兼并和糟糕的风险管理而退出历史舞台。但有些互助组织存活了下来，希望有更多互助组织能够得到建立和复兴。在这里，营销人员确实肩负着不一样的责任。他们需要平衡追求增长的欲望，正确理解资产负债表中两边的风险，建立和培养信任，稳固组织的声誉。显然，这一领域已经出现了大规模的失败。

## 慈善机构

慈善机构是通过法律认可的以慈善方式为公众带来帮助的组织。当前的英国慈善法是2006年修订并生效的。慈善机构由英国慈善委员会管理。慈善机构不追求盈利，但它们仍需有基本的运营支出。捐赠者希望他们的大部分捐赠都能用到慈善上，而不是花在慈善组织的管理和运营上。所以，慈善机构需要很好地关注我前面提到的三种改善盈利能力方法中的两种：增加收入和降低成本。现在也有许多大型慈善机构在准商业领域运作，他们开了大量的实体连锁店吸引眼球。他们的市场营销部门也非常成熟并接受过专业的商业培训。

## 非营利性公司

2006年修订的《公司法》允许成立担保有限公司。这些公司不是为了慈善目的，而是为了形成某种公共利益，或者从事研究。他们的成员同意将公司债务维持在名义上的数额。这些公司不被允许盈利或分红，但公司的管理层仍要记住米考伯先生的话——如果收入不超过支出，他们也无法生存。

英国国家公共部门下设许多组织，其设立目的类似于商业企业，但没有利润要求。其中最著名、最有争议的是英国国家广播公司（BBC），它实际上是在1922年由当时的主要无线电设备制造商建立的。在此之前，邮政部门几乎完全禁止无线电广播。制造商成功游说改变了这一状况，他们成为担保有限公司的最初成员。他们提供资金建造无线电桅杆，听众需要支付50便士的许可费，并且只能购买英国制造商制造的收听设备。许可费一半都给了BBC。

随着时间的推移，宪章已经改变，英国国家广播公司现在是一个公共机构，独立于政府和行业，但仍由许可费资助运营。现在收听广播已经不再需要付许可费，但法律规定，如果你想看电视，即使你声称自己从来不看BBC频道，仍然需要每年支付许可费。现在许可费收入全部归英国国家广播公司所得，而且费用会随着通货膨胀而上涨（在写这本书时，每台彩色电视机需付费145.50英镑/年，每台黑白电视机需付费49英镑/年）。这不仅意味着BBC有效地对该国大多数家庭征收了人头税，而且这份税收还会随着通货膨胀、人口的增长和家庭的增长而增长。没有一家非营利性企业能像BBC一样，既能抵御通货膨胀，又能从家庭增长中获益。但是，BBC高管薪酬更像一个国际大企业的高管而不是公务员。BBC的高管中，39人的收入超过了英国首相的年薪（197689英镑），80人的收入超过了BBC所属的文化部部长的年薪（144000英镑）。在这种由法律强制保障其收入的优势下，BBC直接与商业对手进行竞争。尤其是在提供优质网站时，BBC可以对用户免费，而其竞争对手则必须靠发布广告或付费订阅。如果英国竞争委员会发起调查，就会发现这是对公众利益的垄断。但是竞争委员会是站在BBC一边的。

还有些企业偏离了轨道，它们的注意力不再集中在主要目标上。

肯尼斯·科克爵士（Sir Kenneth Cork）是一位著名的清算师，他给出了一系列企业可能会陷入困境的征兆，包括建造奢侈的新总部，并大概率地在总部前台摆放漂亮的水族箱。我在担任贝福德郡大学董事时，董事会主席安德鲁·本特利（Andrew Bentley）提到，他曾经共事过的一位杰出的女士把这种情况称为"大厦情结"。伟大的商业领袖不会犯这种种错误。他们永远聚焦于商业目标，即让股东们的投资得到回报。同时对其他利益相关者团体的正当要求保持关注。市场会让好的营销者赚到利润。

## 第十二章 生产力/Productivity

别试图教猪唱歌，不但不会有结果，还会惹猪不高兴。

——格鲁乔·马克思（1895—1977）

在前一章中我们提到，好的营销经理必须管理好利润的几个关键驱动力，其中之一便是生产力，这也是本章的主题。在商业中，人力资源和货币资源都是有限的，即使是世界上最成功、最赚钱的企业，也没有无限的资源和时间。所以，我们必须努力从已有的资源中获取尽可能多的回报。

显然，这不仅仅是营销经理的责任，而是所有经理的责任。但营销经理在提高工作力上面有其特殊的责任。这是因为他们在做市场开发宣传的计划和采购时，肯定会花费金钱。第四章曾引用过约翰·瓦纳马克的话："我花在广告上的钱有一半被浪费了，但问题是我不知道是哪一半。"如果我们仔细分析，就能发现两种形式的浪费。

第一种浪费是不可避免的。当广告刊登在报纸上的时候，理论上读者数量应该是×千人。然而，实际会看到这则广告的不到×千人，因为并不是每个读者都会仔细阅读每一页。即使他们看到了这一页，也不是所有人都会读页面上的广告。因此，在任何广告宣传活动中都存在着不可避免的浪费。这同样适用于其他媒体。一些证据表明，在涉及点击的在线广告中，可以假设网站的实际访问量得到准确的统计，并且按实际访问量收费。但网上广告仍然存在大量的浪费性支出——当然了，从这个意义上讲，其他形式的媒体都是低效的。

第二种浪费是可以通过技能和判断来避免的。因为广告必须令人印象深刻。任何长期从事广告业的人，无论是客户还是代理商，都知道他们制作或签约的广告根本不起作用，造成了相当大的浪费。这些广告没有达到目标，它们对销售毫无影响，没有提升品牌形象。甚至更糟的是，它们可能对这两者都产生了有害的影响。

## 零基础规划

为了避免浪费，我们必须像第六章所讨论的那样从"计划"开始。现在大多数组织都会经历某种规划过程，事实上，我知道某些组织从来没摆脱过这个过程。他们可能熟悉零基础资源规划的思想，但很少有人真正做到这一点。这个概念是你从一张白纸开始，计划实现目标所需要的资源，而不是从你现有的资源开始，并计划通货膨胀、扩张和职业发展等不可避免的成本增加，这些因素通常会产生不可接受的结果。

正确的零基础规划始于这张白纸，而且从开始之处就涉及严肃的智力挑战。为什么？因为你首先意识到的是，你和其他人一样离开了这张白纸。公共部门生产力提高如此之少的原因之一是没有人这样做。他们收到的指令，削减总成本10%，然后传递下去。每个人都得到同样的指示。最后别无选择，只能削减所谓的"一线服务"。但是每位政治家都说他不会削减一线服务！所以最后根本没有任何削减！这也是为什么花在教育上的钱有一半没有用在学校上，也是为什么花在卫生服务上的钱有一半花在效率低下的行政管理上。答案吗？就是没有从白纸开始。

时常自问生意是否能负担得起，这并不是一件坏事。让其他人，也许是你友善的财务总监，来验证你的成本效益，这并不是一件坏事。当你这么做的时候，也更容易要求别人做同样的事情。

一旦你经历完这一步，你就可以继续计划组织和其资源来实现你的目标。可能需要对这些资源重组（这里涉及的一些人的因素会在第十六章中讨论）。我经历这个过程很多次，并且结果是非常积极的。有时候是由于业绩因素逼着我去这么做，有时候是因为一些外部因素让我这样做，还有时候是因为一些本该在我控制之下的因素导致的。

正如我在第六章中简要提到的，我在智利工作时，曾经被来自外部的力量所困扰。我在那里为玛氏集团运营从美国进出口产品的业务。那时智利比索与美元的汇率已连续三年稳定在39∶1。实际上，这是挤压本地制造商的结果，因为像玛氏这样的世界级制造商可以进口自己的产品。即使算上20%的关税，再加上运费，我们仍然可以在当地市场处于竞争的优势地位。然后在不到三个月的时间里，智利货币贬值了六次，购买美元的政策也发生了变化。比索与美元的汇率从39∶1跌到了90∶1。智利经济正在衰退，这是现代世界历史上第七次严重的经济衰退。我们很难再维持经营，因为我们用美元进口，但销售时用比索交易，当我们在市场上收回欠债后，已经过去了一两个月，比索贬值了，不足以购买美元来支付我们的外债。

我和我的管理层考虑了所有的可能性。我甚至不再使用那张白纸。正如我在第六章说的，最后我得出结论，除了建议关闭公司之外别无选择。在考虑了所有的选项之后，玛氏集团在巴西的三名所有者之一，福勒斯特·玛氏（Forrest Mars）接受了我的建议，但是他有三个条件。

(1) 我是不允许赔钱的。

(2) 我要想办法让这些品牌活下去，因为它们会回来的。

(3) 照顾好雇员，因为福勒斯特非常欣赏他们。

显然，第一个是不可能的，原因之前我已经解释过了，但我做到了这一点，因为我没有坏账，因此公司在当地没有损失。我只出售了个人支票。因为我发现经手一张有问题的个人支票，意味着把自己送进监狱。我的办公室里有一个特殊的保险箱保存这些支票，只有我有钥匙。

如果有人不能按时付款，我可能会允许他们在30天之内换一张新支票，但我总是能把欠款收回来。

我将所有的库存放在当地的分销商那里寄售从而实现了第二个目标。福勒斯特是对的。几年之后，智利经济恢复了，玛氏集团又回来了。尽管我的销售经理已经受够了，并返回了他的家乡阿根廷，但第三个目标我也尽力了，其他智利员工都找到了工作，还有两名后来成为非常成功的商人。

## 决策

并不是所有的决定都是艰难的，但做出正确的决定是达到良好生产效率的核心。雄心勃勃的领导风格往往会导致效率低下。因为这样的领导对细节不够重视，也没有给出明确的信号。他们的工作人员花了相当多的时间去理解任务，这样浪费时间，浪费资源。我曾为美国和日本的公司工作过，并从中学到和发现一些东西。美式领导风格下，领导者大喊"跟我上！"而他们的同事却困惑地问彼此："我们要干什么？" 日本人的风格则是同事之间更容易达成一致，这看起来很正确。但我认为它其实很微妙。它看起来有些民主，但把我招到索尼的第一个日本老板渡边诺布煞费苦心地向我解释，这并不是民主。他让我想象我是一家公司的首席执行官，主持一个会议，会议的主题为是否要推出一种新产品。市场营销团队做了报告，建议推出产品。然后你征询管理团队的每个成员的观点。

• 你先从刚刚做完报告的营销总监开始。意料之中的，营销总监认为市场份额在下滑，而这种新产品有助于重振市场，拿回失去的份额，使公司重回增长轨道。

• 销售总监也支持他的观点，因为经销商们关注到销售在下滑。销售人员需要这个新产品来拿回主动权。

- 制造总监也赞成，因为生产效率在下降，下一步可能不得不裁员。这种新产品将有助于劳动力的恢复。
- 财务总监是赞成的，因为销售下滑意味着损失利润，而新产品应该能帮助挽回这一局面。更重要的是，开发这个新产品已经花费了大量的资金，如果产品现在被废弃，意味着这些资金就打了水漂。
- 人力资源总监关心员工士气和招聘，所以支持启动新产品解决这些问题。
- 然后你问向团队里的最后一个人，研发总监。他则表示需要更多时间测试产品。

因此，在民主制度下，你应该做什么决定是明确的？有五位主管赞成发布产品，一名主管要求延期发布。于是你决定推出该产品并且你刚刚推出了沙利度胺（一种镇静剂）。在做决策的过程中，最关键的是你必须给每位参与决策的人适当的权重。所有的观点都是有用的，但是，如果在一家制药公司，没有什么比安全更重要了。

## 新产品开发

并非所有新产品开发的过程都是灾难性的，但是有些确实非常低效。大多数新产品都失败了，因为它们没有得到充分测试，或者因为它们不够好。营销经理应该负责这个过程，他们应该代表消费者的声音，最终决定产品是否足够好。一个特别常见的错误就是仅仅在运行测试市场的时候投入大量的关注和支持，却不在全国范围复制。测试的温床特性告诉我们，除非测试的过程能在全国范围内被复制，否则一次测试的成功结果无关紧要。例如，额外的销售资源涌入测试市场，以确保达到很高的分销水平，然后在全国范围内推广时，销售资源则不够用，导致测试结果根本不可复制。

我在第一章中写道，一些公司未能按照自己的标准来测试产品的可接受性。在快速消费品市场中你的最终销售水平要满足以下条件：

购买意向；

×知名度水平；

×试用体验；

×重复购买率；

×购买频率。

所有这些变量在成熟的市场中都是可以预测的，并且可以使用不同的工具和杠杆影响它们。但低于某些标准，一个产品将无法持续。例如，如果零售商不能从产品中盈利，它就不会继续销售。如果产品不能维持最低产量，生产成本将变得很高。如果产品的重复购买的水平下降，销售人员就会对产品失去信心。出于所有这些原因，维持标准至关重要——否则由此产生的生产效率损失将是巨大的。

## 来自工程的经验

我不是工程师，但我有机会在皮尔斯博瑞管理一家工厂。当时工厂的生产总监担任了其他的职位，于是新总监到任之前，我兼任了这一职位。身为一名市场营销人员，我曾经在一些世界级大公司接受培训，对制造业人员的高效率印象深刻。"劳动力回收"是一项记账项目，用来计算工厂中的人力资源的效率，进而对他们进行差异化管理。但是，为什么这种"劳动力回收"只应用于制造业人员呢？工作在办公室里的人同样付出劳动，但是他们的工作效率则很少被评估，也没有差异化管理。我提倡同事之间可以通过互相学习来提高生产力。制造业人员可以教营销人员学习高效率的工作流程，因为他们总是在评估和改进流程。随着不断的改进，许多流程变成了自动化，并大大提高了生产率。据我所知，这种生产效率的提高，很少在市场营销中出现。我认为，如果市场营销人员也能够这样提高生产力，市场营销专业的可信度将会大大提高。

我已经观察到有人尝试用类似方法来管理销售人员。在宝路宠物食品公司，我们曾雇用了一名销售工程师，他的工作是评估销售队伍的生产效率，并推动改进。但是存在一个问题，他使用的方法主要评估时间和活动，而没有评估活动的结果和产生的效果。我们所需要的是一系列评估投入和产出的方法，而且产出的权重更大。

## 评估产出

在销售方面，我认为对生产效率贡献最大的是销售率，而不是销售量。正如第九章所说，理想的状态是通过消费者的需求拉动产品生产，而不是通过成本高昂的消费刺激来推动生产。效率的提高不仅来自改进营销费用的使用方式，更重要的是改进库存的管理。我在索尼工作时，对索尼一些工厂的分析报告特别失望，他们似乎认为，产品一经装运，就算卖出去了。而我告诉他们，产品只有在消费者购买并感到满意之后，才算真正卖出去。

在评估广告媒体的效率时，也可以看到类似的缺点。但在我的职业生涯中，这种情况曾发生了巨大的改变。从前，广告公司类似于一站式商店，既为客户提供广告创意，又为客户提供媒体资源，并且收取固定的佣金。在这种方式下，广告的成本和广告为客户带来的收益之间没有联系，这是多年来这个行业的运营模式。然而最近它被打破了，取而代之的是另外一种模式。广告的创意制作和媒体发布分别独立，客户要向专业机构购买媒体资源，向广告公司购买创意广告。独立后的两个行业都变得更加专业。尽管如此，广告媒体效率方面仍有相当大的改进空间。

生产力管理的关键是责任制。如果责任明确，而且个人既有责任，又有相应的权力，并能对他们所发现的问题实施解决方案，那么生产力将大大提高。我曾经观察到在很好的实施责任制的公司里，有一些人发现了问题，就主动召集相关的经理们开会审查，就问题的根源以及如何解决它或防止它复发进行大量的讨论。而过去通常的情况下，一旦有问题被提出来，人们会互相指责，并且尽早撇清自己跟问题的关系。最初指出问题的人不得不去解决问题！如果责任在一开始就清晰的话，就能避免浪费在相互推诿上的时间。

我在玛氏集团的英国、美国和智利分公司工作了七年，一直遵守该公司的"五项原则"：质量、责任、相互关系、效率和自由。其中效率原则是这样说的：

"我们充分利用资源，不浪费任何东西，只做我们能做的最好的事情。如何保持我们的原则，提供更高的价值并分享我们的成功？我们的力量来源于我们的效率，我们有能力组织我们所有资产，包括实物资产、财务资产和人力资源，从而最大化生产力。通过这种方式，我们的产品和服务以最高的质量、最小的成本和最低的资源消耗来生产和交付；同样地，我们寻求最有效的决策过程来管理和运营我们所有的业务。"

这是关于为什么要管理生产力的一个极好的说明，并且适用于所有的市场营销过程。我相信玛氏一直非常努力地在践行它。

## 个人生产力

我们现在讨论个人生产力。Dana公司的主席麦克弗森说："在你第一次担任经理之后，你就无法再辛勤地工作了。你不再开叉车、发邮件、接电话或者做任何对企业有直接经济价值的事情。鉴于这种情况，你唯一能做的就是……管理好你自己的时间。"

每一位经理都有责任以最好的方式管理自己的个人生产力，营销经理尤其如此。我在宝洁公司担任销售代表时，第一次接受培训就被告知我的目标是：销售产品；改进产品分销；建立商誉；高效且经济地运营。

许多年来，我和其他人一样，参加过时间管理课程，买过昂贵的工具来辅助我管理时间，我学会了列出行动清单，并对它们进行优先级排序等。但后来我的一位良师告诉我，时间是无法管理的，任何试图管理时间的方法都以失败告终。相反，你必须管理的是你自己的工作力，换言之，就是个人生产力。

大多数资深的营销人员将不得不学习管理技能并完善它，以便管理好形形色色下属的业绩和需求。总经理或首席执行官都需要高度的任务导向来完成工作，以及高度的社交导向以便与同事一起合作。罗伯特·布莱克（Robert Blake）开发了一个二维模型来描述这些行为是如何应用的。但是玛吉尔大学教授比尔·雷丁（Bill Reddin）洞察到了第三个维度，即效率。

当年在宝路公司，作为一个年轻的销售经理，我有幸参加了由雷丁教授亲自讲授的3D管理理论课程。通过课程我了解到，一个有效率的管理者应该具备一定的分析能力，以确定在某些特定情况下应该采取什么样的行为。不同的管理者需要的管理技巧也是不同的，而优秀的管理者总是知道自己适合哪种技巧，并且熟练地应用它们。他们也会更关注产出而不是投入。所以，最终他们的每一份工作都可以用产出来衡量。

在管理领域，我有另外一位好老师，他就是来自商业技术研究院的杰伊·赫维茨（Jay Hurwitz），也是我在索尼时的同事。杰伊是一个工作在英国的美国人，他擅长管理效率。他让我关注生产效率而不是时间。在电子邮件流行之前，我的收件箱里堆满了纸质的邮件。杰伊曾经从我的收件箱中拿出一封邮件，读过之后他问我："你打算怎么处理这封邮件？"我说："哦！我需要和史蒂夫讨论一下才能决定。"

杰伊："你打算什么时候去见史蒂夫？"

我："这周五，我和他有一个会议。"

杰伊："那么，你现在打算怎么处理这封邮件呢？"

我："我会把它堆在待处理邮件里。"

杰伊："当你见到史蒂夫的时候，你还会记得它在哪里吗？甚至你还会记得有这回事吗？你应该把要和史蒂夫讨论的所有邮件或者报告都放在一起，当你和史蒂夫开常规例会时拿出来一次性处理完毕。"

我尝试了他说的方法，并且一直坚持这么做。这种方法能非常有效地减少你处理邮件的次数。就像高手踢足球一样，最好的球员通常只需要一两次触球就能控球并且推动比赛进行。处理邮件也该如此。拿到邮件后，如果可以的话马上处理。如果不得不推迟，那么最多再给自己一次机会，第二次一定处理完。不要再把它放回你的待办邮件里。那么在电子邮件流行之后这个方法还适用吗？我没有和杰伊讨论过，但我想他的建议应该是一样的。那就是立即处理它，或者如果不得不把它留到以后再处理，那么第二次一定处理完，然后删除它。如果将来还需要用到这封邮件，那就保存到容易找到的地方。

杰伊还教我如何安排时间，以便我能重视真正重要的行动。他曾问我："除去不得不花在路上的时间外，每周你能有多少时间花在工作上？"我告诉他："虽然可能不如我认识的几个工作狂，但每周我的工作时间也很长。""你是否满意现状呢？"我的回答是"我很满意。"因为虽然每周工作时间长，但我知道我当前职位的责任重大，所以对于这样大的工作量我也表示接受。杰伊让我把常规工作概括成6~8项，并列出每一项工作应该占用的工作时间比，大概做出如下内容：

- 公司 – 20%；
- 客户 – 20%；
- 人员 – 20 %；
- 策略 – 10%；
- 计划 – 10%；
- 审查 – 10 %；
- 管理 – 10%。

然后，诀窍就是我在日常生活中按照这个列表分配时间，从最重要的工作开始。公司要求我在需要的时候必须参加东京、科隆和其他地方的会议,这是属于"公司"那一类的工作,所以我平均每周分配一天的时间去外地开会。每周,我平均分配一天的时间,对我的直接下属和其他同事进行辅导和指导,这是"人员"类的工作。其他类别的工作我也按照上面列表中的百分比分配好。这种方式与我和其他许多人以前常用的方式截然不同。我们以前总是任由自己的日程表被会议和其他行政职责填满,而没有时间去接近客户和倾听员工的意见。

杰伊还鼓励我和自己开会,通过这种方式进行思考和制订计划。这个方法帮我做出了很多改变。从前,助手坐在办公室门口帮我接待访客。后来,我改变了做法,办公室门大部分时间里都是敞开的,访客可以直接进来。后来,我更进一步,工作时间开始去健身房。我以自己为例,告诉大家不必一定要等到下班后才去健身,工作时间也可以。因为我从过去到现在一直相信,一个健康人的生产力无论如何都会比不健康人更高。

能量计划领导力训练公司的总裁兼首席执行官托尼·施瓦茨(Tony Schwartz)写过一本书,叫作《生产效率神话》(The Productivity Myth)。书中提到,美国联邦储备银行主席本·伯南克(Ben Bernanke),在2010年美国参议院的证词中说,由于裁员和工作时间被缩短,美国人总工作时间比经济衰退之前减少了10%,但是他们提供的产品数量和服务与就业形势与2007年相比并没有减少。伯南克认为这个"成果"是"非凡的"和"未被预见的"。然而,施瓦茨则认为这仅仅是因为还没有失业的那些人害怕失去工作,所以更努力地工作。这未必是一件好事。它会导致人们的健康出问题,尤其是长时间保持这种状态的话。他还在《哈佛商业评论》上发表了一篇精彩的评论文章,其中写道:

"我们需要更高效的工作方式,但这并不等同于利用失业的恐惧来刺激人们,压榨人们的极限,从而获得短期的、表面生产力的提高。相

# 第十二章 生产力/Productivity

反,它依赖于帮助领导者理解,更多并不总是更好的,而休息、更新、反思和长远的观点对于推动价值的可持续生产也是至关重要的。

"如果你是一名领导者,你需要开始这样想: 不要用员工的工作时间长短来衡量他们,而要关注他们所创造的价值。让价值成为你的主要衡量指标。鼓励员工在工作的同时合理休息,这样当他们工作的时候,他们能更加投入。这才是真正的提高生产力的方法。"

# 第十三章 合作力/Partnership

最理想的委员会，是我是委员会主席，另外两名成员因为患流感而卧床不起。

——米尔弗顿勋爵（Lord Milverton）

成功婚姻的秘诀是不要共用盥洗室。

——迈克尔·凯恩爵士（Sir Michael Caine），2009年12月在荒岛唱片公司接受采访

本章中，我想讨论合作伙伴关系在营销组合中的作用。合作伙伴关系意味着很多事情，不仅仅是法律上的关系，更重要的是基于追求最佳合作方式和建立持续性竞争优势的目的而发展成功的、长期的战略合作关系。合作伙伴关系可以在个人或组织之间形成，也可能会创造一个新企业。

成功的营销伙伴关系的类别如下所述。

● 两个或两个以上经营实体创建的合资企业，将它们的资源汇集起来，将新技术推向市场。

● 在给客户的产品和服务带来创新性改进的过程中，供应商和客户之间的关系更加密切，形成了伙伴关系。

● 两个或多个正常竞争对手之间形成伙伴关系，以解决技术挑战，为进入市场做好准备。

● 在市场失灵的情况下，几个组织联合起来竞标公共资金以发展和测试新型的组织联盟。

- 服务提供商与内容所有者一起工作,提高网站的流量并打造内容的知名度。
- 两个或多个合伙人共享财务账户信息,联合销售并寻求价值链的整合。
- 一个已经在低成本市场经营良久的品牌,它的所有者打算开拓新市场,委托运营商在原来的市场继续使用既有模式和品牌来运营,从而形成的品牌所有方和运营方的合作关系。

合作伙伴可以共同创建、组织、发展和实施诸如运营(短期)、战术(中期)或者战略(长期)的伙伴关系。

## 商业合作伙伴关系的优势

商业合作伙伴的优点有很多,其中包括以下几点。

- 减少总体成本。与合并或收购相比,商业合作伙伴关系可以更便宜、更灵活,而且在合并或收购不可行的情况下也可以使用。
- 商业合作伙伴关系能提高"竞争优势"(该观点来自波特的《竞争优势》)。因为合作有利于市场部门发现更好的机会,带来投资的增长和收入的增长。
- 商业合作伙伴关系是实现商业目标的一种创新方式。它以协作的方式取代了传统的客户—供应商模式,以达到共同目标;合作伙伴可能会共同建立通信网络,改进现有的服务合同,或者启动全新的工作计划,从本质上说,合作伙伴虽然动机可能不同,但他们会一起向着共同目标努力。

合作伙伴关系并不是新概念,事实上,它历史悠久。马基雅维利(MachiaVelli)说,"每位君主都需要盟友,责任越大,需要的盟友就越多。"当今世界上最富有的人之一,卡洛斯·斯利姆(Carlos Slim)是这条经验的忠实践行者。他曾说过:"在当前的新技术浪潮中,你不能自己做所有的事情,你必须建立联盟。"在第五章中,我也提到了著名的劳斯莱斯的合作伙伴关系，查尔斯·罗尔斯的销售技巧和财务资源与亨利·罗伊斯的技术完美互补，共同打造了世界上最著名的品牌之一。

### 1. 宝洁公司

我的第一个雇主宝洁公司，是由詹姆斯·甘波尔（James Gamble）和威廉·波克特（William Procter）合伙创立的，两人都是19世纪初从不列颠群岛移民到美国的。

詹姆斯的父亲乔治来自北爱尔兰，是卫理公会的牧师。他带着家人横跨大西洋，来到利诺伊州追求更好的生活。当他们到达匹兹堡时，他们几乎花光了所有的积蓄。他们乘船沿俄亥俄河顺流而下，16岁的小詹姆斯在船上病倒了，非常严重。当船再次靠岸的时候，绝望的父母带他冲上岸找医生。后来他们发现这个地方是辛辛那提，他们决定留下来。当时，辛辛那提虽是一个繁荣的城市，但是并不需要更多的牧师，于是乔治就开了一间花房维持生活。詹姆斯在那里工作了一段时间后，又去了一家老牌肥皂制造商威廉·贝尔（William Bell）那里当学徒。经过八年的学习，他和朋友希兰·诺尔顿（Hiram Knowlton）开了一家商店卖肥皂和蜡烛。30岁时，他娶了当地著名的蜡烛制造商亚历山大·诺里斯的女儿伊丽莎白。

威廉·波克特在伦敦开了一家羊毛制品店，但是开业第二天他的仓库被盗窃一空。于是，他带着妻子玛莎远渡重洋去美国，重新生活，这与甘波尔家庭的经历很相似。他们也乘船在俄亥俄河顺流而下，玛莎在船上染上了霍乱。他们在辛辛那提上岸，但当地的医生们没能救回玛莎。

这些经历让威廉失去了所有，同时他不得不四处寻找偿还债务的办法。年轻时他曾在一家百货商店当过学徒，在那里他学会了蘸蜡烛，所以他进入了蜡烛行业。他在当地的教堂认识了奥利维亚·诺里斯，并向她求婚成功。奥利维亚与詹姆斯的妻子伊丽莎白是姐妹，于是詹姆斯·甘波尔和威廉·波克特成为姻亲。一开始他们两人的公司各自收购动物脂肪，由于收购量大，两家公司成了竞争对手。后来他们的岳父亚历山大说服他们合作。几年后，终于在1937年詹姆斯·甘波尔结束了他与希兰·诺尔顿的合作并将他的库存转移到了波克特的公司。此时，双方虽然没有签订书面协议，但双方都视对方为合作伙伴，相互取长补短。直到目前，这家世界上最大、最成功的消费品公司之一的公司名称仍然以二人的姓氏命名（宝洁公司英文名称Procter & Gamble是二人的姓氏波克特和甘波尔）。

但是，当我1971年加入它的时候，它的文化已经变得不太倾向于发展合作伙伴关系。公司流程是保密的，并且只从内部提拔管理人员；由于害怕公司机密泄露，它很少派代表参加外部会议。好在这种情况已经发生了转变，尤其是在阿兰·乔治·雷富礼的领导下。在雷富礼担任公司董事长兼首席执行官期间，销售额翻了一番，利润翻了四倍，宝洁公司的市值增加了，并超过1000亿美元。这一成功的主要原因是雷富礼将宝洁的内部资源与外部"开放"创新融合在一起。宝洁公司多达50%的创新源于供应商和其他外部机构。

### 2. 玛氏公司

关于世界上最成功的糖果公司——玛氏公司的起源，有很多说法。事实上，玛氏名字中的一个M代表的是马尔·弗雷斯特爵士——玛氏巧克力是自他离开家族生意之后，开发的第一个突破性产品；另一个M代表布鲁斯·R. 默里（R Bruce Murrie），他的父亲是威廉姆·默里，好时巧克力公司的终身总裁，也是玛氏公司在传统行业的竞争对手。布鲁斯是马尔·弗雷斯特爵士创建玛氏公司时的合伙人，所以玛氏公司的名字M&M's是默里（Murrie）和马尔（Mars）的首字母。玛氏公司和好时公司既是竞争对手又是合作伙伴。玛氏在新泽西州纽沃克建立的第一家工厂的生产线，就改装自好时巧克力的生产线。二战爆发后，军队希望有一种能耐高温不融化的巧克力。玛氏集团生产了糖衣巧克力，满足了军队的需要，取得了巨大的成功。

也许是因为早期与他人合作，甚至是与竞争对手合作的经验，弗雷斯特在公司五项原则中加入了"互利"。对于这一条，玛氏公司是这样说的："互惠互利是共同的利益；具有共同利益的事情才能更持久。我们认为，衡量业务关系的标准是创造互利的程度。互惠互利可以采取多种不同形式，也不必一定是财务上的互惠互利。同样的，当我们必须努力达到最具竞争力的条件时，玛氏的行动绝不应以牺牲合作伙伴的经济利益或其他利益为代价。"

当我为玛氏公司位于洛杉矶的子公司Kal Kan（宠物食品品牌）发展全球业务时，我试着把这条原则付诸实践，寻求建立互惠互利的关系。对我来说，关键的一点是我们的经销商需要了解这个理念并认可它。曾经有个公司找到我，想在墨西哥代理销售我们的产品。当时是1980年，美国的产品只能出口到几个免税地区，其中一个位于加利福尼亚州的圣地亚哥，跨越美墨边境。该公司与我接洽的业务人员吉尔在我们见面后的晚宴上，提出来要带我去他们分销的目的地区——墨西哥的蒂华纳，我同意了。于是，某一天吉尔来工厂接我，我们从洛杉矶开车192千米到达圣地亚哥，穿过边境到了蒂华纳。这个边境是世界上最繁忙的边境之一，但大部分人都是北上去美国的。

在蒂华纳，吉尔带我参观了几家超市，超市货柜上有很多在销的狗粮，这让我印象深刻。但我并没有在街上看到有人遛狗。于是我问了吉尔一些关于狗主人和他们日常如何照料狗的问题，以及哪些狗的品种在当地比较流行等。吉尔无法回答我的任何问题。渐渐的，我弄明白了。吉尔并不想把我们公司的狗粮卖给宠物狗的主人。他认为狗是一种廉价的，用来搭配墨西哥玉米卷的肉类来源。只要辣椒酱放得够多，没有人能尝出狗肉的味道，我们也不会陷入任何麻烦。我告诉他，我们不会参与到与人类食物相关的业务中去，我们只与那些能够帮助我们在关心宠物营养的狗主人中树立良好品牌的经销商合作。我们产生了巨大的分歧，回洛杉矶的路上我们谁都没说话。

## 3. 索尼

我在索尼也结识了一些不错的合作伙伴。在索尼的Betamax格式败给JVC的VHS格式后不久，我加入了这家公司。当时人们的普遍看法都认为索尼在与VHS格式的竞争中输给了JVC——这是事实，但并不是全部。索尼从这一失败中学到了宝贵的经验，那就是它需要在软件方面产生更大的影响力，因为消费者在决定购买某种多媒体的时候，关注的不仅仅是质量，还关注其附加功能。JVC在签约内容所有者方面做得更好，所以它们的消费者可以购买到预录制的电影。而Betamax在这方面做得就不够好。

索尼随后进行了两项重要的收购，一项是收购哥伦比亚广播公司（CBS Music），即后来的索尼音乐公司（Sony Music），另一项是收购哥伦比亚电影公司（Columbia Pictures），即索尼影业（Sony Pictures）。索尼多年来一直与哥伦比亚广播公司在日本合资经营，因此索尼对哥伦比亚广播公司的业务非常了解。索尼总裁大贺典雄年轻时曾在柏林师从著名指挥家赫伯特·冯·卡拉扬（Herbert Von Karajan），他个人经历也对本次收购有所助益。所以这次收购相对容易，并为索尼在软件方面提供了新视角。后来，索尼公司决定进入电脑游戏市场，并与任天堂竞争时，创新性展现得尤为突出。索尼进军游戏市场时，索尼和索尼音乐联合成立一家新的合资公司。此时索尼拥有索尼音乐的百分之百股权，这样做看起来很没有必要，甚至让事情变得复杂，但这样做意味着这家新公司独立于其他部门，直接向索尼总裁大贺典雄汇报，于是它能够独立发展。

后来，当第一个Playstation游戏机被开发出来后，我和硬件销售部门的同事们曾坚持认为应该由我们负责销售。索尼欧洲总裁罗恩·萨默

(Ron Sommer)博士让我写一份报告,详细列举所有支持由硬件销售部门负责的论据。我列举了我们的长处,我们有基础设施,有零售贸易的关系网,我们是品牌的托管人,并且曾经成功开拓过新市场。但是不幸的是,我和同事们输掉了这场辩论,因为高层管理人员从Betamax失败的教训中学到了硬件和软件的协同是非常重要的。事实上,Playstation不纯是一部游戏机,它是硬件和游戏软件的结合。所以它的销售不仅仅是销售硬件,在拥有Playstation的人里迅速定位到愿意购买利润更高游戏的人群是至关重要的。这些游戏更像是唱片,而销售唱片恰恰是索尼音乐擅长的角色。所以索尼和索尼音乐的这一合作为索尼打造了一项全新的、利润丰厚的业务,在未来10年里,索尼的40%利润都是由这家合资公司贡献的。

索尼和它的竞争对手们也从Betamax格式与VHS格式竞争失败中吸取了教训,他们决定开发一种新的数字光盘格式。在经历了漫长而艰难的谈判,发布了一系列令人眼花缭乱的声明之后,一些主要的消费电子产品公司(如索尼、东芝和飞利浦)达成了一套新的标准,数字视频(或多用途)光盘(DVD)诞生了。这个格式将知识产权纳入进来,版权所有者可以从销售利润中分享版税。虽然这些标准花了很多年才取得各方的同意,但一旦他们达成共识,就对公众的信息交流的清晰度很有帮助,这种新的格式在增长最快的消费电子业务中取得了成功。遗憾的是,在索尼蓝光格式和它竞争对手建立更高密度格式的斗争中,这些宝贵的教训又被人们遗忘了。

4. 天空电视台(Sky)

包括索尼在内的日本公司在很大程度上错过了以卫星广播内容为主的新的消费电子业务。20世纪80年代末,阿斯特拉1A是第一个由欧洲卫星公司(当时的公司名是SES,即现在的SES Astra)发射并运营的卫星。这颗卫星向欧洲西部提供了电视转播,并且作为第一批中动力卫星之一，它支持比以往更小的地面卫星信号接收器。在最初几年的频道中只有天空电视台广播（即后来的英国天空广播公司，在与竞争对手英国卫星广播公司合并后开始使用Marcopolo卫星广播）。阿斯特拉1A在1989年开始电视广播。

天空电视台来自鲁珀特·默多克的主意，他与包括索尼在内的日本公司接洽，希望他们制造并销售卫星接收器和机顶盒。在关键的定价问题上，默多克认为，零售价不应超过200英镑。索尼的经理向默多克解释，这不是开辟新市场的方式。在一个全新的市场上，产品一开始只有少数的早期接纳者购买。随着时间的推移和大众接受程度的提高，价格会随之下降。默多克认为他无法以这种方式跟索尼合作，因为在一开始市场缓慢增长的时候，他承担不起支付卫星广播的巨额费用。相反，他去找Amstrad公司的老板艾伦·休格，他对低成本的生产有一些了解。休格又找到了英国最大的消费电子零售商迪克森百货（Dixons）的副主席马克·苏海米（Mark Souhami），让他承诺20万件订单。苏海米同意了，休格拿着订单去找中国供应商并将设计交给他们开始生产。因此，这个市场最后是由广播公司、制造商和零售商三方合作建立起来的，每个人都承担了风险，每一方的贡献都很重要，最后他们向公众提供了令人满意的内容和可接收这些内容的工具。

天空电视台已经取得了巨大的成功，用户支付的订阅费是其传统电视广播收视费的四倍，另外还有新电影或现场体育比赛的临时订阅。此外，天空电视台还提供付费广告。

### 5. Cellnet

另一个颠覆传统商业模式的例子是移动电话的发展。最初，移动电话及其网络主要是面向B2B应用，但在20世纪90年代初期，Cellnet和当时仅次于沃达丰的英国第二大电信运营商$O_2$公司认为，更积极地开拓消费市场的时机到了。他们来找索尼合作，因为他们认可索尼的品牌力量，虽然索尼在日本的电话业务中占有一席之地，但还没有进入英国市场。事实上，我们也小规模地尝试生产相关产品，所以我们对这个合作持开放态度。经过协商Cellnet与索尼敲定了一项协议，协议的内容是索尼提供手机，并在出厂的时候预装一个Cellnet手机号，最后每个用户联网后Cellnet会支付索尼一笔费用。我们设计的第一款手机是典型的索尼设计，它比市场上的其他移动电话都要小得多。我叫它"玛氏棒"手机（像玛氏巧克力棒一样小）。同时我们把Cellnet介绍给经销商。当时的Cellnet总经理是斯塔福德·泰勒（Stafford Taylor），他后来担任英国电信（British Telecom）的总经理——该公司也是Cellnet与Securicor组成的合资企业的所有者之一。他与迪克森百货建立了合作伙伴关系，成立了连锁商店"链接"（The Link），致力于快速发展的移动电话行业。

随着与Cellnet业务的深入发展，我意识到我们与Cellnet合作的产品跟我们其他产品的不同。其他的产品是直接销售给消费者并获利；而这种新模式是按联网时长计费的，产品提供商只是从网络使用费中分成。我还发现，网络运营商有义务向他们的服务提供商提供价格信息。因此，我建议索尼成立一家服务提供商并参与进来。于是，我们成立索尼网络服务公司，搭建了移动网络，几年后它被出售，给公司带来了可观的投资回报。

## 6. NXT

NXT遵循了由杜比公司成功开创的商业模式，即将其技术授权给各方，并要求被授权人在他们的产品上使用NXT标志。然而，事实证明，这是一种很难实施的模式，尤其是当一些产品在早期质量不佳的时候。于是NXT决定开发自己的产品，并提供给优秀的品牌和经销商授权贴牌。我们的第一个合作伙伴是TDK，这个日本品牌在存储媒体行业具有领导地位，但在硬件方面并不擅长。我们为TDK开发了一套用于个人电脑的扬声器之后，他们在硬件行业取得了相当大的成功。

我们合作的另一个企业是总部位于美国的新奇事物零售商布鲁克斯通（Brookstone）。布鲁克斯通拥有245家门店，营业额3.5亿美元，这些门店都位于高端的购物中心和机场。该公司的定位是："布鲁克斯通是一家全国性的专业零售商，它提供各种各样的消费品，这些产品具有良好的功能性，在质量和设计上与众不同，而且在其他传统零售商中也不太容易买到。"我们为布鲁克斯通设计了一种称为"华夫CD"的微型播放器，它的扬声器非常薄。这种播放器卖出了超过10万套，在零售市场上的交易额超过了2000万美元。在NXT，我尝试采纳巴西企业家，同时也是《与众不同》（*Maverick!*）一书的作者里卡多·塞姆勒（Ricardo Semler）的建议：永远不要停止创业；不要做一个保姆；让天才找到自己的位置；迅速而公开地做出决定；广泛合作。

著名的商业合作伙伴案例还有很多，如玛莎百货、莱特兄弟、惠普等。比尔·盖茨和保罗·艾伦共同编写了微软的第一批软件，盖茨后来说："我们的成功实际上是建立在伙伴关系的基础上的。"但最引人注目的合作伙伴是那些能够带来不同资源的合作伙伴，如劳斯莱斯。除此之外，还有一些案例与大家分享。

### 7. 爱迪生（Edison）

如果没有资本的支持，托马斯·爱迪生不可能发明灯泡。19世纪70年代和80年代，爱迪生接受了包括J.P.摩根在内的一群富有的投资者的资助。摩根和范德比尔特家族为后来的爱迪生电灯公司奠定了基础。1879年，爱迪生向他的支持者们展示了白炽灯泡，并在此后不久将其公之于众。三年后，第一个商用中央电力系统在曼哈顿落成。其后的五年内，121座爱迪生中央电站遍布全国。

### 8. 香奈儿（Chanel）

1921年，可可·香奈儿（Coco Chanel）推出了"香奈儿5号"香水。"香奈儿5号"很快流行起来。但她缺少继续开拓的资本。1924

年，法国拉斐特百货公司的创始人菲德尔·巴德（Théophile Bader）将她介绍给了法国最大的化妆品和香水公司妙巴黎的老板皮埃尔·威尔瑟梅尔（Pierre Wertheimer）。他们一起创立了香奈儿香水公司。威尔瑟梅尔持有新公司70%的股份，巴德获得了20%，香奈儿获得10%的股份。香奈儿变得富有和出名，但后来她试图以她的方式重组交易，结果失败并最终失去了她所有的股份。今天，威尔瑟梅尔家族拥有该公司100%的股份，包括世界范围内的香奈儿品牌。"香奈儿5号"也成为历史上最畅销的香水之一。

9. 苹果（Apple）

史蒂夫·乔布斯和史蒂夫·沃兹尼克在20世纪70年代初相识，当时乔布斯正在参加惠普公司的讲座，而沃兹尼克则在惠普工作。两人在硅谷进行了硬件和软件的试验性研发。沃兹尼克在电脑和软件方面技术超群，乔布斯则是营销天才，两人合作于1976年，在乔布斯家的车库中制造出第一台苹果个人电脑。1980年，该公司上市，两人成为百万富翁。到了2013年，苹果已成为全球市值最高的科技公司，价值超过4000亿美元，并以其创新性的产品，包括苹果电脑、iPod、iPhone、iPad等闻名于世。

## 合并和收购（并购）

合并可能被认为是合作伙伴关系的终极范例，有些合并被认为非常成功。然而，在写这一章时，我研究了过去15年中进行的几项分析，结果表明情况并非如此。以下引用了一些不同观点的研究结果。

- "然而，每三次并购中就有大约两次因为未能达到最初设定的目标而失败。"
- "与此同时，并购的成功率一直很低。一些人估计，失败率高达60%~70%。"

- "一些研究表明，50%~70%的合并失败原因是双方没有履行自己的财务承诺。"
- "事实上，关于并购失败的统计数据可能比美国的离婚率更加悲观。根据合并成功的定义取决于股东价值、客户满意度或其他衡量标准，大多数研究将合并失败率定在50%~80%。"

会计税务咨询公司毕马威国际（KPMG International）的一项研究发现，83%的企业并购未能提高股东价值。在这份名为《解锁股东价值：成功的关键》的报告中，毕马威分析了1996—1998年间700项最具价值的国际交易。毕马威全球金融战略业务主管唐纳德·C.斯皮策（Donald C. Spitzer）表示："超过八成的交易由于计划或执行不力或二者兼而有之，未能提高股东价值。然而，大多数接受采访的高管（82%）却认为他们的交易是成功的。这是一个非同寻常的发现，值得注意的是，企业高管们认为合并交易仍然是企业最重要的增长的动力。"

特别令人感兴趣的是，像毕马威这样的公司之所以做出这样的调查，是因为它们在促进并购交易方面也有自己的经济利益。并购不仅受到了过于乐观的高管们的野心驱动，还受到了会计师、银行家、律师军团和公共关系顾问团队的推动，因为他们能从交易双方赚取巨额利润。当然，并购失败虽然未能提高兼并方股东价值，但很可能会增加被收购方的股东价值。换句话说，常见的失败就是付出得多而得到的少。

毕马威的研究对107名接受调查的公司高管进行了采访，他们发现了六种"关键条件"，包含三种硬性关键条件和三种软性关键条件，这六种关键条件是达成成功交易的必要条件。三种硬性关键条件发生在交易前的活动，对提供经济效益的能力产生了切实的影响。它们是协同评估（业务配合）、整合规划和尽职调查。

三种软性关键条件是人力资源相关的问题，必须在交易宣布之前进行审查：管理团队的选择；文化问题；与员工、股东和供应商的沟通。

我尚未发现任何研究表明大多数并购交易都是成功的。所有的研究都指出，至少有50%的并购是失败的，甚至大部分的分析都指向了更高的失败百分比。目前尚不清楚的是，研究结果是否同样适用于收购。因为收购和并购是不同的。并购是两家公司放弃各自的独立所有权，放弃独立运营，合并为一家新公司。原公司的股票退市，新公司的股票开始发行。尤其是当两家公司规模相仿时，这种情况更可能发生。例如，2000年，葛兰素韦尔科姆和史克必成合并的时候，它们就合并成立了一家新公司——葛兰素史克。

然而，这种交易很少见。通常是一家公司收购另一家公司，但为了照顾被收购方的脸面，公司宣布合并。这可能有助于解决毕马威提出的三种软性关键条件，但除非所有关键条件都得到解决，否则还是无法保证并购的成功。例如，1999年，戴姆勒—奔驰（Daimler-Benz）收购了克莱斯勒（Chrysler）时，这一交易虽然被描述为"并购"，但是并没有满足毕马威提出的关键条件，本质上还是收购。

当两家公司的首席执行官都同意合并对两家公司而言利益最大化的时候，收购也被认为是合并。但当交易是敌对的，也就是说，当目标公司不想被购买时，它应该永远被视为收购而不是并购。

多年来，通过收购来建立大型公司的策略已经发生了改变。过去流行的方式是收购不同行业的公司壮大企业，同时分散风险。人们认为，如果企业拥有不同周期的资产，它们就不会受到单一行业的周期性衰退的影响。然而，这么做也使它们容易陷入低迷，所以这种做法充其量只能提供一般的回报。通过这种收购方式建立起来的企业集团，虽然母公司在金融方面实力雄厚，但在业务上与子公司没有共同的特点，因此对子公司的业务发展不能提供额外价值。汉森信托公司就是这样一个例子，作为一家金融公司，它收购了很多生产用于满足基本生活需求产品的公司，这些产品被认为永远都是有市场的，如砖块。

如今更常见的合并是发生在同行业的公司，但即便是这样，公司高管们应该关注的不仅仅是公司的相互协作能力。我的建议是，公司合并后应具备以下特征，以便成功增加股东价值。

• 发展方向的兼容性。比较两家公司的使命、商业计划和目的，如果它们是兼容的，那么成功合并的第一个基石就已经存在了。

• 增长。合并的目标应该是比合并前能实现更快速的增长。如果另一方能提供一个进入新市场的机会或消除增长的障碍，那么合并是明智的。

• 规模经济。一些较大公司失去了灵活性，也失去了适应市场环境变化的能力。规模化经济并非总是有益的。如果能清楚地看到合并后庞大的后勤部门会对客户服务部门带来何种影响，以及对公司及时响应客户需求带来何种影响，那将是最好不过的。

• 共同的文化。比较两家公司的文化风格。如果一方以竞争优先，不惜随意解雇员工，而另一方更倾向于不采取裁员政策，那将很难创造一个幸福的联姻。

• 地理位置。文化也因地理差异而大不相同。如果两家公司的总部距离近，就更容易实现投资回报最大化，并且从任何一方都能找到优秀的员工。如果距离远，那么合并之后的沟通问题将是挑战性的。当双方在不同国家时这一点尤其突出。

有可能的话，应该清晰、简洁地阐明合并后的积极效应，并使大多数员工欢迎它。记住，大多数的并购都未能实现目标——很多人试图通过合并的方式，将排名第二的公司与排名第三或第四的公司合并，来打造一个排名第一的公司，但往往结果只能得到一个排名第三的公司。还有很多时候，合并只是为了合并而合并。但公司的增长来自雇用优秀的人才，建立基于诚信和开放的共识，并赋予它们释放创造力和创新的能力。如果合并能增强这一过程，那就去做吧。如果不能，那就放弃吧。

## 联盟

如果如前文所说，大多数收购都失败了，我们还有什么其他选择呢？1998年，哈佛商学院出版社发表了一篇由伊夫·多茨（Yves Doz）和加里·哈默尔（Gary Hamel）合作撰写的重要论文：《联盟的优势：通过合作创造价值的艺术》（*Alliance Advantage: The Art of Creating Value through Partnering*）的情况。他们认为，到目前为止，大多数公司间的合作都涉及在非常局限性的情景下建立和管理合资公司。在大多数的情况下，这些合资公司的建立旨在控制和分担已知风险，而不是创造一个广阔的未来。这些风险是众所周知的，合资企业的战略基础对合作伙伴来说也是显而易见的，它们的管理者将大部分注意力集中在协议和合同的设计上，尽可能满足自己的经济利益。并且出于现实目的考虑，一旦达成协议，只有一方全权负责运营。这种安排缺乏成功战略联盟的动态性、协作性和相互学习性。相比之下，真正的战略联盟的特点应该是：

- 有更大的不确定性和模糊性；
- 价值创造的方式和分成的方式也不是一成不变的；
- 合作伙伴关系的发展方式难以预料；
- 今天的盟友可能是明天的竞争对手，或者可能是其他市场的竞争对手；
- 随着时间的推移，联盟关系的管理通常比最初的正式设计更为重要；
- 成功来自适应变化，而不是坚守最初的协议。

这篇论文里还提到了，商业伙伴关系在全球领先企业中获得了显著的发展势头和关注，成为"实现可观收入增长的方法"。最近发生的一个例子是YouTube和巨蟒剧团（Monty Python）的联盟。喜欢巨蟒剧团的节目飞行马戏团的年轻人，经常将他们喜欢的片段发布在YouTube上。起初，该剧中的明星和创作者以版权为由反对。但后来他们被说服与YouTube合作进行联合推广。结果，巨蟒剧团的DVD重回畅销榜单，因为年轻人想要收藏DVD以便反复观看。

我们可以看到，合作要求所有合作伙伴在关系、行为、流程、沟通和领导力方面做出转变。如果没有其他参与者的转变，任何一位参与者都不可能独自取得成功，所以我建议所有参与者联合起来共同进行转变。

# 第十四章 权力/Power

供货商，特别是制造商，拥有市场权力，因为他们有关于产品或服务的信息，而这些信息是客户没有也无法获得的。但如果客户信任这个品牌，他也不需要知道这些信息。这就是品牌营利能力所在。

——彼得·德鲁克（Peter Drucker）

在市场营销中，企业目标之一是在竞争中获得主导权，以提高营利能力。权力可能体现在定价权上。有定价权的企业可以在不考虑竞争对手反映的情况下提高价格。权力也可能体现在分销权上，企业占据主导权可以使零售商觉得有必要主动囤货。相反，如果零售商在供应链上获得了主导权，那么他们就能支配贸易条件。后一种趋势在过去40年一直是英国的一个常态，在英国，零售商变得越来越集中。乐购占据了30%的食品杂货配送的市场份额，占英国零售总额的七分之一。英国的百货销售主要由乐购超市、阿斯达超市和英佰瑞主导。据统计，截至2012年12月23日，这"三巨头"占据了英国食品百货市场的64.9%的份额。

## 权威品牌

我最早在宝路公司发现了营销中的权力概念。托尼·哈雷特（Tony Hallett）是宝路宠物罐头品牌的营销主管。宠物罐头是宝路公司的核心产品，也是其最大、最赚钱的产品。在公司的产品线中，托尼指定宝路为狗粮的拳头品牌，指定伟嘉为猫粮的拳头品牌。他采取了一个策略,那就是投入全年的重量级广告将这两个品牌打造为优质品牌,进而统治市场。这个产品策略经过多年打磨,产品质量一直得到最严格的维护。后来宝路的总投资回报率超过了30%,伟嘉的总投资回报率超过了40%,他们的市场份额所占比率也差不多,宝路占狗粮市场份额的30%,伟嘉占猫粮市场份额的40%。多年以来,宝路狗粮的广告中一直声称它们的狗粮是"顶级育狗专家推荐产品"。顶级育狗专家是指那些在年度育狗大赛上被评选为最佳犬种的狗的主人。对于普通的狗主人来说,如果宝路对顶级纯种狗来说足够好,那么对他们的狗狗来说也是足够好的。公司有一整个部门在执行这一战略,他们需要与几乎所有可能赢得比赛的狗主人建立联系。并且他们每年都会拍摄一个新广告,展示冠军犬和宝路狗粮之间的关系。

伟嘉猫粮则声称它是大部分猫都喜欢的。但猫不会说话,这其实是根据猫主人的描述得来的。所以伟嘉广告说,"80%的猫主人说,他们的猫更喜欢伟嘉。"当然,猫主人的喜好并不等于猫的喜好。尽管如此,猫主人的话还是作为强有力的证据被伟嘉使用多年。

要想达到像宝路狗粮和伟嘉猫粮这种持续的强劲的业绩表现,营销团队的各个部分要严格遵守纪律,并且最关键的是控制产品质量。由于销量庞大,对质量的要求可能会随着时间的推移而降低。这时,市场上很可能出现规模较小的新竞争对手,因为其产量低,所以可以提供更高质量的产品。当然,虽然这对大公司来讲是一个风险,但是未必就意味着这个新竞争对手能给大公司造成实质性的威胁,因为即使它们能生产出更好的产品,仍然面临着要克服已经建立起来的市场认知的挑战。

## 来自军队的经验

为了在市场上争取到主导权,企业需要多种组合营销手段。这些手段常被拿来与军事事物类比。军事中的大部分用语已经渗透到市场营销中。例如,"我们制订战略和战术来击败竞争对手""我们计划一场战役""我们在现场部署了我们的销售队伍""我们为团队设定了目标""赞助商担心被不支付赞助费的人们伏击""一些营销人员使用游击战术"等。一个有抱负的市场营销者会深入阅读一些伟大的军事战略家的作品,如中国孙子所写的《孙子兵法》,长期以来,它一直被认为是军事战略的著作,但许多营销者认为这本著作也为他们提供了指导,如知己知彼,百战不殆,这一条的有效性已经经过了历史的检验。

卡尔·冯·克劳塞维茨(Carl von Clausewitz)的理论对营销影响更大。1792年,在法国大革命开始之后,普鲁士入侵法国,刚满12岁的卡尔加入普鲁士军队,后来他参加了拿破仑战争,升为少将,得到了高度认可,并且婚姻美满。他还为俄国人而战,并帮助俄国、普鲁士和英国组成联盟,导致了拿破仑的垮台。克劳塞维茨最著名的作品是《战争论》,在《战争论》一书中,他理性地分析解释战争,在此之前关于战争的观点是混乱的。因为克劳斯维茨认同辩证地看待历史的观点,所以他的一些观点有不少还是对立的,例如他的名言"战争仅仅是政治的延续",以及另外一条看似观点相反的格言"战争只不过是一场决斗(或角力比赛)",就需要在特定语境中理解。克劳塞维茨认为战争的基本色彩包括三个方面,即战争要素的暴烈性、机遇性和理性算计。这不仅影响了著名的普鲁士将军,如莫尔特克(Moltke),还影响了列宁和毛泽东。莫尔特克说,"没有任何一个战役计划能在与敌军首次接触后存活下来。"这是对摩擦和冲突的认识,也适用于商业活动。在商业活动中,我们可以撰写、准备和批准我们"完美的计划",但我们必须认识到,一旦在战场上遇到了敌人或者竞争对手,计划永远不如变化快。

在市场营销与军事活动的类比中,要记住用辩证法看问题。有一些将市场营销与军事活动类比的书籍,如休·戴维森的《攻势营销》(Offensive Marketing)、尼克·庚顿斯特尔(Nick Heptonstall)的《赢的渴望》(*The Will to Win*)。费欧娜·吉尔摩（Fiona Gilmore）在《品牌勇士》(*Brand Warriors*)，一书中的开场白就是"商业就是战争；目标是通过优越的工业经济学来破坏竞争对手"，但是她接着说："品牌战争的特殊之处在于，在品牌战争中，勇士们的关键战利品是顾客，而不是竞争对手。击败对手的同时就能赢得客户的芳心，因此培养一个好品牌是勇士们进攻时的一个关键方面。"

维克多·雨果曾经说过"军队的侵略可以被抵抗，思想的侵略无法被阻挡。"我们真正想要控制和释放的是思想的力量。彼得·德鲁克说："权力源自知道客户不知道的产品和服务的知识，进而建立盈利的能力。"通用电气的首席执行官杰克·韦尔奇（Jack Welch）认为，客户是关键。他说："竞争优势只有两种来源，一是能比竞争对手更快地了解客户，二是将了解转化为行动的能力比竞争对手更快。"因此，辩证地讲，为了比竞争对手拥有更大权力，我们必须比客户更有权力，而这个权力来源于知识。

## 知识产权

行使权力的一种特别有效的形式是通过知识产权控制一个重要的组件或成分。在小型盒式磁带应用于家庭录音的年代，磁带运转的嘶嘶声会干扰录音的质量。有几家公司试图解决这个问题。当时在剑桥大学读书的美国人雷·杜比是第一个成功找到解决方案的人。渐渐的，所有的录音设备制造商都在使用杜比系统，他在市场上获得了权力地位，尽管那时他不是制造商。

当我在NXT公司担任首席执行官时，我们想要改进平板扬声器。我们在拉斯维加斯的消费电子产品展上见到了雷·杜比，向他展示了一辆配有扬声器的汽车，它不仅提供了极好的音响性能，而且还节省了车辆的重量和空间。雷看了展示后说："是的，这可能是一个解决方案。"

这个赞扬对我们来讲是一个很大的鼓励，鼓励我们沿着这个方向继续前进，并将扬声器推广到丰田汽车和其他车辆上。

在NXT工作时，我还曾代表公司和3M公司打过交道，3M公司是我最钦佩的公司之一。3M成立于19世纪，起初该公司在明尼苏达从事采矿业和制造业，后来进入建筑行业。随着时间的推移，它生产的产品越来越多样化，并且一部分产品是具有复杂性和独特性的高端产品。我曾经有机会参观位于圣保罗的3M产品博物馆，并忍不住从员工商店购买3M生产的听诊器，因为3M是世界上最大的听诊器制造商！现在，3M试图通过生产一些关键产品来控制市场的脉搏。例如，3M拥有用于所有喷墨打印机和激光打印机的墨盒中的关键部件的专利。有人说，世界上最贵的液体是打印机的墨水。每升打印机墨水的成本比同体积的香槟、石油或其他任何液体都要贵。但这个价格并不是很准确，因为你花的钱不只是购买墨水本身，而是购买了一套复杂的墨水传递机制。这个机制中的一个重要部分叫作接触点，当你打开墨盒时，能看到接触点上覆盖着一条黏性的纸，这张纸就是3M公司的专利产品。所以，虽然3M没有生产打印机或者油墨，却通过拥有关键部件的知识产权获得了市场地位。

英国科技公司ARM在移动电话领域也拥有类似3M公司的地位。虽然ARM的产品没有排他性，但它的芯片需求量非常大，基本上每一部智能手机或平板电脑（除了极少数例外）都在基于ARM的芯片上运行。该公司能够随着手机市场的增长而增长，直到100%的世界人口拥有手机。ARM的创始人董事长罗宾·萨克斯比爵士（Sir Robin Saxby）曾对我说，公司创建之初，他聘请的前12名员工都是半导体工程师，他们被雇来设计和制造半导体。不久之后，他就开始寻找并雇用非常能干的、有丰富的全球销售和营销经验的人，并开始与关键客户建立有价值的联系。

W. L. Gore是户外服装市场的3M和ARM。它生产的Gore-tex型面料既能防水也能透气，被广泛用于制作户外服装和鞋类。它被认为是同类生产商里最好的，并且得到了普通用户的广泛认可。

## 法律限制

企业在寻求和利用权力的同时，法律和文化方面也存在着风险。在法律方面，虽然权力的欲望延伸到最后就是垄断，但是法律对垄断形成的过程和结果都是有限制的。《欧洲联盟运作条约》第102条（TFEU）（该条约出身《罗马条约》《欧洲共同体的创始条约》，欧洲共同体即现在的欧盟）认为如果一个企业在市场中占有垄断地位是不符合公共利益的。那么委员会可以采取多种措施，包括对企业处以高达其全球营业额10%的罚款。这个条款在很多场合起到震慑作用，而且它不只是说说而已。例如，2008年2月，欧盟因微软涉及垄断而对其处以8.99亿欧元的罚款。

想弄清楚法律方面的风险是相当复杂的。我们必须定义"市场"，有时候市场的定义可能不总是直截了当的。我们还必须定义"公共利益"。明智的企业不会寻求"垄断某个市场"。如果曾经通过邮件告知销售人员要有达到垄断的野心，或者曾经庆祝自己公司在市场上占有垄断地位，那么将来，要捍卫自己在市场上的领导地位同时否认自己垄断，都将会变得更加困难。

## 文化风险

文化风险将再次为人们所熟知。伟大的英国历史学家阿克顿勋爵（Lord Acton）曾说："一切权力都倾向于腐败；绝对的权力使人腐化。"阿克顿这里显然是在说政治权力，他的言语也适用于市场权力吗？我认为是的，因为我看到过公司处于强大，甚至垄断地位时随之而来的傲慢。我在索尼工作时，人们有时指责索尼傲慢，我为了将傲慢从思想和行为中驱逐出去付出了很多努力。索尼确实是非常重要的，但仅仅是在已经接受索尼的客户，包括经销商和消费者眼中。在商业类杂志上，以"雷·穆特利（Ray Muttley）"为笔名所写的系列文章非常好。我知道谁是雷，但我必须保守这个秘密。 1997年，夏天，零售商们组织了一次服务会议，得到了某些制造商们的支持。值此之际，雷在他的系列文章中写道："我知道我们在服务方面有着某种冷漠，但在这次会议上，最令人难忘的是很多人真正试图做点什么的渴望和热情，而我毫不犹豫地认为索尼也是有这种想法的制造商。这个组织最近从自命不凡、高高在上，转变为你想要跟它当邻居！我惊讶于它是怎么做到的！要知道这几年来我是它最严厉的批评者之一，它是无法用金钱从我这里买到赞美的……"

"雷"是一个独立的经销商，但一些最大的零售商们对索尼的态度截然不同。曾经有一个非常大的百货公司想要销售我们的产品。 他们邀请索尼全国客户经理与他们的采购人员见面并讨论合作的可能。他们的开场白很傲慢："我们是×××，我们的品牌是所有品牌中最×××××"。 我们的人回复说："我们是索尼，我们只与尊重我们品牌的人打交道。"最后，我们没有和那家公司做成任何生意。 我不知道那家公司的高层管理人员是否知道他们的采购人员是如何做事的，但我知道他们的一些买主后来被提拔到了高层管理人员的位置。

## 零售商的权力

主要零售商滥用市场权力的现象十分普遍，以至于大多数供应商都习以为常了。一些大的供应商，特别是那些公司遍布全球的供应商，有足够的资源应对这种情况。但是规模较小的供应商则被这些大的零售商在短期利益的驱动下肆无忌惮地压榨，利润微薄难以生存。零售商可以要求供应商对在售的、将销售的，甚至已售的产品进行补贴。供应商的货物入场要付钱，在场要付钱，离场之后也要付钱。当零售商的股东或高层管理人员给采购部门施加新的压力之下时，他们会写信给供应商，要求他们对产品提供更多的补贴。

竞争委员会负责处理这种滥用权力的行为，尽管他们经常调查超市，却从未发现此类权力滥用证据。这是可以预见的，因为很少有供应商有勇气揭发他们所依赖的客户。供应商和零售商之间的依赖关系就像圣诞节和火鸡一样。多年来，英国高街（High Street）的商业环境被逐渐破坏，竞争委员会应该对此负责。过去，高街通常是由许多成熟的零售商、当地商人和女性组成，他们在这个社区中赚钱并重新投资给社区。现在这些人已经被慈善连锁店所取代，而超市则把它们在整个地区赚的钱统统转给了其位于伦敦或者约克郡的总部。

然而超市成功地为自己的这种模式进行了辩护，他们说这些模式都是当地消费者决定的，而且消费者也从中得到了实惠。"由消费者决定的"这个观点是对的。但我怀疑，大多数消费者对于他们的集体选择给当地经济和英国的生活方式所造成的损害知之甚少。但这就是市场化的结果。此外，消费者受益于零售商们带来的许多创新，包括商品的种类、价格的选择、健康食品的引入以及百货的国际化。读者可能还记得，我的第一份工作是在超市里摆货架。那个时候，超市的冰箱里都是猪油和人造奶油，很少有食用油出售。现在，超市里有各种油，包括最好的初榨橄榄油，而且很少能看到猪油。我毫不怀疑这主要归功于超市。

还有一件事情值得注意，已经占主导地位的四大连锁超市——乐购、阿斯达、英佰瑞和莫里森超市——出现了激烈的竞争。过去生意兴隆的超市，如全天（Alldays）、果酱（Bejam）、家乐福、大卫·格雷格（David Greig）、Europa、Fine Fare、Gateway、Hillards、国际商店（International Stores）、杰克森（Jacksons）、Keymarkets、立顿（Lipton's）、MacFisheries、诺曼（Norman's）、一站（One Stop）、

普雷斯顿（Presto）、Quality Fare、Richway、Safeway、Templeton's、Wm Low，还有其他上千家都被吞并了，然而这四家超市繁荣依旧。在繁荣时期，与其他国际大公司相比，这四家超市的股东利润非常高。20世纪80年代和90年代，当时大型连锁超市的净利润高达7%（尽管比现在低），对一个以销售食品和其他必需品为主的企业来说这是非常不同寻常的。我认为超市已经认识到这是不明智的，现在很多超市将利润用于再投资、收购土地和进行海外扩张。如果价格是唯一的检验标准，那么超市的扩张可能被认为是可取的，但价格不仅是超市货架上的商品价格，而且还包括不断减少的替代品对商品价格的影响，以及权力集中不健康和供应商能力下降带来的影响。

多年前，我加入了一家小型食品经纪公司。我们的商业模式是利用我们的能力帮助英国和海外的制造商通过强大的连锁超市实现销售。例如，我们曾代理过在传统药店销售的化妆品，将销售渠道扩展到超市。我们还代理过一家宠物用品，它之前只在传统宠物贸易渠道销售，但希望通过超市来扩大销售。我们还有其他类似的客户。通过增加超市销售渠道这种方式大幅增加它们的业务是非常容易的。但是，从长远来看，这样的行为是在以牺牲这些传统渠道为代价打造了超市这个怪兽。我记得宝洁公司的一位销售经理向我吹嘘，说他保持了公司最高的Daz洗衣液的销售记录。他把8000份产品卖给了一个刚成立不久的叫作Kwik Save的折扣商店。无疑，这样的订单为宝洁公司带来了一点点好处，却帮助Kwik Save取得了一个相当大的优势，帮它战胜了当地的竞争对手，随着时间的推移，它的竞争对手们都破产了。一个销售经理和他不恰当的目标导致了成百上千的零售商的倒闭，讽刺的是，随着零售商的减少，宝洁也不再需要这么多的销售经理了。

由于英国零售的过度集中，其在国际贸易方面的收支平衡受到了很大的影响，给经济竞争力造成了相当大的损害。例如，如果一家日本制造商想在英国推出其产品，那么它的生产效率与英国零售商的效率相结合，能够让产品迅速有效地在市场上占有一席之地。反过来，英国制造商的效率低下，再加上日本零售商的效率低下，这意味着英国产品几乎没有机会在日本本土销售。近年来，这种模式已经扩展到大部分远东地区，韩国、中国和其他几个国家都在排队希望通过高效的英国零售贸易向英国倾销产品。难怪拿破仑称英国为"小店主之国"。

## 消费者的权力

市场上，消费者拥有终极权力。钱来自市场，忘记了这一点的营销人员是愚蠢的。无论你在价值链中处于什么样的位置，现金流都来自最终的消费者。有很多方法可以影响客户，这本书就是专门针对这个过程的，但客户拥有最终的决定权。最有效、也是最难控制的营销技巧之一，就是口碑。亚马逊的创始人杰夫·贝佐斯说："如果你真的创造了一种很棒的体验，客户就会口口相传。"口碑的力量很强大，尤其在唱片市场。听众在广播或互联网上听到一段他们喜欢的新音乐，就会去商店里购买唱片，或者从像iTunes这样的网络供应商那里下载歌曲。他们把它分享给朋友，朋友又分享给朋友。如果这个过程发生得足够快，并且能量足够大，那么唱片很快就会流行起来。有个例子展示了这种非凡力量，某个时间点，每四个英国家庭中就有一家拥有平克·佛洛依德（Pink Flyd）的唱片《月之暗面》。

## 市场衍生权

某些市场本身就赋予企业支配它的权力。计算机、通信、消费电子和内容等信息技术的融合，造就了一批影响所有人生活的大型公司。在《权力的浪潮》（Waves of Power）一书中，大卫·莫谢拉（David Moschella）写道："20世纪80年代，IT产业的重心从大型机转移到个人电脑。而今天，个人电脑正在被一种新的网络中心取代。网络容量已经取代了微处理器的性能，成为主要的市场驱动因素。"他认为，摩尔定律（Moore's law）预测的半导体性能每24个月翻倍，这一趋势在过去30年里推动了硬件行业的发展，并将继续推动下去。这一定律已经被证明是正确的。但大卫接着说，梅特卡夫定律（Metcalfe's law）指出，随着用户数量的增加，网络的价值会呈指数级增长，而网络成本仅会呈线性增长，这是即将到来的以网络为中心的产业的真正驱动力。因此，挖掘网络经济的力量将成为下一代金融成功的关键。谷歌、Facebook和其他公司的凭空崛起并主导了当今的信息技术产业，也恰恰证明了这一点。这些公司甚至在16年前出版的《权力的浪潮》中连注脚都不是。

在这一章里，我们主要关注的是一个组织从外界寻求力量以超越它的客户、供应商或竞争者。然而，在组织内部寻求力量也很重要。正如哈佛商学院首席教授约翰·科特（John Kotter）所言："最根本的领导力挑战是释放足够多的人的能源潜能来创造力量，让组织产生飞跃。"我认为，这种能力来自领导者清晰地表达愿景，让他们的同事参与到这一愿景中去，充满热情地、精准地去执行。他们需要同事与愿景保持一致，授权他们去执行，这涉及权力和责任的明确。如果他们没有完全被授予做决定的权力，就没有立场要求他们负责。

# 第十五章 感知力/Perception

感知就是一切。

——汤姆·彼得斯（Tom Peters）

人类无法承受很多现实。

——艾略特（Ts Elion），《四首四重奏》（*Four Quartets*）

感知是观察者对事物进行认识或理解的一种行为。感知可能通过感官或思考来实现。它也许不正确，却是重要的。顾客对被推销给他们的产品或者服务产生什么样的感知非常重要。优秀的营销人员明白，如何表达不是最重要的，客户给出什么样的反馈才是更重要的。这不仅仅是关于如何跟客户沟通，还包括向市场展示产品时使用的所有方式。当今这个时代，从类似Twitter和Facebook上获得的用户的反馈尤为重要。因为如果对同一个问题，公司的感知和市场上客户的感知存在差异，那么企业精心打造的沟通策略可能会失效。

事实之于感知是次要的。正如许多评论家所说的，"感知才是现实。"奥斯卡·王尔德说过，"不要相信你听到的，也不要相信你看到的。"以下是一些可能让你感到惊讶的事实。

- 在意大利，直到最近，人们才能够在星期一理发。
- 曼彻斯特市中心的租金比曼哈顿市中心高出40%。
- 全球24%的建筑起重机运行在迪拜。
- 劳伦·巴考尔（Lauren Bacall）和西蒙·佩雷斯（Shimon Peres）

是表亲。

- 瑞士家庭有50万支半自动机枪。
- 在尼日利亚，每天生活支出不足1美元的人的比例从1985年的32%上升到今天的71%。
- 在芝加哥执业的埃塞俄比亚医生比埃塞俄比亚本国的执业医生还多。
- 以色列人拥有月球上10%的私有土地。
- 英国铁路系统每年获得近50亿英镑的公共补贴，几乎是1994年私有化时的四倍。
- 每3400个美国人中就有一个是猫王的模仿爱好者。
- 超过一半的伦敦地铁网络运营在地面。
- 英国的人均注册会计师数量是德国的13倍。
- 中国有更多的家庭拥有DVD播放器，而不是冷热自来水。

英国人普遍认为，英国是一个多雨的国家，那里总是下雨。事实上，伊斯坦布尔、罗马和悉尼的年降雨量都比伦敦高。这不是气候变化的原因，而是感知的原因。如果人们认为英国是一个多云的国家，那么就是正确的，因为伦敦的日照时间比伊斯坦布尔，罗马和悉尼更少，但是当这些城市下雨时，降雨量比伦敦大。所以年降雨总量要比伦敦多。

我在宝洁公司时，曾经负责销售小仙女液。多年来，该产品一直是宝洁公司众多品牌中的佼佼者，它使用的是既能吸引情感型消费者又能吸引理性型消费者的双重销售策略。吸引情感型消费者的策略是，小仙女液的配方能"呵护双手"，这同时暗示其他洗涤剂会让双手变得粗糙。值得一提的是，在这类产品发明之前，人们用洗衣粉洗涤，对双手有一定伤害。当然人们也可以戴橡胶手套洗碗，事实是很多人都懒得戴。吸引理性消费者的策略是浓缩配方，尽管小仙女液看起来比大多数同类品牌要昂贵，但它仅需要较少的量就能完成相同的清洗任务。在小仙女液的广告中，英国电影女演员纳内特·纽曼（Nanette Newman）展示了这一点。广告中，一张桌子上堆了很多盘子，这些盘子都是用小仙女液洗的，而另一张桌子上只有几个盘子，这些盘子是用等量的其他洗洁精洗的。广告持续播放了许多年，已经在消费者中建立了一种观念，虽然小仙女液价格更高，但它既安全又经济。这已经是许多消费者心中的感知。但事实可能有所不同。其他品牌可能也采用了安全配方，并且提供了更加浓缩的配方。但已经建立起来的强大的感知很难被根除，尤其是品牌价值得到了很好的维护，品牌和客户的沟通保持一致，而且顾客对品牌的体验没有变化的情况下。

表现了同样现象的例子是iPod。2001年，苹果公司推出iPod，通过iPod消费者可以存储MP3格式的音乐，并可以在移动过程中收听，就像前几代人喜欢的索尼随身听Walkman一样，但Walkman一次只能播放一盘磁带。iPod还创新地发明了一种下载音乐的办法，使用者可以通过iTunes连接互联网访问曲目，并下载到iPod的内存里。它在全球掀起了热潮，很快就超越了所有竞争对手。其实跟iPod类似的音乐播放器有很多种，其中一些也是很出众的。有些产品的内存比iPod的内存大，能存储更多的音乐，还有一些价格更便宜。但iPod的设计使它成为必买产品，而且市场对它的感知是它在各个方面都是优越的。.

## 名人推荐

在第五章中，我们讨论了名人的推荐可以增加产品的吸引力。 在彭特兰公司，我曾有幸与两位杰出的运动员合作，他们影响了我们的产品销售，提高了终端用户对我们品牌的感知。 1954年，当罗杰·班尼斯特（Roger Bannister）在牛津伊夫利路球场（Iffley Road Stadium）突破著名的"4分钟内跑完1.6千米"的大关时，已故的克里斯·布拉舍是当时的领跑员之一。后来他在1956年墨尔本奥运会的障碍赛中以自己的实力赢得了金牌。 他还创立了伦敦马拉松。 除了他的运动成就，他还分别在记者和电视名人的职业生涯中获得了成功，并曾经在运动鞋行业工作过。在这些经历的基础上，他创立了自己的登山鞋品牌"布拉舍"——至今我仍穿这个品牌的鞋。克里斯把公司75%的股份卖给了彭特兰公司，但他继续担任布拉舍鞋业的董事会主席，而我也很荣幸地代表彭特兰公司与他一起列席董事会。克里斯在苏格兰高地徒步旅行的时候，亲自试穿了旗下的各款靴子。他还会试穿所有以他的名字出售的配饰和衣服。这种情况会使顾客们建立这样一种感知——如果这些产品对克里斯·布拉舍这样伟大的运动员和经验丰富的徒步者来说足够好，那么它们用于周末散步肯定也是足够的——这同时也是事实。这对克里斯来说也已经够好了，因为他用自己的名字命名了一份事业。

克里斯·伯宁顿爵士（Sir Chris Bonington）为另一个彭特兰旗下的户外品牌贝豪斯发挥了类似的作用。贝豪斯是我在彭特兰董事会负责的一个品牌，伯宁顿爵士是贝豪斯的非执行主席。这个品牌是由英格兰东北部的户外爱好者创办的，他们在恶劣的户外条件下测试了所有的产品。然而，为了在竞争激烈的户外运动市场赢得更大的信任，他们招募了一些知名的登山运动员在最极端的条件下试穿这些装备。其中最著名的就是伯宁顿爵士，他曾是英国最有名的登山家，带队进行过几次喜马拉雅山探险，并且挑战攀登珠穆朗玛峰。在其中一些活动中，他身着贝豪斯装备。同样的，这使顾客们建立了感知——如果这对英国最伟大的登山家来说足够好，那么对我来说，周末在湖区露营时穿着它们也足够好了——这也是事实。在这种情况下，事实和感知是一致的。

## 康纳·丁南的感知

2000年，《营销杂志》当时的编辑康纳·丁南发表了他新千年的第一篇社论，他在文章中写道："为什么感知力现在是营销最重要的'力'？"他的回答是：

传统的"市场营销"要素——产品、价格、促销和地点——将会一如既往地对企业产生影响。但现在,一个新的、强大的"力"对任何品牌的成功都至关重要,那就是感知。品牌印象不好,已经不是企业公关部门的人可以轻易解决得了。感知可能损害品牌的健康,甚至终结品牌。那些过去在打造市场感知中失败了的品牌——卡梅洛特、壳牌、英佰瑞——正在努力扭转它们的形象。那些传统的、拥有强大的公众支持和品牌观念的公司——维珍大西洋、美体小铺、Boots——努力保持自己的地位。公众对品牌的感知,在这个消费者精明、信息饱和的时代,已经找到了它具体的形式。因此,近年来英佰瑞和玛莎百货的衰落因员工的不满而加剧,他们不再为身着公司的制服而感到自豪,因为客户普遍觉得自己从他们那里买到的商品不是最便宜或最好的,而是"第二好"的。同样的,市场上商家"压榨消费者"的感知也冲击了英国汽车市场。相对而言,国内市场的汽车价格并不高于以往任何时候,但现在潜在的消费者认为会有更多优惠的报价,而且他们等得起。最终,这导致制造商屈服并降价。在消费者拥有主动权的新时代,市场营销人员必须面对一个现实:消费者在价格、性能和选择上能获得的信息比以往任何时候都多。他们的感知不仅反映了业绩,还能影响业绩。

十多年前,丁南发表了他的观点,反思他的论点和从那以后发生的事情,是很有启发意义的。很多公司正在努力地扭转其形象,不仅仅是简单地调整它们的沟通策略,而是在所有产品范围内努力改进。玛莎百货和英佰瑞更是在客户服务和其他员工计划上努力改善。现在"压榨消费者"已经不再是热点新闻了,但这主要是由于从中国进口的服装和其他百货导致国内产品价格大幅下降。汽车制造商也不得不竭尽全力压低价格,任何为汽车制造商工作的人提出的新建议,哪怕只会使每辆车增加1英镑的成本,对他们的职业生涯都没有半点好处。丁南的观点是,消费者拥有的信息比以往任何时候都多,这是十多年前的情况,当时大多数消费者能够线上比较大多数商品的价格。

## 感知的问题

广告从业人员协会（IPA）的前总裁罗里·萨瑟兰（Rory Sutherland）指出，大多数问题都是感知问题。他认为，生活中的许多问题可以通过改变感知来解决，而不是痛苦地试图改变现状。他引用了欧洲之星的例子。欧洲之星的工程师们建议花费60亿欧元提高列车的速度，将伦敦到巴黎的旅程缩短40分钟，从而改善这段旅程的旅客体验。而他认为，如果换一个角度思考，用这笔钱雇用世界上最好的超级男模女模做服务员，并在火车上提供柏图斯酒，那么人们根本不会在乎这节省的40分钟，甚至会希望旅途更长一点，而且花费不会超过60亿欧元！

他还提到了这种横向思维在现实中的例子。普鲁士国王腓特烈大帝想引进马铃薯作为小麦之外的另一种主食来源，减少单一主食的风险。起初，他试图强制推行马铃薯种植，但普鲁士的农民拒绝接受马铃薯，他们说狗都不愿吃。后来腓特烈尝试了另外一种策略。他声称马铃薯是一种皇家蔬菜，只有王室才能享用。他把马铃薯种在皇家花园里，由皇家卫队日夜守护。但是，他偷偷下令士兵不用严格地看管。于是，毫无悬念的，这种皇室独享的蔬菜很快就被偷窃一空，并在全国范围内种植。

萨瑟兰用这些虚构的或是历史上的故事揭示了如何用改变感知的方法解决问题或者建立品牌。

## 感知定律

在第十章中，我引用了里斯和特里的《22条商规》的第四条定律"感知定律"。他们阐述了市场营销不是一场产品大战，而是一场感知之战。他们断言，那些痴迷于弄清事实以保证他们站在真相这一边的营销人员被蒙蔽了："压根就没有客观的现实。没有事实。没有最好的产品。市场营销中存在的一切都是消费者头脑中的感知。感知就是现实。其他一切都是幻觉。"

他们这一论断来源于对人性的观察。他们观察到大多数人认为自己比其他人更善于感知。事实上，真相和感知在人的头脑中混合，人们很难将两者区分开来。营销人员关注事实，因为他们相信客观真实。但这里有一个陷阱，那就是，你只需要稍微改变一下自己的感知，就能相信你实际上拥有最好的产品。但是想要改变别人的感知是非常困难的。

第一章中提及的可口可乐案例就是一个很好的例子。百事可乐开展了一项盲测活动。盲测中，更多人偏爱百事可乐，因为它比可口可乐甜那么一点，所以喜欢甜食的人都更喜欢百事可乐。于是，可口可乐公司的高管们重新调整了配方，让可口可乐比百事可乐更甜。果然，在盲测中，更甜的可口可乐变成了人们的最爱。但是新可口可乐上市后，并没有得到市场的认可，因为这不是大多数人认为的他们喜欢的传统可口可乐的味道。幸运的是，可口可乐的股东们在这一错误发生的早期就认识到了，可口可乐恢复了经典配方，即使盲测中它是不受欢迎的。

## 感知心理学

里斯和特里研究的问题在于，它可能会导致营销人员过于重视管理客户的感知，而忽视产品设计和质量。在我看来，你需要二者兼而有之。我倾向于那些即关注理性又关注情感的营销手段。我在这本书中引用的案例都是这样的。它们同时照顾了人的左右脑的需要。但我并没有把它们进行过度的关联，因为不同侧的大脑控制不同行为的程度。

虽然大脑功能偏侧性对人的左右手和左右耳的使用偏好影响是明显的，但是反过来人的左右手偏好并不意味着对左右脑的使用有影响。因为根据研究，尽管有95%的右撇子在使用左脑的语言功能区，但只有19%的左撇子在使用右脑的语言功能，其他的左撇子也在使用左脑的语言功能区。

在心理学中，感知是获得和理解信息的过程。"感知"这个词的意思是"接受、收集、占有对心灵和感官的领悟"。感知是心理学中最古老的领域之一。我们的感知是经验和知识，包括一个人的文化背景、理解能力等共同作用的结果。如果我们不能把看到的与之前经历过的或了解的相关知识联系起来，那么我们就不可能产生感知。

感知有两种类型：一种是物理上的，即任何自然界可以观察到的物质和现象；第二种是心理上的。物理上的感知似乎只跟视觉有关，你睁开眼睛就能看到，闭上眼睛就看不到。心理上的感知是指我们一旦见过某个物体，即使它不在眼前，我们仍然可以在脑海中想象它的样子。这就是先入为主，我们已有的经验会影响我们的感知。我们理解新的信息时一定会受制于已经形成的感知。这就是为什么我认为最近的许多教育理论已经偏离轨道。有些教育理论主张孩子们简单地按照自己的想法去学习，但这样他们就会被自己有限的感知所限制。教师应该以孩子现有的知识为基础，不断地为他们开辟新的研究路线。当我们看到不熟悉的物体时，我们的大脑就会尝试用我们现有的感知来理解它们。这就是迷彩伪装背后的原理，我们最初在自然中发现了它，后来应用到战争中。先入为主会影响人们对世界的感知。一个经典的心理学实验显示，当把一组扑克牌的某些卡片颜色互换（如红桃和黑心的颜色互换）后，参与实验者辨认扑克牌的反应变慢，答案也不那么准确。通常那些习惯于右侧驾驶车辆的人认为左侧驾驶是非常困难的，但是对于我们这些习惯于左侧驾驶的人来说，右侧驾驶很困难。英国人之所以在左侧驾驶，是因为他们从内燃机和柏油路发明之前就一直这样做了。这背后的原因，有可能是以前大多数人都是右撇子，擅长右手挥剑，所以他们走路的时候靠左走，这样遇到来自路另一侧的攻击时，更容易拔剑防御。有考古证据表明罗马帝国时期战车就靠左行驶。欧洲大陆某些国家也曾经像英国一样在左侧行驶，现在他们之所以在右侧行驶，是因为拿破仑使用法令来改变这一习惯。他想通过做这样的事来彰显自己的权力。

## 企业品牌

1995年，约翰·巴尔默（John Balmer）在《综合管理杂志》（*Journal of General Management*）上发表了一篇有趣的文章，题为《企业品牌和鉴赏力》（*Corporate Branding and Connoisseurship*）。他指出，20世纪90年代，企业品牌的崛起迫使高管们对企业品牌管理有更深入的研究和掌握。如果能有效地管理企业品牌，那么企业可以在竞争日益激烈的商业环境中拥有一个重要的差异化因素。管理得当的企业品牌也会带来消费者需求的持续增长和更高的利润率，为产品和服务增加附加值，留住高素质的员工，并在竞争中保护自己。如果公司的品牌管理是建立在明确的企业使命和理念、明确公司特点和定位以及了解公司股东感知的基础之上，那么企业品牌管理就会成功。我不想探索管理企业品牌和某个产品品牌的区别，我更想知道，巴尔默的最后一点"股东感知"是如何找到并确认的。

## 感知管理

我们需要的是感知管理，感知管理的技巧之一是感知映射。它是一种感知可视化的图解技巧。市场营销人员选择他们想要绘制的坐标轴，如相对价格和相对质量，然后在图表中画出想要比较的产品。营销人员可以通过这样的方法衡量自己产品和竞争产品的相对位置，或者发现市场上的空白，进而设计出可以填补空白的产品。使用这个方法时重点要记住，感知映射时，要使用消费者的实际感知，而不是营销者自己的感知。因为用自己的感知来做分析，可能自我感觉一切良好，但事实并非如此。尽管如此，我还是希望一家传统公司的市场经理能对市场中正在发生的事情有洞察力和评估能力。我也希望他们能在证据的基础上验证他们的判断。正如耐克和星巴克的前首席营销专家，顶级营销大师斯科特·贝德伯里（Scott Bedbury）所说："仅拥有一个伟大的产品或服务是不够的。"世界上充斥着各种各样的产品和服务。你必须了解消费者对你品牌的感知。

感知管理中另一个常见的错误是过多地听取销售人员的意见。销售人员通常会关注竞争对手的行为。这是一个重要的市场数据来源。然而，如果过度依赖它，就会导致企业行为的扭曲。日本的啤酒行业就有一个这样的例子。多年来，在日本啤酒行业中，朝日啤酒一直是仅次于札幌啤酒的第二大啤酒品牌。心怀不满的朝日啤酒销售团队不断向总部反映札幌啤酒的所有活动，包括促销和折扣以及其对经销商使用的其他推广手段，结果导致朝日啤酒的营销管理团队盲目模仿对方的行为。当然，最后没有获得任何效果。最后，一位营销人员洞察到了一个机会，他决定开发一款新型啤酒。这款凝聚着创造力的产品就是朝日干啤。日本消费者喜欢尝试新鲜事物，这款新上市的啤酒味道与众不同，而且口感很好，于是迅速成为畅销产品。这款啤酒改变了市场对啤酒的感知，而它的诞生就是因为忽略了销售团队的建议。

定位和感知本质上是同一枚硬币的两面，就像语言和听觉。定位就是我对市场说的话。感知是市场所听到的。随着越来越多的市场营销模式从定向投放型（如广告）变成传播型（如社交媒体），市场感知变得越来越重要。忠实于自己的市场定位仍然是至关重要的——所有品牌活动都必须与定位模型相匹配——但理解市场中不断变化的感知同样重要。这不需要总是精确，更多的是要有洞察力。

# 第四部分
## 行为

## 第十六章 人才力/People

如果你把我们的钱、我们的建筑，还有我们的品牌都留给我们，但夺走我们的人，公司就会失败。如果你拿走我们的钱、我们的建筑，还有我们的品牌，但把所有人都留下，十年后我们可以重建这一切。

——理查德·杜普，宝洁公司总裁（Richard Deupree，1947年）

这不是第一次有人说，人可以改变一切，我认同这个观点。在索尼工作期间，我有幸与一位叫高木伸（Shin Takagi）的杰出的日本老板共事。他在索尼的经历很独特，他曾在德国、意大利和西班牙的索尼分公司担任高级职位，并且在美国和英国创立了索尼的销售公司。我曾经问他为什么某个国家的索尼分公司有这么多的问题，他告诉我："那里没有优秀的人才。"

优秀的人才在市场营销中尤为重要。因为市场营销占据主导地位，所以必须找到具有积极性、主动性、专业性、激情和自豪感以及有鲜明个性的人。 这些特质也都是我们在本书余下的章节中所关注的。 在这一章中，我们将思考如何找到这样的人才，如何评估他们，如何训练和发展他们，如何基于他们组建团队。我们将研究一些特定的营销技巧以及一些体面的管理者必须具备或掌握的一般技能。我们会讨论不同类型的营销人员，因为根据我的经验，很多不同类型的营销人员都是非常不错的。

## 招聘

　　无论你是想从公司外部还是从公司内部招聘一名营销人员，你都必须有一个招聘方案。我说这话不是为了遵守《劳动法》或某些内部规定，因为它确实是最好的方法。招聘方案的流程是通用的。这个流程从制订招聘计划开始，招聘计划要包含职位描述、工作内容说明等。接下来我们要为候选人画像。我们追求的理想品质是什么？最低程度需要什么样的经验？对这些问题的答案应该深思熟虑。这是一个严肃的事情。

　　我们可能会刊登招聘广告，或者通过招聘中介进行招聘。对于更高级的职位，我们可能想聘请一位招聘顾问，也就是"猎头"来招聘。但无论采取哪种方式，过程大致相同。我们可以通过多种方式获得候选人信息，并尽可能地利用这些信息。应聘者的求职申请不仅要包括简历，还要说明为什么他的技能和经验适合这个职位。面试中，我们要围绕候选人与该职位相关的那部分履历，以及他申请职位的动机来提问。我们可以建立一些场景，看看候选人在解决问题的时候是如何跟其他人互动的。我们从候选人的前雇主那里获得参考。最重要的是，我们做决定的时候要参考其他同事的意见。

　　大多数人都认为自己是优秀的评委，事实上，研究表明我们很有可能在见到候选人后的几分钟内就会做出决定。招聘过程中，我们应该避免过早做出决定，并让面试过程尽可能地展开，以便获取更多信息。

　　我们还必须记住，面试是一个双向的过程，候选人也必须有足够的机会来了解这份工作是否真的适合他们。他们必须有机会询问公司的业绩、未来的前景以及除了当前面试的这个职位外，他们将来还有什么进一步发展的前景。这样做的话，即使候选人没有通过面试，他们仍然会对公司产生积极的印象。我被索尼招聘负责经营其在英国的消费品业务时，招聘过程持续了几个月。来自亿康先达猎头公司负责招聘这个职位的猎头问我："是不是对这个招聘过程感到不耐烦？"我回答他：

"并没有，因为我觉得每次面试后我们双方都在进步。"这就像一场求爱——后来也证明了这一点，我在那里度过了十年非常愉快和成功的时光。相比之下，我的那些不愉快或不成功的职业生涯，它们的招聘周期往往很短。在这段时间里，双方可能都没有做充分的尽职的调查。

我在宝洁公司和玛氏集团都接受过面试技巧培训。后来在宝路公司，我和其他几个销售经理曾被派去参加一些人事管理课程，面试技巧就是其中之一。在那次面试技巧课上，老师扮演了一位销售代表候选人的角色，学员们扮演面试官。老师把他虚构的简历写在了黑板上，然后给了我们每人一个提问的机会。轮到我的时候，所有的问题似乎都被问过了，所以我提了我第一次参加宝洁公司面试时被问到的问题：你业余时间都喜欢玩什么？我们的老师以一种非常不情愿的方式说他喜欢去参加草地田径赛，结果我无法从他的回答中推断出任何事情。然后老师宣布我们作为面试官都失败了，因为我们中没有人发现他履历上的两年空白期，没有人问那段时间发生了什么。而他虚构的人物那两年在青少年管教所！

核查信息并不总是容易的。有一次，我需要在美国招聘一名高级经理。我在拉斯维加斯参加贸易展的时候认识了一位来自加利福尼亚的猎头，我简要地向她说明了我的要求。她列了一份候选人名单，我飞回洛杉矶之后面试了他们。其中一位候选人我认为是最好的，他在面试中拿起我们的产品定位文件，说他以前出售技术组件附加值的经验能对我们有很大的帮助。我请他飞到英格兰，与其他团队成员会面，所有人都对他印象深刻。我们雇用了他，然而不久之后问题出现了。他消耗了大量的企业资源，但收效甚微。九个月后，我受够了，飞回美国终止了他的合同。几周后，我们看到了他修改的新简历，因为他无意中把他的求职简历寄到了他在我们公司的旧电子邮件地址。其中提到他在与我们的短暂相处中，获得了各种各样的成功。我真想知道他最初的简历中有多少是真实的。

## 评估

　　无论是在招聘阶段，还是入职以后，我们都希望能对一个人的能力充分评估。同样，我们所有人都认为自己能很好地判断其他人的品格或者工作表现。工作表现方面看起来是很容易评估的，因为我们有数据做证据。但事实上，并没有人们想象的那么简单，因为很多因素可以影响数字，我们必须能够从更广阔的角度评估个人。再一次，我们需要搜寻尽可能多的信息。有些雇主在招聘阶段会参考心理测试的结果，这是一个很好的方法，前提是这些雇主公司已经通过一系列的方法定义好了自己的企业价值观，并定义了什么样的行为和性格是符合企业价值观的。迈尔斯布里格斯类型指标（MBTI）是一种非常流行的心理测试程序。它很大程度上是基于卡尔·荣格最初提出的心理类型理论。荣格提出人类具有两类心理功能：一是"理性"（判断）功能，即思维与感觉；二是"非理性"（感知）功能，即感知和直觉。荣格表示，这些功能以内向或者外向的形式表现出来。从荣格的最初概念出发，布里格斯和迈尔斯发展了他们的心理类型理论，这就是MBTI测试的基础。

　　荣格的心理类型学模型认为心理类型与左撇子或右撇子相似，即个体在思考方式和行为方式方面的偏好要么是天生的，要么是后天形成的。MBTI测试将这些心理差异分为两大类四组，每组有两个完全对立的类型，于是得出16种可能的心理类型组合。这些类型没有哪一个更好一些或更坏一些。布里格斯和迈尔斯认为，个体自然显示出某一组性格类型的倾向性。这16组中的每一种都是用组合中包含类型的首字母的缩写来表示的。例如，ESFP为外向型（Extroversion）、感觉型（Sensing）、情感型（Feeling）、知觉型（Perception）；INTJ为内向型（Introversion）、直觉型（Intuition）、思维型（Thinking）、判断型（Judgement）；其他组合也是如此。这种评估在职业规划、团队建设、领导力评估以及其他各种情况中都很有用，但在招聘中一般不合适。重要的是要记住,这种心理测试分析并不是评判性的,不代表好和坏,也没有赢家和输家。

在我看来,罗杰尔·伯乐门(Roger Birkman)博士提供了一个更有用的测试。伯乐门曾为美国空军在欧洲执行轰炸机的飞行任务。作为一名飞行员和飞行员教员,他探索个体之间的差异。视觉和人际关系对飞行员的表现和学员学习能力的影响促使他研究心理学。1951年,他发明了"社会理解测试"。伯乐门开发了一份自我调查问卷,探索个体对自我认知、社会环境和职业机会的看法。测试本身并不是来源于已有的心理学理论,而是来源于在工作场所进行的详尽的实证研究。比起学术研究,伯乐门对实践应用领域更感兴趣。

伯乐门的方法还整合了需求评估,用来测量对职业生涯塑造和职位契合度影响重大的个人职业兴趣。因此,它并不是凭空描绘一个人,而是在真实的工作场所里,在复杂、变化的实际情况中描绘一个人。伯乐门的方法拥有独特的结构和对比数据库,为到底是什么因素在驱动人们做出更好的选择、承担更多的责任提供了洞察。自1951年推出以来,伯乐门的方法已被全球超过200万人和5000个组织所使用,这其中包括公司、非营利组织、政府机构和个人。伯乐门方法在招聘、维系、激励和组织发展等活动中都有应用。大范围内的可靠性和有效性研究表明该方法是有用的。

伯乐门方法是我的一个老朋友安德鲁·奥斯丁介绍的,他本人曾是英国皇家空军军官,也是伯乐门方法的权威。安德鲁亲自带我使用这个方法自我评估,然后给了我所谓的"个人性格DNA报告"。报告显示我在创意规划和设计推进、技术、沟通、营销以及财政和行政管理方面有相对优势。从这份报告中我可以明确地看出我在不同职业方面的天赋。我很高兴我在市场营销、销售和员工关系/培训方面有优势,在社会服务、咨询和艺术事业上也不错,但我的性格在簿记和石化行业处于劣势!

## 培训和开发

一旦你任命谁来担任这个职位，接下来就要培训和开发他。培训应该从入职培训开始。我经常遇到这样的情况，某个员工本周五晚还是销售人员，下周一早上就突然被宣布为销售经理。内部候选人被提拔是因为他们在当前的角色中表现出色，所以提拔他们的人认为他们也可能会成为优秀的经理。但是，自己取得好成绩和带领他人取得好成绩是完全不同的。在任何情况下，都要对候选人的能力适当评估。正如中国谚语所说"十年树木，百年树人"。人才的培养和成长是一个长期的过程。

入职培训包括正确解释该职位扮演的角色，介绍该职位的上级、有直接关联的同事们及其他间接关联的同事们，与直接经理开会，澄清角色的主要职责，阐明工作的方式，确定工作目标并达成一致。在索尼，我的第一个日本老板渡边信明曾为我做过一次出色的入职培训，使我受益良多。我入职公司几个星期后，渡边信明请我和他在公司的公寓里待了一整天，在此期间，他解释了我在头三年的目标是什么；他希望我如何表现；他希望我能注意哪些问题；还分享了一些其他有价值的经验。我不知道有多少老板会如此慷慨地花时间来做这件事情，但是当然，这是一个很好的投资，尤其是在一段新关系的早期，花一天时间来解决这些问题可以避免以后产生很多的误解。

几个月后，当我要招聘一名新销售总监时，渡边信明又帮了我大忙。前销售总监在我入职之后很快就离开了公司。一开始，我自己兼任销售总监，以便更好地了解我的销售人员，并尽可能多地了解他们的客户。但很明显，我需要一位全职的销售总监。经过广泛的搜索，我找到了一个人，他叫杰瑞·帕克，我认为他最能胜任这份工作。渡边信明随后也面试了他，并表示他支持我的决定，但他观察到，杰瑞缺乏具体的消费电子市场的经验，并建议杰瑞应该多花些精力与经销商合作。杰瑞听从了建议，后来他非常喜欢讲述他第一次卖掉冰箱的感觉是多么的自豪。杰瑞完成入职培训后，作为销售总监他工作得更有效率了。接下来的20年里，杰瑞在索尼的职业生涯中获得了非常大的成功。

培训遵循一个简单的循环。首先是解释——老师解释如何完成特定的工作，其次是演示——老师向学生演示如何操作，再次是模仿——学生模仿老师的操作执行，最后是巩固——如果学生已经了解了全部，那么老师就会让他单独练习并巩固，然后检查结果。一个技能教完后，就会用同样的流程——解释、演示、模仿和巩固，来教下一个技能。

开发包括给个体带来越来越多的挑战，以培养他们的能力和信心。这个过程既可以在本职工作中完成，也可以在本职工作外完成。在一个大型企业中，有许多机会来测试一个人是否能在项目、市场方面承担额外的责任。在较小企业中，这些机会来得更自然，因为人们更倾向于一种任何工作大家都共同参与的态度。在这种情况下，你很快就会面对各种各样的工作带来的挑战并从中得到锻炼。

在玛氏集团，我发现公司喜欢通过轮岗来开发员工的能力。福瑞斯特·马尔斯爵士有很多天才举动，其中一个就是同级别的行政岗位待遇相同。这样在高管轮换岗位的时候不必重新讨论薪资。玛氏的高层管理人员通常来自公司内部，只有在很多不同的岗位历练过后的人才可能被选拔。因此，营销经理如果不花一段时间在不同的工作岗位（比如采购或制造）上历练，是不可能被公司提升到董事级别的。我知道许多营销人员非常看重他们的专业标准，并且讨厌不够资格的人进入他们的领域，所以他们并不喜欢这种轮岗制度。但是这种方法在玛氏公司取得了巨大的成功，并且类似的方法在索尼公司也取得了成功，所以我对这种管理技术非常有信心。

## 团队建设

管理的另一个重要方面是团队建设。这在市场营销中尤为重要，这不仅仅是因为在公司内部，市场营销部门代表了公司所服务的市场，应该起到带头作用，还因为成功的市场营销需要各种各样的技能配合完成。我离开索尼公司后，我的继任者史蒂夫·道德尔（Steve Dowdle）非常擅长团队建设。他擅长利用每个人的特长打造出成员之间互补的团队，并用自己的能量驱动团队和保持团队的积极性。我第一次看到他这样做的时候是在英国，他在索尼英国分公司管理一个音频产品团队，他把这个团队命名为"A团队"。虽然他的团队中每个人都负责特定的产品，但他也给每个人分配了更多的角色。因此，他的高保真系统产品经理杰夫·穆格（Geoff Muge）在与代理机构打交道时被授予可以发挥创造性的领导力的机会。他的另一位高保真产品经理蒂姆·马宏（Tim Mahne）是团队中最精通电脑的人，他同时负责管理所有的电子表格、跟踪预测、采购、销售利润率和库存。中村耀西（Yoshi）是负责个人音响的产品经理，包括Walkman和Discman等。但耀西同时也负责与日本工厂沟通的工作。卡尔·罗斯（Carl Rose）的主要工作是帮助耀西，并且管理产品配件，他是一个善于交际的人，所以他同时负责管理"A团队"与销售团队的关系。在这个团队中，成员相互理解对方的角色，互相尊重，努力工作，他们在各自负责的领域中几乎都取得了巨大的成功。后来团队成员都在索尼内部担任了高级职务。

在建设类似的团队时，还需要确保每位团队成员都能共享荣誉。约翰·柯迪（John Coady）是我职业生涯中遇到的所有老板里最优秀的一个。当我在玛氏公司的时候，他派我去智利，在那里成立玛氏的营销分公司。他常说，"如果团队成员不担心功劳最后归谁，那么会做出更多的成果。"成功有很多因素，失败是其中之一。大多数人会尽量远离失败。虽然这很奇怪，但是我们其实可以从失败中学到更多。比尔·盖茨无疑是世界上最成功的商人之一，据说他在招聘副总裁时有意选择一些在职业生涯中经历过著名失败案例的人，他之所以这么做，是因为他的大部分高管团队在微软只经历过成功。盖茨希望他身边有人在问题出现的时候说，"我知道这个问题，我以前也遇到过，我们应该这样做。"

## 管理

市场上已经有了很多关于管理的书籍，本书的目的是告诉营销人员，市场营销涉及方方面面，远比传统的4P营销理论多得多。如果营销人员有远大的抱负，就必须学会管理。索尼公司的联合创始人盛田昭夫是我所知道的最杰出的经理人之一。他写过一本关于管理的小册子，这本小册子比许多冗长的管理书籍更有价值，尤其是关于"积极性"的章节。盛田昭夫认为"积极性"是对经理的第一个要求。他还以一种有趣的方式来谈论"信任"："信任你的员工。这是一条最重要的规则。很多情况下，高层管理人员都会担心员工是否信任自己。但是，如果你想要被员工信任，你必须首先信任你的员工。你信任他们，他们会回报以信任。信任你的下属意味着宽容，不要给出过于详细的指示。

"如果你过于急切地想要发挥领导作用并给出详尽的指示，那么与下属的关系就很容易恶化。另一方面，你可能听到我在公司经常强调'不要相信任何人！'。虽然这听起来好像自相矛盾，但我想表达的是，当你指示别人做事情的时候，跟进和检查是非常重要的。

"你必须让你的下属养成经常向你汇报的习惯。按照'计划—执行—检查'的循环来跟踪工作。"

这种同时保持头脑中的两个明显矛盾的概念并能够解决它们的能力，是我从他身上学到的主要经验之一。

## 领导能力

我们可以看到两种截然不同的风格——盛田昭夫富有远见的领导力风格和另外一种常见的最后期限驱动、利润驱动的专制管理风格，显然领导力更为重要。在当今瞬息万变的世界，专制的管理风格将无法发挥作用。只有富有远见的、具备创造力和同理心的领导者才能成功。关于怎么成为一名有创造力的领导者，我有以下建议。

- 不要命令团队，要用教练的方式帮助你的团队走向成功。
- 不要管理别人，而要赋权给他们。诀窍、经验和解决方法常常就在那里，你的责任是帮助团队找到它们。
- 不要强迫团队去尊重，要用尊重换取尊重。
- 知道如何管理成功和失败。
- 你的管理风格要保持优雅，而不要显示出贪婪。要对自己的成功保持谦卑，无论何时，只要可能，就给别人一个闪耀的机会。
- 歌德曾经说过："把人们当作他们能够成为的那种人对待，并帮助他们真正成为那种人。"

红色的箭头是一个著名的飞行表演中队。任何看过他们表演的人都会被他们惊人的、大胆的杂技表演所打动。我曾经见过他们中的一些人，他们告诉我，每次表演后，他们就会举行一个简短会议，每个成员都会对这次的表现提出意见。从领队开始，他们会承认哪怕最轻微的失误，并讨论在未来可以避免的方法。虽然在这样一种危险的活动中，这样做无疑是必不可少的。但是这种方法在市场营销行业也很有价值。

## 营销人员必备的技巧

市场营销中既有一般性的技巧也有特殊性的技能。任何管理者都需要的一般性技能包括高水平的计算能力和读写能力。这些都是在招聘时就可以评估的。情商是近年来越来越流行的一个概念，它非常重要，也不那么容易评估。情商低的人可能拥有很高的数字和语言推理能力，但缺乏对人类行为的洞察力，而且与同事关系相处不好。营销的特殊性技能包括分析和推理能力。创造力也是非常需要的，抽象推理也是需要的而且是可以评估的。领导才能也是必不可少的。

## 10种类型营销人员

我总结了10种类型的营销人员,有一些类型比其他的更好。

- 头脑型营销者——具备高智商,他们把市场营销当作一种智力活动。他们主要关注战略,喜欢研究事物运作的原理。这种类型的营销人员是非常有用的团队成员;如果他成为领导,那么他周围需要很多跟踪和执行能力强的人。我在玛氏公司的同事德拉蒙德·霍尔(Drummond Hall)就是这种类型的营销人员,后来担任了某家乳制品公司的首席执行官。

- 实干型营销者——流程驱动型,他们擅长一种结构化的方式管理工作,聚焦在日程表上。这种类型的营销人员可能缺乏洞察力或才华,却是可靠的,并能获得一定程度的成功。我认识很多这样的营销人员,他们很有价值,但不是做领导的材料。

- 匆匆过客型营销者——主要关注他们自己的职业发展,他们总是在寻找下一个工作机会。市场总监的平均服务年限只有18个月,这将导致他们做出很多短视行为。这类人的另一个特点是,他们总是想办法提高自己在公司外部的知名度,频繁出现在营销杂志的版面上。他们经常把广告推广的成功归功于自己,尽管广告创意可能完全来自他们的代理。

- 审计员型营销者——利润驱动。他们的主要关注点是资产损益,这本身并不是坏事,但过于关注眼前利益有可能是以品牌的长远价值为代价的。这种类型的营销人员中也有非常成功的例子,其中之一就是马丁·索雷尔爵士(Sir Martin Sorrell),他曾经是萨奇兄弟(Saatchi Brothers)的财务总监,后来成功转型,以自己的方式领导着世界上最大的营销服务公司。

- 怯懦型营销者——避免决策,保持低调。他们放弃作为市场营销者的真正职责——领导市场。这类型的营销者只能管理一些低价值工作，并且没有能力通过创新来改变现状。

- 贸易型营销者——主要以销售为导向，大部分时间花在与销售人员共事上，甚至自己亲自上阵拜访客户。他们常用的方法是贸易，他们对研究消费者的主张几乎没有什么概念。在他们的经营下，一个过去可能很好的品牌，现在只能靠贸易来支撑。

- 创意型营销者——专注于营销工作的沟通部分，喜欢把时间花在与广告代理机构合作研究新的广告推广活动上。这一类营销者中，许多人一开始是职业撰稿人，在工作中逐渐把他们的角色扩展至客户或广告代理机构。例如，英国广告人协会的董事长约翰·胡珀（John Hooper）早期曾在宝洁公司担任广告文案，后来与一位同事建立了自己的推广机构。

- 骑士型营销者——冒险家。他们想要成名，但其实是在拿公司资金冒险。像所有的赌徒一样，他们会享受一些成功的时刻，但从长远来看很可能是失败的。

- 魅力型营销人员——依靠自己的个性魅力领导和激励他人。理查德·布兰森爵士（Sir Richard Branson）是这种类型里最著名、最成功的。理查德爵士与我年龄相仿，我观察到他的事业随着他的年龄变化而改变，他在二十几岁时经营音乐出版，三十几岁的时候经营航空业务，四十多岁的时候经营健身房。如果有一天当他开始做葬礼业务的时候，我想我会开始担心。

- 冠军营销者——一个全才。在诸如宝洁或联合利华这样世界级企业商学院里接受了良好的培训，了解市场营销的方方面面，并且掌握了各种营销所需的技巧。曾任励德爱思唯尔（Reed Elsevier）集团首席执行官的克里斯平·戴维斯爵士（Sir Crispin Davies）就是这样一位营销者。克里斯平为宝洁公司在英国推出了佳洁士牙膏。

我希望这个总结可以帮助人们清楚地看到营销人员有几种不同的成

功路径。但是，它们的共同之处在于，一个人首先要在一个或多个不同的行业里积累强大的基础，无论是做策划还是文案、销售或产品开发。我们当中很少有人打牌的时候抽到的每一张都是好牌——每一位桥牌运动员都知道那是不可能的，重要的是你如何出好手里已有的牌。世界上没有超人，即使是超人也会受到氪星石的攻击。

# 第十七章 积极力/Positiveness

谦卑的人必承受地土,而不是夺取其产业
——约翰·保罗·格蒂一世(John Paul Getty 1)

你要强调积极
消除消极
抓住肯定的答案
别在两者之间犹豫不决

——强尼·莫瑟(Johnny Mercer)

1066年,诺曼底公爵威廉(William, Duke of Normandy)在哈斯廷斯登陆时,他滑倒了。他知道他的部下会把这看成不祥的预兆,于是他起身时抓了两把土,说道:"看,我用双手拿下了英格兰!"有些人天生是积极的,而另一些人则需要在这方面努力。无论你属于哪一类,如果你想在市场营销上取得成功,你必须有积极的态度。

我们回顾一下盛田昭夫的管理思想:

"管理的实质是组织尽可能多的人,有效地发挥他们的长处来完成更大的任务。"

"要做到这一点,你需要发挥个人魅力。吸引员工是很重要的,管理人员要有足够的魅力,吸引员工愿意听你的,为你工作。坦率地说,如果你缺乏这种吸引力,无论你多么聪明,你都不可能胜任高级管理工作。"

"那么'个人魅力'到底是什么呢?首先,你需要成为一个以积极方式回应任何事的人。一个消极的人没有资格做管理。"

盛田昭夫先生认为领袖魅力来源于诚实地谈论自己的错误、宽容、认可和信任。但他对高级经理的第一个要求就是要"积极"。

在宝洁公司，拥有积极态度是一个年轻的销售人员未来能够成为经理最需要的品质之一。我在宝洁公司工作时，曾经有一次与晋升擦肩而过，当时我收到一份评估报告，直到今天我还珍藏着它。报告上写道："你的表现良好，但你需要在会议上更有影响力和说服力。即使你得出结论可能是积极的，但是你的第一反应往往是消极的。这会降低你对同事的影响力。"

这些话影响了我，我做出了改变。于是六个月后，我收到了下面的评价："自7月以来，你一直表现得非常勤奋，这给你带来了回报。你现在是这个部门表现最好的人，经过评审后我们支持你参与一项部门管理培训计划。你需要优先考虑两方面的发展：发展商业人士的形象；消除任何关于您是灵感创造领域的优秀人才的疑虑。"

我当时只有23岁，非常渴望达到这些期望。我开始每周至少提出一个想法，同时让所有人都知道我的成果。我依旧尊重谦逊的品质，但也学会了"自夸"，这有时也是游戏的一部分。我主动承担了一系列额外的责任，六个月后，我获得了晋升。

## 坚持不懈

坚持不懈也是宝洁公司高度关注的一个品质，它与积极性密切相关。事实上，坚持不懈这个品质深深植根于宝洁公司的DNA中。宝洁的研究人员在找到海飞丝洗发水中治疗头皮屑的关键成分——羟基吡啶硫酮之前，测试过20000种化合物。这让人想起了非常具有奉献精神的美国著名发明家托马斯·爱迪生，他拥有超过1000项个人专利，他曾开玩笑说："我们现在知道了1000种不能用于制造电灯泡的方法。"

在销售行业，坚持不懈的品质在与客户的谈判中尤为重要。对销售人员来讲，最关键的问题是：你什么时候才能最终接受客户说"不"？有这样一个故事：一个地区销售经理在利物浦的一个销售非常困难的地区向跟他实习的推销员们演示了坚持不懈是怎么回事。他选择了一个特别难以打交道的传统杂货店老板，将自己的销售工具、样品袋等放在杂货店的柜台上。他做完了演示并请杂货店老板订购。杂货店老板说，今天他不打算买任何东西，因为他不需要，他有足够的存货，而且他太忙了，还列举了一些其他原因。地区销售经理试图说服老板，但无济于事。后来杂货店老板生气了，拿起他的样品袋和所有的销售工具走到门口，把它们扔到了大街上。地区销售经理走到街上，后面跟着吓坏了的推销员们。他淡定地捡起东西，让推销员们跟紧他并记住他将要说的话。"那么现在能再聊聊订单的事吗？"然后他得到了订单。

那你到底在问过几遍之后才可以接受客户说"不"的结果呢？在我的经验中，第一个"不"虽然表示拒绝，但这可能意味着你没有尽力说服我。第二个"不"虽然也表示拒绝，但也可能意味着我还在思考。第三个"不"则意味着明确的拒绝。然而法官杰里米·帕克斯曼（Jeremy Paxman）可能不同意我的说法，他在审讯前内政大臣迈克尔·霍华德（Micheal Howard）是否曾威胁过监狱长德里克·刘易斯（Derek Lewis）这件著名的案子时，同一个问题问了12遍（如果把不同的措辞也算上，那么他问了14遍）。霍华德确实提供了很多信息，但没有直接回答这个问题。

杰伊·莱文森（Jay Levinson）是广告大师，他是万宝路牛仔和快乐绿巨人的缔造者，是《游击营销》（*Guerrilla Marketing*）一书的作者，这本书给他带来了巨额财富。他说，现在广告策划人员的问题在于，他们内心深处想成为演员，或者创作一些奢华的艺术品，而不是为他们的客户赚钱。然而对广告人员来说，更重要的是应该坚持不懈地寻找获取顾客的低成本方法。

## 责任

玛氏公司在公司五项原则中定义了责任,我认为它涵盖了以下的相关领域:"作为个人,我们要求自己对自己完全负责;作为同事,我们支持和帮助他人承担起他们的责任。

"我们的选择不同于那些设立很多层管理职位、从而冲淡了个人责任的公司。所有的员工都被要求对结果直接负责。锻炼主动性和判断力,并根据需要做出决定。我们招募适合岗位的、有道德感的员工,并信任他们。我们要求员工对自己的高标准负责。"

乔治·萧伯纳说得好:"人们总是抱怨他们所处的环境没有给他们足够的机会。我不相信环境是问题所在。在这个世界上能取得成功的人,是那些主动站起来寻找机会的人,如果他们没找到,他们就会去创造。"

## 激励

我在索尼工作时喜欢策划内部和外部销售会议。在内部销售会议上,我通常会聘请一位励志演讲者。这些人有的来自体育界,曾是著名的运动员,如塞巴斯蒂安·科(Sebastian Coe)、邓肯·古德休(Duncan Good-hew)和威尔·卡林(Will Carling)。但是,我们最欣赏的来自体育界的演讲者之一并不是因为运动能力而出名,他就是弗兰克·迪克(Frank Dick)。他是一名教练,他曾在四届奥运会、七届欧洲冠军杯、三次欧洲锦标赛和三次世界锦标赛上担任英国田径队的总教练。在他执教的时间里,英国和北爱尔兰的田径队在世界田径运动中成为真正的强者,涌现出了塞巴斯蒂安·科、史蒂夫·奥维特、史蒂夫·克拉姆和戴夫·摩尔克罗夫特等男性田径明星,还有两次获得奥运会十项全能冠军的戴利·汤普森。戴利经过弗兰克的训练成为世界上最伟大的运动员之一。弗兰克还与鲍里斯·贝克尔、格哈德·伯杰、丹妮丝·刘易斯、玛拉特·萨芬和卡特琳娜·维特等顶尖的女运动员一起合作。他的写作和演讲生涯也非常成功,他试图寻找关于体育工作的经验能否适用于商业世界这个问题的答案。他的结论是"在生活中无论你做什么,你的表现都会被评估,这几乎是不可避免的。要成为赢家,你需要具备下面两个基本属性:对成功的渴望;一套能够帮助你实现成功的技能。"

如果你能将这种态度转变成企业行为,并为公司注入一种自信文化,那么对公司会很有帮助。有一个发生在中世纪的故事是这样的:

"一位旅客遇到两名工人在凿石头。他问工人:'你们在做什么?'。第一个工人粗鲁地说:'你没看到吗?我们在凿石头。'他转向第二个工人问道:'那你呢?你也在凿石头吗?'第二个工人回答说:'不,先生,我正在建造一座大教堂。'"

一些现代企业也用类似的办法激励员工。比较成功的例子是丽思卡尔顿酒店(Ritz-Carlton),该连锁酒店以其员工的敬业度而闻名。为了帮助员工给客户提供细致、周到的服务,他们对员工说:"我们是为绅士淑女服务的绅士淑女。"也有不成功的例子,美国联合航空公司在1997年试图通过一则"不断提升高度(Rising)"的广告词将公司定位成"最以客户为中心"的航空公司。而他们心怀不满的空乘人员则说公司的广告应该是"制造混乱"(CHAOS, Creating Havoc Around Our System),意为在我们的周围制造破坏)。据《今日美国》报道,"不断提升高度"这则广告被评为1997年第二差广告:"美联航官员承认,他们的服务没有达到商务旅行者们所期待的目标,并声称他们正在计划一项由客户需求驱动的改进计划,希望在未来5~10年内彻底改变美联航的航空旅行体验。"

美联航建立了一个叫作"联合(Untied)"的网站,用来接受对该航空公司的投诉,网站上有一条留言——"我们有一个简单的提议:认真听一下乘客的建议和抱怨怎么样?"

## 积极型思维方式

最著名的关于积极性的书可能是诺曼·文森特·皮尔(Norman Vincent Peale)著的《积极思考的力量》(*The Power of Positive Thinking*),该书于1952年首次出版。这本书宣扬了积极型思维方式的概念,销量达数百万,同时人们对这本书的看法也产生了两种极端。它受到了心理健康专家的强烈批评,一部分原因是皮尔在书中引用了一些难以求证的轶事来作为论据。还有人说书中提到的技巧不过是包装了的催眠术,还有人说皮尔放大了读者的恐惧,这些观点导致皮尔受到了攻击。

但仍然有人拥护皮尔,例如另一位畅销书作家托尼·亚历山德拉(Tony Alessandra)博士,他曾经写道:"积极性思维方式意味着对人和事保持积极期待,并且你的思想和情感模式处于积极状态。诺曼·文森特·皮尔博士的书《积极思考的力量》出版于60多年前,但时至今日仍然畅销,是因为它包含了一个普适性的真理:我们的态度能改变现实。"

亚历山德拉博士说,积极性的思维方式对人有三个要求。首先,它是建立在拥有积极的生活哲学基础上的。其次,你要了解你自己的长处,并善于发现和利用各种积极因素。第三,也是最重要的,就是要远离那些态度消极的人,他们会耗尽你的精力。

关于积极性和消极性的思维方式,有一个经典的问题:"装了一半水的杯子,是半满的还是半空的?"乐观主义者会认为它是半满的,而悲观主义者则会认为它是半空的。其实答案很简单,两者都对,玻璃杯既是半满的,也是半空的。如果我喝一杯酒喝到一半,悲观的想法是就只剩半杯酒了,乐观的想法是我已经享受了喝前半杯的过程,而且我还有半杯酒可以继续享受。其实重要的不是酒杯是半满还是半空,真正重要的是玻璃杯的大小。

积极并不意味着盲目乐观，或者对面临的风险视而不见。诗歌《英烈传》(*The Charge of the Light Brigade*)中描述的轻骑旅，就曾因为其领导人过度乐观，有勇无谋导致了勇士们无谓的牺牲，因此历史对他们的评价很低。而真相并非如此，这是一场精心计算的赌博——轻骑旅想要以损失20%的兵力为代价，占领山谷尽头的阵地，以阻止俄罗斯在那里布置火枪部队。其实整个克里米亚战争都是毫无意义的，因为战争的目的要么是为了保卫国家，要么就是扩大国家的利益。克里米亚战争是英国支持土耳其的伊斯兰人民及其盟友反对俄罗斯帝国的战争。英国人为此遭受的损失是惊人的，《英烈传》中提到的轻骑兵队损失并不比其他战役中的其他部队更加严重。然而，因为《英烈传》的作者丁尼生（Tennyson）在事件发生几个月后就写了这样一首著名的诗歌，于是人们回忆起这件事的时候，大多数人都只记得诗歌讲述的版本。

## 消极型思维方式

比尔·克林顿总统说过，悲观主义是不去尝试的借口，是个人失败的借口。消极型思维的力量是强大的，好的营销人员应该设法避免，并尽可能消除它。请一个消极的人来验证想法，提出意见是很有用的，但是不要把他们放在权威的位置上。剑桥大学前任校长布罗斯勋爵（Lord Broers）曾告诉我，在他IBM的职业生涯中，他曾遇到过一位同事，如果你有一个非常好的想法，想寻求他的看法，那么他会告诉你为什么这个想法行不通，而且告诉你他已经尝试过无数次了。布鲁斯勋爵同时也是一名水手，他把这样的人比作附着在船龙骨上的龙虾，只会把船拖慢。

我在写这一章的时候，英国的经济正在经历一段缓慢而痛苦的衰退。我想起了1992年12月，那时也是经济衰退时期，我在《营销》杂志上发表的一篇文章：

"前几天，我在与一群电器零售商会面时，有人问我，经济衰退还会持续多久。'久到只要我们继续谈论它，'我回答。经济衰退已经取代了天气，成为英国人最喜欢谈论的话题。它还会持续多久？影响会有多深？它到底是什么时候开始变坏的？政府会怎么做呢？

"这些问题唯一的相同之处就是令人沮丧。还不如讨论天气，至少天气是不停变化的，这是为什么我们喜欢讨论它的原因。然而，天气是自然现象，我们无法控制。但经济在一定程度上是一系列交易的聚合，而我们每个人对这些交易都有影响力。

"市场营销有时被定义为'满足客户需求'，但它要比这复杂得多。我们需要吃饭，但我们不一定需要去《泰晤士报》推荐的一家新开的高档餐厅去吃。一个孩子需要玩游戏，但不一定要买最新款的任天堂游戏机。商人需要旅行，但不一定要坐头等舱。我们都需要休息，但不一定需要花费昂贵的费用去毛里求斯度假。"

"只有消费者自己有权决定购买些附加价值，因此溢价交易完全是出于自愿的，并且很大程度上取决于消费者信心的程度。但如果每个人的基本需求都得到轻松的满足，经济规模可能需要达到现有规模的十倍。

"那么是谁激发了消费者的消费信心呢？全部是政府的责任吗？或者至少我们自己也该承担一部分责任？毕竟，正如大卫·奥格维（David Ogilvy）所暗示过那样，我们都是消费者。

"市场营销是大多数公司都有的工作。营销经理角色是定义愿景、量化目标和制订战略以实现这些目标。假如你缩小企业规模，或者使用那个令人厌恶的词'解雇'，那么你就会经历'自证预言'。"

当你降低营销投资时，相当于向你的客户和员工发出一个对经营前景不自信的信号。你的客户会趁机要求你打更多的折扣，销售人员会变得沮丧。然后，经营就开始进入负面、向下的螺旋通道，并且你会发现想要反转这一趋势是非常缓慢和昂贵的。

"'啊,'你会说,'其实一切都很好,但是媒体妨碍了我对消费者传递积极乐观的信息。'是的,因为媒体是消极型思维方式,他们总是坚持认为盛了一半水的玻璃杯是半空的,而不是半满的,也总是看到我们有10%的失业率,而不是90%的就业率。

"尽管如此,我们仍然有属于自己的影响力。当你开车去办公室的时候,你为什么不放弃听那些让人郁闷的新闻节目呢?听听莫扎特的单簧管协奏曲,然后心情愉快地到办公室吧。

"记住,每当你传递一个坏的经济消息,你都在为经济复苏的推迟做出自己的'贡献'。"

在过去的20多年里,大部分时候我对现状都很满意,直到我发现自己掉进了消极思维方式的陷阱。我曾每天早晨自虐般地收听"今天(Today)"节目,我想我要说的重点是,市场营销更多的是满足欲望而不是需要,这才是关键所在。

## 广告标语

但积极不只是一种心态,也是交流的必要条件。我们看看一些公司的广告标语。广告标语是一种总结品牌中心定位的方法。表17.1列出了一些来自英国和美国战后时期广告中最令人难忘的一些标语,以及我对它们积极程度的评价。

表17.1 对著名广告标语的积极程度评价

| 品牌 | 标语 | 积极程度 |
| --- | --- | --- |
| 美国运通 | 有运通足够了 | *** |
| 安飞士 | 我们是第二名,我们会更加努力 | **** |
| Charles Atlas | 你也可以有我这样的身材 | *** |
| Barnum & Bailey's Circus | 马戏之王 | **** |
| Bounty | 天堂的味道 | *** |
| 英国航空 | 世界上最受欢迎的航空公司 | **** |

续表

| 品牌 | 标语 | 积极程度 |
| --- | --- | --- |
| 宝马 | 终极驾驶机器 | ***** |
| 吉百利 | 英国女王指定的巧克力 | *** |
| 嘉士伯啤酒 | 世界上最好的窖藏啤酒 | ***** |
| 佳美牌香皂 | 每天使用粉色的佳美牌香皂,你会变得更可爱 | *** |
| 可口可乐 | 名不虚传 | ***** |
| 戴比尔斯 | 钻石恒久远 | ***** |
| Eggs | 吃个鸡蛋再上班 | ** |
| 埃索 | 如虎添翼 | *** |
| 吉列 | 男士能得到的最好的东西 | ***** |
| 吉尼斯黑啤 | 吉尼斯黑啤酒对你有好处 | *** |
| 汇丰银行 | 环球金融,地方智慧 | ** |
| 翰格苏格兰威士忌 | 别犹豫,买翰格 | ***** |
| 亨氏茄汁焗豆 | 豆子还是亨氏的好 | *** |
| 胡佛吸尘器 | It beats as it sweeps as it cleans. | ** |
| 《独立报》 | 我们是。你是吗? | *** |
| 英特尔 | Intel inside. | ** |
| 家乐氏玉米片 | 它们棒极了 | *** |
| 肯德基 | 好到让你舔手指 | ** |
| 奇巧巧克力 | 休息一下——来个奇巧 | ** |
| 欧莱雅 | 你值得拥有 | **** |
| M&Ms | 只融于口,不融于手的牛奶巧克力 | ** |
| 玛氏巧克力棒 | 玛氏助你工作、休息和玩耍 | *** |
| 平塔牛奶 | 每天喝杯平塔牛奶 | *** |
| 耐克 | 想做就做 | ***** |
| *Orange* | 未来是光明的,未来是*Orange*的 | ***** |
| 宝路薄荷糖 | *Polo*——有个圈的薄荷糖 | *** |
| 雷明登 | 我喜欢到买下了这家公司 | ***** |
| 新加坡航空公司 | 新加坡女孩带给你很棒的飞行体验 | **** |

续表

| 品牌 | 标语 | 积极程度 |
|---|---|---|
| 坦格（Tango） | You know when you've been Tango'd. | * |
| 丰田 | 开在你前面的车是辆丰田 | **** |
| 美国陆军 | 尽你所能 | ***** |
| 尊尼获加 | 永不止步 | ** |
| 电话黄页 | 以手代步 | *** |
| 扎努西 | 科学的设备 | ** |

所有这些标语都奏效了，否则它们就不会被使用这么久并给人们留下深刻的印象。但是，有些标语是针对产品本身的，有些则是打造一种视觉化的形象。例如，20世纪90年代，坦格广告非常流行，广告语"你被'坦格'的时候你就懂了"变成了流行语，就像卡里奇在60年代的广告"这就是你的右臂应该干的"一样。但这种有趣的广告并不是用来帮助品牌积极沟通的，而是帮助人们加入某种俱乐部寻找归属感的。还有一些品牌更多的是传达技术特点，这类广告也有其效果，但还没有达到积极沟通的目的。例如，宝马的广告语"终极驾驶机器"，就试图传达一种比同类产品更好的信息，而丰田的广告语"开在你前面的那辆车是丰田"试图表达同样的意思，但不如宝马有力量。有些广告用一种自信的、直截了当的方式给人留下深刻的印象，如黑格的广告标语"别犹豫，买黑格"就是一个精彩的、具体的行动号召，类似的还有耐克的"想做就做"。

所有标语中最精彩的可能是维克托·基亚姆为雷明登剃须刀设计的广告标语"我太喜欢雷明登剃须刀了，于是干脆买下这家公司"。还有什么说法能比这更有说服力呢？巴纳姆和贝利的马戏团的广告"地球上最伟大的表演"也是极其有力的——不过这条广告标语表达的是一个主观看法，很多人可能不会赞同。与之类似的说法还有英国航空公司的"全球最受欢迎的航空公司"。英航试图用数据支持这一说法，让它看起来客观，但数据也有一些水分。英航国际航空的乘客数量也许是全球最多的，但美国航空公司的乘客总数比英航更多，只不过大部分在美国国内航线。另一项调查结果显示，比起英航，人们更喜欢其他航空公司，如新加坡航空公司，后者以其高标准服务闻名，其广告也更加精美。

在沟通中展现自己最好的一面是正常的行为。但是政治家们为了展现自己好的一面，一直夸大甚至歪曲事实。最近我们看到了这一职业的兴起，他们是职业的沟通者，试图确保他们的雇主的话总是以更积极的方式呈现在媒体上，从而产生积极的效果。这种专业传播者为他们的行为辩护说，在24小时不间断的媒体世界里，他们别无选择，只能通过这种方式传递雇主的话，以抵挡来自媒体的冷嘲热讽。他们也许有一个观点是对的——媒体是经常冷嘲热讽，但政客也对媒体冷嘲热讽，而且两者还相互竞争，看看谁先打破底线。然而，如果你读过19世纪后期的报纸，你会发现从那时起，这种情况就存在，这么多年几乎没有什么变化。

## 社交网络中的积极性

世界正在通过社交网络学习新的交流方式，任何一个有尊严的品牌现在都需要策略来管理着它们在最受欢迎的社交网络上的形象，如在Facebook和Twitter上等。但过去的沟通规则仍然适用。社交网络对品牌经理特别有用的地方在于，它是顾客对品牌认知的信息来源。营销人员的作用是将信息从市场带到公司，分享给自己的同事，并向市场反馈信息。社交网络可以用来强化正面信息。

## 结论

二战时期，温斯顿·斯宾塞·丘吉尔在英国人民绝望的时候成为首相。在敦刻尔克撤退后，他在下议院发表了下面的演讲：

"我们不会投降或战败。我们将继续前进，我们将在法国战斗，我们将在海洋上战斗，我们将以不断增强的信心和越来越强的力量在空中战斗，我们将不惜一切代价捍卫我们的岛屿，我们将在登陆点战斗，我们将在田野和街道上战斗，我们将在山上战斗；我们决不投降。"

他明白积极的信息能带来的力量，它能够鼓舞英国人民的精神，并使他们做出非凡的努力。由于这一非凡的成就，他常被称为"英国最伟大的公民"。他的孙子尼古拉斯·索姆斯（Nicholas Soames）给我讲过他童年的回忆。当他还是个小男孩的时候，他爬进了祖父卧室的床上，丘吉尔先生正坐在床上抽雪茄、处理公文。尼古拉斯问："祖父，你真的是世界上最伟大的人吗？""是的，"丘吉尔说，"现在走开，不要打扰我！"

也许史蒂夫·拉德克利夫提出他的三个简单的领导力原则时，就参考过丘吉尔的经历。

未来：你必须善于想象未来。

参与：你需要别人和你一起创建未来。

执行：你必须让事情发生。

最后，关于积极力的主题再说一句，马丁·路德·金激励人们并没有说"我有一个噩梦"，所以积极性沟通是非常重要的。

# 第十八章 专业力/Professionalism

先生，

　　我看到雨果·里夫金德称玛利亚·伊戈儿是一名"合格的"律师。这里使用"合格的"，是不是暗示有些律师不够好啊？

　　我记得某次交通事故后，我在现场提供了帮助，当地报纸报道说"幸运的是，一名专业的麻醉师正在下一辆到达的车上"。后来我不得不花一些时间让我的朋友放心，据我所知，在英国没有**业余的**麻醉师。

——尼克·格罗夫斯博士，2010年10月13日致《泰晤士报》的信

　　营销不是一个严格意义上的专业。我在在线牛津词典中找到了"专业"一词的定义。

　　名词：

- 一种有报酬的职业，尤指经过长期训练并取得正式资格的职业，如他选择教师作为职业，一名职业律师。
- （可用作单数或复数），一群从事某一特定职业的人，如法律职业人士已经变得越来越有商业意识。
- 自欺欺人的表达方式，如他的快乐看起来很"专业"。
- 宗教信仰宣言，皈依宗教时的宣誓或誓言。

　　因此，虽然营销和道路清洁一样，是一种有偿职业，但他们与教师和律师这种职业的区别在于，后者都需要长期的训练并取得正式的职业

资格。很多市场营销人员接受了长期培训并获得了正式资格，但入行之前并没有任何实践。甚至许多杰出的营销人员都是很偶然地进入了市场营销领域，并且在这个领域里积累起名声和财富。对于那些认为市场营销应该是一种职业的人来说，这是令人沮丧的，但这就是真相，而且无法改变。

这背后有其历史原因。职业行会有着悠久的历史。公元前，在印度、埃及、波斯和希腊都能找到有关行会的证据。他们是由工匠自发形成和管理，保护大家免受竞争的影响。他们开始建立并执行行业标准，培训接班人，但是接班人需要为行会服务多年并证明他们的忠诚之后，才被获准了解行会的核心机密。欧洲的行会出现在中世纪，逐渐演化出一套在整个欧洲大陆通用的特性。行会由那些掌握了全部工艺和技能的工匠大师带领。学徒们跟随大师长时间的学习和锻炼后，成为行会的帮工。这些帮工在离家一天路程之内的地区内工作。他们中的最优秀者被允许进入工匠大师内部并接触行会的机密，以此确保行会的传承。所以"大师"一词源自拉丁语，本意为"一种技能"，并非偶然。在兴旺时期，行会很开放，他们照顾社会上的穷人、老人和弱者。在糟糕的年景时，行会则封闭起来，只雇用自己的成员，保持价格优势的同时限制竞争。

随着时间的推移，国家通过颁布专利或皇家特许状控制了行会。在12世纪的英格兰，出现了一些同业公会，它们获取了皇家特许状来保护手艺或职业，因此它们是垄断的。后来，同业公会陷入了衰退，被一个更加开放的市场体系所取代。卢梭、亚当·斯密和卡尔·马克思这些哲学家都曾对同业公会提出过批评。

如今，同业公会变成了一种仪式上的存在，所有的同业公会都保留了自己的慈善角色。同业工会发展到一定程度后，需要申请特许状，这是由枢密院决定的。女王陛下最尊贵的枢密院是英国君主的顾问机构。它的成员主要是高层政治家，都是英国议会成员。枢密院传统上是一个强大的机构,但其政策决定现在由它的一个委员会——英国内阁制定。它的一些职责,如建议君主行使王室特权、制定政府规章和任命官员等事项,在议会法案的具体授权下被授予议会承担。

议会主张颁发皇家特许状,这些特许状可以赋予法人团体、城市和市镇特殊地位,并授予某些职业或教育机构以"特许"地位。

2010年,我所在的同业公会——英国营销者协会,收到了皇家特许状。在工会会所的一场华丽的仪式上,爱丁堡公爵,公会的第一位荣誉成员,把宪章交给了工会的大师。曾任枢密院书记的亚历克斯·加洛韦·科沃先生向我们简要介绍了皇家特许状的历史以及它对公会的意义。他还介绍了皇家特许状被授予同业公会所需要的条件。英国营销者协会是符合这些条件的协会。身为其中一员我很自豪,但我不需要通过考试来获得成员身份。

我父亲曾经是持有皇家特许状的测量员。毕业后他加入一家国有公司担任工程测量员,在为公司服务50年后,以高级合伙人的身份退休。期间只有当他被派往马达加斯加、缅甸和德国服兵役时才有中断。战争结束后,他刻苦学习,为了通过考试学习到深夜。他首先获得皇家特许测量员协会(ARICs)的资格,后来成为皇家特许测量员协会(FRICS)的研究员。我记得当时协会出于某种未公开的原因决定与房地产经济人协会合并时,他非常懊恼。因为这样似乎意味在高街卖公寓的人,与特许测量员拥有了同样的地位。

相比之下,一些较为成熟的职业则坚持考试和同质会员资格,并限制其会员数量。人们普遍认为,三个最原始的职业是神职、医学和法律。直到今天,这些职业的成员资格都受到了控制,只有教会能任命其成员。在英国医疗行业中,英国医学协会是全国最强大的工会之一,协会严格控制谁可以成为医生。法律界的情景也类似,伦敦四大律师学院通过大律师协会控制着律师的资格,只有大律师才能在大部分法庭上执业。普通民众则通过在沙律师协会注册的律师提起诉讼，于是沙律师协会也形成了一种垄断。在美国，每个州都有自己的律师协会，只有它们承认的律师才可以执业。在日本，律师这种职业的资格是由政府控制的，政府把律师资格考试的通过率保持在3%，以控制律师数量，避免日本发展成为一个像美国那样的诉讼社会。

既然已经确认了市场营销这个行业缺乏其他职业那样的历史地位和严格的规章制度，那么为什么我坚持认为专业力是市场营销20"力"中的一个呢？因为我正在寻找市场营销中最高的专业标准。我们看一下关于专业标准制订的理论研究。我非常感谢英国计算机学会在回答"什么是专业？"这一问题上所做的研究。他们的结论是，通过对当前文献的回顾表明，对专业并没有硬性和快速的定义。医生、律师和建筑师经常被用作范例。他们参考了亚伯拉罕·屈弗纳（Abraham Flexner）、罗纳德·帕瓦尔科（Ronald Pavalko）、詹妮弗·戴维斯（Jennifer Davies）和黛博拉·约翰逊（Deborah Johnson）的著作。

1915年，亚伯拉罕·屈弗纳博士描述了一种专业人士的标准，最初是为美国医学协会而设计。

- 专业人士拥有超越普通人的知识储备。
- 专业人士比普通技术人员掌握更多的理论和知识。
- 专业人士应用理论和知识来解决人类和社会问题。
- 专业人士通过研究努力增加和改进他的知识结构。
- 专业人士将知识传递给新一代，特别是在大学里。
- 专业人士充满了利他的精神。

1988年，罗纳德·帕瓦尔科描述了一些专业人士的特质。
- 拥有能够证明其专长独特性的基础知识。
- 需要专业知识和长期的训练并形成一种职业亚文化。
- 工作与社会价值观相关联。

- 职业自治。这个职业是自我控制、自我调节的。只有专业人员才能证明谁有资格执业。
- 强烈的敬业精神和忠诚度。
- 从业者有强烈的认同感并形成一种重要的亚文化。
- 道德规范和规范体系是亚文化的一部分，增强了动机、自主性和承诺性。

根据詹妮弗·戴维斯的说法，一种职业能被定义为专业，它应该具备五大特点。

- 以实践为基础的专业知识体系。
- 强调公共责任的行为准则。这个准则由专业协会建立并维护。
- 高度自治。专业协会控制职业的准入并提供培训。
- 具有奉献精神。
- 专业机构是由皇家宪章或议会法案（法令）建立的。任何假冒专业机构成员的行为是一种犯罪行为。根据皇家特许状，专业机构，而非皇家检察署，要对冒名顶替者起诉。

黛博拉·约翰逊建议以下的特征通常与专业相关。

- 专业需要掌握深奥的知识体系，通常是通过高等教育获得的。只有专业人员才拥有这种知识。
- 与其他职业相比，专业人士通常在工作中有很大的自主权，而在其他职业中，人们只是奉命行事。
- 专业人员通常有一个由州政府认可的专业的组织，它控制着行业的准入，并制订实践标准。
- 专业实现了一个重要的社会功能，或者致力于社会公益，例如，医疗致力于公众健康。

黛博拉·约翰逊还提出了一些与专业相关的其他特征。包括，专业是普通从业者和研究人员之间的分界线；专业人士受职业操守或道德规范的约束；普通从业者只是为了满足生活。这些特征证明专业人士应该获得更高的薪水。

帕瓦尔科认为，由于这些特征，人们期待专业人士能展现出高质量的工作、经验和服务精神，并赢得公众的尊重和信任。

在这些分析中，我们可以看到，市场营销真正开始偏离了公认的专业规范。正如在第十一章中所展示的那样，市场营销的动机是追求利润。即使是在不以营利为目的的情况下，它仍必须具有商业性、竞争性的特征。也许，如果市场营销能够多一些利他主义特征，那么它可能会更容易被接受为一种专业。但同时我想强调的是，采取专业的态度、使用专业的方法、达到专业的标准仍然是市场营销的重要要求。至少由罗纳德·帕瓦尔科、戴维斯和约翰逊确认的一些特质对市场营销来说是可取的，如表18.1所示。

表18.1 英国计算机学会的屈弗纳、帕瓦尔科、戴维斯和约翰逊的研究

| 作者 | | 特性 | 基础的 | 理想的 | 不必要 |
|---|---|---|---|---|---|
| 屈弗纳 | | | | | |
| | 1 | 专业人士拥有超越普通人士的知识储备 | ✓ | | |
| | 2 | 专业人士比普通技术人员掌握更多的理论和知识 | | ✓ | |
| | 3 | 专业人士应用理论和知识来解决人类和社会问题 | | | ✓ |
| | 4 | 专业人士通过研究努力增加和改进他的知识结构 | | ✓ | |
| | 5 | 专业人士将知识传递给新一代，特别是在大学里 | | | ✓ |
| | 6 | 专业人士充满了利他的精神 | | | ✓ |
| 帕瓦尔科 | | | | | |
| | 7 | 拥有能够证明其专长独特性的基础知识 | | ✓ | |
| | 8 | 需要专业知识和长期的训练并形成一种职业亚文化 | | ✓ | |

续表

| 作者 | 特性 | 基础的 | 理想的 | 不必要 |
|---|---|---|---|---|
| 9 | 工作与社会价值观相关联 | | | ✓ |
| 10 | 职业自治。这个职业是自我控制、自我调节的。只有专业人员才能证明谁有资格执业 | | | ✓ |
| 11 | 强烈的敬业精神和忠诚度 | | ✓ | |
| 12 | 从业者有强烈的认同感并形成一种重要的亚文化 | | ✓ | |
| 13 | 道德规范和规范体系是亚文化的一部分,增强了动机、自主性和承诺性 | | | ✓ |
| 戴维斯 | | | | |
| 14 | 以实践为基础的专业知识体系 | ✓ | | |
| 15 | 强调公共责任的行为准则。这个准则由专业协会制订并维护 | | | ✓ |
| 16 | 高度自治。专业协会控制职业的准入并提供培训 | | | ✓ |
| 17 | 具有奉献精神 | | ✓ | |
| 18 | 专业机构是由皇家宪章或议会法案(法令)建立的。任何假冒专业机构成员的行为是一种犯罪行为。根据皇家特许状,专业机构,而非皇家检察署,要对冒名顶替者起诉 | | | ✓ |
| 约翰逊 | | | | |
| 19 | 专业需要掌握深奥的知识体系,通常是通过高等教育获得的。只有专业人员才拥有这种知识 | | | ✓ |
| 20 | 与其他职业相比,专业人士通常在工作中有很大的自主权,而在其他职业中,人们只是奉命行事 | | ✓ | |
| 21 | 专业人员通常有一个由州政府认可的专业的组织,它控制着行业的准入,并制订实践标准 | | | ✓ |

续表

| 作者 | 特性 | 基础的 | 理想的 | 不必要 |
|---|---|---|---|---|
| 22 | 专业实现了一个重要的社会功能，或者致力于社会公益，例如，医疗致力于公众健康 | | | ✓ |
| 合计 | | 1 | 9 | 12 |

在这些分析中，对市场营销而言，拥有一种超越普通知识的知识库似乎符合专业要求，但我们可能会对水管工人说同样的话，我怀疑上面列出地对专业的要求，对水管工来说是非常基础的。我们必须用通俗的方式来解释营销行业的专业性。我将列举几种情况。

• 当营销经理向董事会推荐一种新产品时，董事会成员期望这一建议是基于很牢固的证据，并且该产品经过精心构思、设计、测试，并随时准备发布。该建议还将包括一个财务报表，能够说明新产品可能实现的投资回报，同时能够考虑到新产品与投资组合中现有产品的竞争情况。

• 当一家广告公司的客户经理向客户提出一个新的创意时，双方应共同准备一份包含对当前市场的正确分析、当前品牌的表现和期望结果的报告。该创意应根植于对品牌定位的透彻理解。

• 当研究机构进行一项市场研究时，关键的决定要遵循先进的研究设计标准，并解释其研究结果的统计意义。

• 当销售经理代表企业时，在任何时候都需要以正直和得体的态度行事。

• 当客户的公关顾问在媒体前代表客户时，他们始终把客户的利益放在首位，绝不试图误导客户，从而损害客户的长期声誉。

• 当品牌经理重新设计产品包装时，他会以一种吸引人但诚实的方式展示产品。

• 当营销经理培训助理时，他会以身作则树立榜样，而不是以传统工匠大师的方式保守商业秘密。

在这些例子中，包含了正直和道德的概念，因为在我看来，它们暗含在所有行业的专业精神中。在这本书的结论篇我们会重回这个主题，但是现在我只想说，我认为市场营销还没有被普遍认可为一种专业的一个原因是，许多人认为它涉及不诚实的行为，例如误导性的广告、欺骗性包装、夸大的声明等。

## 体育行业的专业精神

同样重要的是要了解什么不是专业精神。专业精神不只是遵循一系列的动作或者从高处传来的命令。它不排除良好的判断或个性的表达。专业体育行业发生的一些事情值得参考。有组织的体育运动在19世纪后期被英国人传播至世界范围。它贡献了两个"礼物"。首先，它有明确的统一的规则，这意味着类似的游戏可以在学校、城镇、地区，甚至是国家之间举行。世界各地都有各种各样的足球比赛，但英国人将足球的规则修改以后变成了英式足球，成了世界上最受欢迎的运动。第二件礼物是对运动本身的热爱（你热爱游戏不是为了钱，而是因为真的热爱游戏本身）。

在英国，橄榄球最初只是一项业余游戏，当一些球员想要通过比赛赚钱时，他们就脱离原来的橄榄球联合会，成立了橄榄球联盟。但是橄榄球联盟现在已经专业化了，一部分原因是联盟活动的合法化，另一部分则是它的巨大人气。我曾经和前英格兰队队长威尔·卡灵讨论过这个问题，并且提到一旦获胜变成唯一的目标，球员们就会置规则于不顾，比赛将会变得更加暴力。他不同意我的观点，但我们并没有说服彼此。然而，2010年10月，在格拉摩根大学（University of Glamorgan）举行的一场会议上，发布了橄榄球运动员受伤的数字，每1000名运动员中受伤人数从1994年的67人增加到2009年的91人。

艾德·史密斯曾经是一名优秀的板球运动员，后来转型为一位思维缜密的记者，他写过一篇关于专业精神的有趣文章，题目是"我们是不是太专业了？"发表在2009年的《智生活》杂志上。他首先引用了约翰·汉弗莱斯在《今天》节目中的采访："汉弗莱斯问一位年轻护士，她认为自己工作中最重要的两个品质是什么？她回答说：'关心他人，富有同情心。''不包括专业？'汉弗莱斯反问道，强调她的回答很不寻常。'对，不包括专业，'她确定地回答。"史密斯于是提出了问题——专业的概念是如何变成主导的，而且，为什么它被认为是必须要有的？他断言："在过去的一百年的时间里，'专业'和'业余'两个词实际上已经互换了位置。19世纪末，一个'业余爱好者'意味着一个人全凭爱好做某事；而'专业'则是一个罕见而带有轻蔑意味的词汇，被认为与敛财相关。而现在，业余是草率、混乱和无能的代名词，而专业——正如汉弗莱斯所提到的——是优秀默认自带的属性。"

史密斯回忆他13年的板球运动员生涯，他所在球队的每一位队长都要求他不断提高专业水平，但这件事没有明显的回报："专业主义与其说是一个真实的过程，不如说是一种自我定义。"只有偶尔的特立独行的人会挑战人们普遍认为的专业是一个黄金标准的假设，他们认为这实际上可能会抑制自然天赋。史密斯认为，马克·拉姆普拉卡什（Mark Ramprakash）是他这一代最有天赋的击球手，但在职业生涯的前半段他就是被专业这个黄金标准抑制住了，直到职业生涯的后半段时间里开始自由发挥之后，天赋才展现出来，作为击球手他取得了平均每场100分的成绩。

足球教练路易斯·菲利佩·斯科拉里（Luis Felipe Scolari）曾带领巴西参加2002年世界杯，他表示："我的首要任务是确保球员们觉得自己是业余球员而非专业球员。"而三四十年前，人们努力的方向却跟他恰恰相反。现在到处都是专业主义，我们不得不重新开始鼓励球员们喜欢这个游戏，热爱这个游戏，享受这个游戏。问题是，如果每个团队都使用同样的努力方式和训练方法，那么就有必要找到一种新的竞争方式，激发球员天生的新鲜感和天赋。

史密斯指出，过度专业化无处不在。老师们被要求提前几周计划他们的课程，并在规定时间内完成，从而消除任何自由发挥的可能。英国几家全国性报纸鼓励他们的记者每周提交工作计划，哪怕要采访的故事还没有发生。外交官们被要求衡量他们任务所需的投入，导致杰出的大使伊夫·罗伯茨爵士（Sir Ivor Roberts）在卸任英国驻意大利大使时，在他的告别电报写道："正确的外交政策是无法衡量的。"我们管理或控制纠纷时，很少能提供一个可量化的解决方案。事实上，我们应该对"永久"解决方案或模式持怀疑态度。

## 商业世界中的专业精神

约翰·凯（John Kay）在他的《迂回》（Obliquity）一书中阐述了下面的观点，并解释了它与2008年雷曼兄弟（Lehman Brothers）倒闭引发的金融危机的联系。凯的观点是，很多目标最好是去间接追求，包括利润。如果你强调利润导向，实际上你给贪婪的个体提供了一个许可证。21世纪头十年的历史是美国那些激进的以营利为目的的金融机构自我毁灭的历史。

凯回忆了英国帝国化学工业集团（ICI）是如何从20世纪英国最大最成功的制造公司到短短几年内被人们遗忘的。公司的腐败从1991年开始，彼时掠夺性收购专家汉森收购一部分ICI股份，然后ICI发布一项新的使命宣言："ICI的愿景是以市场领导力、技术优势和全球竞争成本为基础，为客户和股东创造价值。"其股价在1997年见顶后开始无情地下跌。2007年，ICI甚至不再是一家独立公司。

凯认为，ICI的经历与金融危机类似，至少其部分原因是对银行定量分析师专业技能的过度信任。

银行说服自己,风险管理可以被看作是一个封闭的、确定的、易于管理的。但现在我们都知道这是错误的。我们打开了一扇荒谬的、不科学的大门。一种错误的理性追求在实践中产生了广泛的非理性。"感觉不稳定"是一个有问题的判断。伴作专业害人不浅。

因此,过去的老式方法可能避免了现代方法造成的危机。不过这么说有点过于简单化了,因为我们在使用旧方法的时候也遇到过危机。

在重新寻找发现天赋和独创性的过程中,对细节的关注是有必要的。赛恩斯伯里勋爵多年来一直经营着同名的连锁超市,他曾经说过"零售就是细节"。商店的位置、商店的设计、商店覆盖范围的选择,生鲜食品的准备、定价、促销和商品的摆放、人员的招聘与培训以及一系列其他细节为他带来了成功,促使赛恩斯伯里超市脱颖而出。

个性与符合同一套标准之间的平衡是营销组合的重要组成部分。在第二十章中,我将回到这个主题鼓励自我表现和天赋。但努力工作也是必要的。正如斯蒂芬·莱科克(Stephen Leacock, 1869—1944)所说:"我非常相信运气。我发现我工作越努力,我就越幸运。"

在尼克·法尔多(Nick Faldo)第一次赢得美国大师赛冠军后不久,他开使教授高尔夫课程,索尼是他的赞助商。我问他平时花多少时间练习。他回答说:"白天所有的时间都在练习。"于是我就明白我永远不会打的像他一样好。

有许多人认为营销是一种专业,因为很多人在正式进入营销行业之前,都考取了市场营销相关的认证。事实上,2008年9月,英国高等教育统计局公布的数据显示,一共有330255名在大学就读的商学专业的学生,其中只有23710人主修市场学,包括研究生和本科生,全职的所有人员。这些数字中有相当一部分来自海外。我会鼓励营销人员继续往专业方向发展,但挑战在于如何将工作场合获得的知识运用在研究中。

如果我试图把市场营销专业化，需要制订什么样的标准呢？我想可能包含以下这些。

- 拥有一个任何学科的学位，因为取得任何一个学位都需要语言推理能力、计算能力（包括统计学）、逻辑学能力、社会研究（包括心理学）能力，以及辩论和演讲技巧。
- 具有市场营销相关专业的实际经验。
- 能够分析市场趋势，并基于稳健的商业模式做出智能预测。
- 写（和读）商业计划的能力。
- 在执行业务计划时遵循可重复过程的能力。
- 通过研究、咨询和倾听，能够跟踪市场表现。

在所有这些技能中，也许最后一项技能是最重要的专业技能，它代表着一种倾听的艺术。正如爱比克泰德（Epictetus）在2000年前说过的，"上帝给了人两只耳朵，但只有一张嘴，这样他能听到的就是他能说的两倍。"

# 第十九章 激情力/Passion

在火腿鸡蛋的故事中——猪全身投入，而鸡只是参与而已。

——玛蒂娜·纳芙拉蒂诺娃（Martina Navratilova）

我，曾经为《营销》杂志写稿多年，定期采访年轻的品牌经理。我采访的时候会问一个问题"用三个词描述你自己"。有时候，某些品牌经理会开玩笑说"大块头、红头发、笨拙"，但更多时候他们会提到"勤奋、专注、热情"。这是理所当然的，因为热情对品牌经理来说是十分重要的。正如亨利·切斯特（Henry Chester）所写："热情乃世间之最有价值者，胜过一切金钱\权利和影响力。"

当我在智利玛氏公司任职时，曾很荣幸地接待过玛氏公司的所有者福利斯特·玛氏，他是玛氏公司创始人老福利斯特·玛氏的三名子女之一。对他而言，智利分公司是他业务版图上的一个新标志，是整个南美洲的第一个玛氏营销部门。我带他去了一家位于圣地亚哥的名叫Epoca的广告公司，这家广告公司跟我们纽约的合作伙伴达彼思广告公司有联系。福利斯特渴望将玛氏的传销理念传达给Epoca的员工。他说话时充满激情，在椅子上跳上跳下。Epoca的主管们虽然担心他们家具的质量，但是福利斯特成功传达了他的想法，后来Epoca为玛氏在智利建立极高的品牌知名度提供了极好的支持。

路易斯·哥伦布（Louis Columbus）是《CRM买家》（*CRM Buyer*）的专栏作家，同时也是AMR研究公司的前高级分析师。他写过几本关于如何充分利用分析师关系的书,包括《分析师关系的最佳实践》(*Best Practices in Analyst Relations*)。2005年他在《CRM买家》上发表了一篇文章,题为"激情:营销中的第5个力",他在文中写道:"市场营销人员必须用激情驱动持续改变,否则就是在浪费时间,并招致平庸。最终在市场上也只是享有"刚刚好"的声誉,而不能够引领行业。"

作为一名客户关系管理和渠道管理的评论员,哥伦布发现,对公司来说重要的问题不是可分配给营销部门的预算规模大小,而是营销部门对执行和交付结果的激情有多少。他接着说:"如果没有激情的话,传统的四种营销因素——产品、价格、促销和地点都将毫无意义。通过渠道实现共同目标的激情,推出真正具有使命的产品的激情,将平庸从营销部门驱逐出去,取而代之以有勇气改变策略而不仅仅是"做我们一直做的事"来保护现状的领导力的激情,是那些发现了激情这第五种营销因素,并致力于把它转化为竞争优势的公司共同具有的特点。"

我完全同意路易斯的观点,这就是为什么我把激情包含在我的营销20力中,尽管它排名第19,而不是第5。路易提到激情对于软件营销,特别是企业级CRM的营销有特别的意义。因为他认为在这个领域,大部分的营销部门并没有很好地与工程部门、产品开发、产品管理、行政管理、销售等部门协作,以便很好地弄懂市场上的最新概念对他们公司意味着什么。他说:"在20家软件公司中,才会有一家公司能够达到这个级别的整合——这并非是由六西格玛黑带带来的,而是来源于一种使变革成为企业的竞争力的激情文化。营销的动力来自真实的激情,而不是漫不经心地在最新的行业流行术语中寻找市场的牵引力。可悲的是,那些根本没有激情的公司,甚至懒得研究最新的流行术语,仅仅想靠着制作一张数据表就希望得到最好的结果。"

路易斯在他所教的研究生课上试验了他的想法,并从教学中收获了以下见解。

- 发布本身就拥有强劲性能的产品很容易给人带来难忘的印象。
- 强劲的产品发布会引发激情碰撞和回荡。
- 激情能够帮助市场营销人员避免在跟客户沟通的时候，使用多个单词的首字母缩写来传达复杂的信息——这是个常识，但许多公司并没有这样做。
- "我们也"这样的营销一文不值。
- 缺乏信誉是产品的头号杀手。

在专注于软件行业的同时，路易斯将他的假设在汽车行业进行了试验，并得出了类似的结论。他观察到，这两个市场都充斥着各式各样的新产品，但只有20%的公司的产品会家喻户晓。这是因为表现最优秀的市场营销部门不仅仅是依靠自己，而是依靠整个公司的力量。同时他们自身也热衷于前瞻性的学习、思考、评估、购买和使用他们的产品。他认为，赢家将是那些能摆脱无休止的抱怨，将激情转化为竞争武器的公司。在这些公司里，有一种不给失败找借口的氛围，他们对市场营销有激情，并且这不是强制性的，而是由愿景驱动的。

当我在1984年加入皮尔斯博瑞的时候，我的目标之一是重振格林布莱顿品牌，同时实现其目标利润。我与格林布莱顿的管理团队一起合作，制订了一个新产品开发计划。有些项目是基于现有技术，有些则需要引进新的水果加工技术。我们还寻求产品的便捷性，因为传统的混合产品对现在习惯购买即食产品的消费者而言已经不再方便。我们推出了一些优秀的产品。布朗尼是其中之一，在第一年就成为该公司销量第四高的产品。公司利润率达标、市场份额增加、品牌形象也有所改善。成功的关键是为整个团队注入激情——包括开发新配方的科研专家们，将这些配方变为大规模生产的生产管理团队，负责包装设计和营销活动的营销经理，赢得主要连锁超市订单的销售人员和其他所有以某种方式做出贡献的人们。

另一个认识到激情的重要性、并将它加入营销方式的组织是一家位于温尼伯市的6P营销传播机构（6P Marketing）。他们的第五个P是人，这是我在第十六章里提及的。他们提供了一条通往激情的途径。他们将此描述为一段发现之旅，有助于帮助客户从消费者的角度看待其品牌。

客户对品牌的信念决定了品牌是否能从市场的一员成为市场领导者。他们说："虽然最初营销方式只包含四个因素，产品、价格、促销和地点，但以提供服务为主的品牌开始将'人'添加到市场营销中来，因为糟糕的客户服务绝对是品牌杀手。假如那些向顾客展示产品或服务的人很是粗心大意或者冷漠，他们会向顾客传达出非常强烈的信息：'我并不在乎你，或者这个产品。'当一家商店的服务员告诉顾客：'嗯，这件产品不错，不过另一个便宜30美元'时，他们实际上是在培训顾客关心价格而不是质量。人的因素变得越来越重要，因为对于已经失去的顾客，想再挽回他们难度很大，而且成本很高。"

我不确定人的因素的重要性是否仅局限于服务行业，正如我在第十六章中解释的，但我十分同意6P营销组织关于激情的观点。他们将激情作为第六个市场营销元素的原因如下：

"激情很重要，如果你不在乎，那么就找一个可以代理你公司珍贵品牌的人。专门的研究已经量化了那些你早已知道的真相，那些喜爱他们正在使用的品牌（产品或服务）的客户更忠诚，对价格更不敏感，也对出现的问题（能够解决的那一类）更宽容，他们会购买更多的产品和服务，而且重要的是，他们更有可能推荐你的产品和服务给朋友和家人。

"另一方面，与那些不关心你的产品和服务的人交谈，他们会告诉你：'即使你付钱给我，我也不会用那种愚蠢的东西！'"

我相信6P营销组织已经理解了一个核心真理。那就是通过你对营销的激情，你可以把激情传递给消费者，使他们对品牌感兴趣，想要购买、拥有并使用产品。

## 第十九章 激情力/Passion

当阿伦·萨林（Arun Sarin）担任沃达丰首席执行官期间，我曾在一次大型会议上与他共进晚餐。晚餐后，他在台上向观众致意，手中举着一部手机。他对这个设备如何日益成为每个人日常生活中的核心产品有着清晰的认识。现在，你离开家的时候会检查有没有带钥匙、钱包和手机。在未来，你可能只需要带手机，因为它将具备其他所有物品的功能。

而沃达丰将在这一领域通过一系列服务将消费者与社区、银行、房子、汽车和他们的其他财产连接起来。现在，萨林先生并不是唯一认识到这一愿景的人。许多人已经清晰地认识到了。但是我被他的专注深深感染，因为在整整30分钟的演讲中，阿伦·萨林一直把他的手机高高举起，这样我们完全不会错过他的观点。

凯特·纽林（Kate Newlin）是《激情品牌》（*Passion Brands*）的作者。2009年，她发表了一篇文章，题为《是什么让消费者对品牌充满激情》，她在文中说："当利润的压力增加时，首席营销官们通常会考虑产品的成本，包括研发成本和营销成本。然而，我们不应该错过机会，要创造出具有激情的品牌，消费者们会满心喜悦地购买，甚至带着传福音般的热情，竭力向朋友推荐。"

她接着描述了创造激情并与消费者建立了深厚联系的七个关键方法。首先，应该"研究消费者的世界观，而不是年龄、种族或性别"。她挑选了一些"激情品牌"，包括苹果、索尼、美国运通、星巴克、福尔杰、目标、诺德斯特龙百货、Craigslist、全食超市、玩具反斗城、骆驼、绝对伏特加、卡夫、凯迪拉克、宝马、英菲尼迪和吉普，她说这些产品很少用传统方式寻找目标消费者。相反，这些品牌明确了这个世界的共享价值观以及它是如何运作的，然后向大众展示了这个品牌是如何体现这个愿景的。

其次，企业应该做"差异化设计"。她相信消费者会对聪明、直观的产品做出反应。好的设计会吸引人们。好的设计给人们带来喜悦，胜过其他性能方面的特性。

第三，纽林呼吁"充满激情的品牌管家"。尽管消费者已经对企业品牌拥有热情，但是这样不意味着企业就安全了。企业员工必须同样真心实意地对品牌充满热情，因为只有这样才能确保品牌继续以正确的方式成长发展。

第四，"知道他们知道你需要他们"。当今每个消费者都对市场营销的话术非常敏感，并且理解游戏规则。因此，当务之急是走出办公室，在消费者购买和消费的地方观察他们，直接与消费者接触。这只不过是伟大的大卫·奥美（David Ogilvy）名言的新版本，"永远不要低估消费者——她是你的妻子！"

第五，品牌要"亲民化"。诀窍是让消费者参与进来，让他们拥有企业品牌，不仅仅是通过购买，而是真正地参与，这样消费者就会相信他们以自己的方式拥有了品牌。

第六，"挖掘神话"。她的意思是，充满激情的品牌经理知道什么构成了品牌的基因或传统，以及在不影响品牌基因的前提下，他们可以把品牌发展到什么程度。

最后，她谈到了"制造声势"。激情是一种非常明确的品质，它可以让企业的品牌在竞争中脱颖而出，并提供一个路线图帮助企业保持领先。

2000年3月，当我加入NXT时，公司的文化主要是研究和开发。销售方面比较薄弱，缺乏有经验的领导。研发部门的领导者是亨利·阿兹玛（Henry Azima），他是一位才华横溢的火箭科学家，热衷于技术的未来发展。公司内部给人一种感觉，似乎他们对自己的发明创造很满意，并且他们想待价而沽。

我加入后逐步将组织引导向客户至上的方向。部门负责人负责推动项目，而工程师们直接向部门负责人汇报。我们成立了市场营销部，从工程师队伍里招聘了一些人做产品经理。我介绍了建立愿景和价值观的方法,所有高级管理人员和来自其他岗位的代表一起建立了公司的愿景,那就是"通过卓越的技术帮助我们的客户赢得胜利"。我定期给所有的员工写一份关于愿景和价值观的内部邮件,并不断给出如何实施的例子。

一段时间以后,公司的文化转变为"把顾客的利益放在第一位"。面向客户的员工和其他支持人员之间的沟通良好。最终,我们的客户开始向其他人推荐我们的产品。品牌开始对外传达其背后的研发者和所有为产品商业化做出努力的人们的激情。

杰里·史密斯(Jerry Smith)是营销行动俱乐部的创始人之一,该俱乐部专注于那些想要成长,却难以吸引优质客户的小型服务型企业和独立的专业人士。他在《CRM买家》杂志上发表过一篇名为《激情营销》的文章,他在文中指出:"每个人都想和一个热爱自己的产品或服务的人做生意。"

史密斯认为,辨认销售人员是否真诚很容易。要使营销信息引人注目,需要销售人员具备真诚的品质和很高的个人素质。真诚意味着作为营销人员,你发自内心地想要服务于客户。个人素质是指你理解问题的能力。

史密斯建议,如果传递营销信息的人不具备真诚的品质和很高的个人素质,很可能会落入一些陷阱。例如,宣传品牌时使用了一个过于幽默的标签。这可能听起来很不错,但是会让听众把注意力集中在这个笑话上,而忽略了产品。相比之下,提供一个服务列表给客户是更安全的选择,但这依赖于客户自己做出所有必要的连接。

相反,史密斯提倡调动情绪,让营销信息引人注目。毕竟,做生意是为了提供一项服务或者提供一种解决问题的产品,或者是减轻一种顾虑,又或者仅仅是让顾客感觉更好。既然情绪牵涉在内,为什么不表现出你对所做事情的热爱呢?我们会再次看到,通过展示自己对业务的热情,顾客的热情被激发,结果他们更加忠诚。

为了达到这个目的,史密斯坚持认为,你应该首先记住你自己为什么要创业。然后问你自己:

- 哪些服务是你充满激情去做的?
- 你想帮助谁?
- 你解决了什么问题?
- 做了这些后,你的感觉如何?

史密斯联系上述真诚的品质和个人素质,接着说:"我们谈论过真诚的品质和个人素质。你可以从和客户的互动中体验它们。什么样的人让你觉得有激情、有意愿去帮助他们?这些人才是你营销工作的重点。他们有什么样的痛点?你将提供怎样的服务帮他们解决这些痛点?这就是你要传递的根本信息。"

时刻关注这两个问题将保证你是真诚的,并且目标客户会意识到你的服务是为他们而准备的,然后做出相应的回应。这将比使用幽默的标签能给你带来更持久、更有价值的关注。

杰瑞·史密斯的话与每一位公司员工都有关系。如果工作时我们能够保持真诚,并且真正了解客户的问题,我们将会更加成功。

从智利回到英国后,我最初加入了由约翰·尤斯塔斯(John Eustace)新创办的食品经纪人公司,他是我在宝洁公司和宝路公司的同事。另一位宝路公司的前同事,马尔科姆·休伊特(Malcolm Hewitt)也加入了我们。我担任营销总监,马尔科姆担任销售总监,实际上,我们三个人都同时负责普通客户和大客户。我利用我在玛氏公司的关系获得了一系列在连锁店中不常见到的产品的代理权。其中之一就是Thomas's of Halifax,一个很著名的宠物食品品牌。我说服了该品牌把代理权交给我们。另一个品牌是Suzi Wan,是一种源自荷兰的食品,在英国主要是由每食富公司经营。在英国的食品百货贸易行业中经营如此复杂的业务需要巨大的能量和激情——是的,激情——我们在建立我们的分销渠道和知名度方面取得了巨大的成功。后来我回到了大企业工作,因为那更适合我的个人情况,但是在一个小的经纪公司担任董事和股东的经历,给了我宝贵的经验,让我明白市场营销中激情的重要性。

马尔科姆·阿什沃思(Malcolm Ashworth 1925—1978)是一名英国军官和著名的营销和广告主管。他在20世纪60年代将著名的克劳福德广告公司从财务危机中拯救出来,并在英国的市场营销行业建立起一系列的专业准则。他也是第一个公开谈论营销激情的人物之一。在印度、缅甸和马来西亚服完兵役后,他于1953年进入商业领域,并且迅速发展,1957年他成为桂格燕麦公司的营销总监,1961年成为露华浓公司的市场总监,1963年他又回到桂格燕麦公司。1965年,他开始担任当时颇有影响力但财务状况不佳的克劳福德广告公司的董事长兼首席执行官。1967年,他策划了克劳福德与多兰公司的金融合并。1970年,他被任命为Overmark Smith Warden公司的副总经理。

阿什沃思是把营销发展成一门专业学科的领军人物,20世纪60年代他在被称为"营销革命"的时期脱颖而出,营销革命这个词是他类比发生在20世纪50年代的广告专业化革命而得出的。他的《消费激情导论》(*A Consuming Passion*)一书是市场营销史上的第一本书,他在该书的序言中指出,历史上许多人都是因为巧妙的机缘成为营销人员的,或者事实上,他们一直在为我们的公司做营销工作而不自知。他将此比作营销行业的新时代,他说:"没有任何学历能确保你在营销行业获得成功⋯⋯在这样一个具有挑战性的世界里,成功需要智力、想象力和很高的决心。"

因此,从阿什沃思的话中,我们可以看到激情不仅仅是一种热情;如果一个市场营销人员想要获得成功,他需要很高的个人素质和持续的激情。正如我在第十七章中指出的,缺乏专业资格并不会阻碍有激情的营销人员。但是如果没有承诺和奉献以及卓越的理性和抽象的智慧，那么他将一事无成。

在职业生涯中，我销售过一些很普通的产品，它们可能不会立刻让人头脑发热觉得兴奋，如除臭剂、猫砂、呼吸清新剂、泡打粉、电池和纸板扬声器。但在销售每一种产品时，我都充满激情。这种激情不是刻意的，刻意的激情不会有效。它是真实存在的。得宝除臭剂和海飞丝香波曾经是宝洁公司的两种试验品牌。不像海飞丝有着清晰的市场定位——它用一种独特的配方解决了常见的头皮屑问题——得宝只是一种有效的除臭剂，虽然它味道很好，但没有其他特点。尽管如此，我还是像销售海飞丝一样全力销售得宝。

猫砂为那些只能在室内养猫的人提供了便利，解决了问题。托马斯牌的猫砂比同类猫砂具有更好的吸水性，更适合室内使用。营销的时候似乎很难对猫砂产生激情，但猫砂的销售量很大，利润也不容忽视。

Gold Spot是由阿什实验室（Ashe Laboratories）运营的一种"口气清新剂"品牌，它的利润丰厚，我很愿意推销它。博威克发酵粉是一个非常古老的品牌，它是我能想到的格林布莱顿公司生产的最古老的产品之一。1858年，博威克发酵粉曾在中央刑事法庭审理的一个案件中出现，据说这是当时世界上销售量最大的发酵粉。乔治的儿子在1916年被晋升为男爵，1922年被晋升为贵族。虽然家庭烘焙在减少，但它仍然是我们品牌遗产的重要组成部分，它也是我们出售过的最著名的发酵粉，用它做出的蛋糕比用自发酵面粉做出的更美味。

在索尼，最不引人注目的产品是电池。我们在电池市场的地位并不稳固，而且市场上已经有很多成熟的电池厂商，如金霸王。然而，东京总部要求我们在这方面做出特别的努力，后来我们做到了，并且取得了非常大的销售量。

在NXT，我们用硬纸板和一对NXT专利的激起器发明了一种效果非常好的扬声器。纸板做的散热器非常好，我们和一个很大的纸板制造商合作，把扬声器做成时尚的金字塔形，并且可以折平。它的音质出奇的好，使用范围很广（户外烧烤时用它就很好，直到今天我仍然这么做）。我们把它命名为SoundPax，我聘请了一位具有丰富消费电子市场经验的营销经理专门负责这一业务。然而最终我们没能够克服大多数人认为的，成本只有几英镑的纸板扬声器音质不能与笨重木质扬声器媲美的观念，但我们对于这个产品的激情持续了好几年。

这些例子的背景各不相同，既有博威克发酵粉这种在数十年里一直是国家级销量冠军，但现在已经过时了的产品；又有像SoundPax和得宝口气清新剂这样从未流行过的产品。但我和同事们负责每一个产品时，都充满了激情。

一位名叫里卡多·塞姆勒（Ricardo Semler）的非常成功的巴西商人，曾经写过两本关于创新经营方法的畅销书——《特立独行》（*Maverick*）和《7天周末》（*The Seven-Day Weekend*）。在这两本书中，他描述了一些不同寻常的营销方式，其中一些方法的中心主题接近于这一章的精神。他将激情定义为"在我们的公司中，个人和集体都渴望做到最好。"他认为"足够好的办公室文化就是认为自己永远都还不够好"。他强调个人和团队的成功，并且认为最重要的是"对我们是谁和我们所做的事情感到兴奋"。塞姆勒确实给他的公司注入了激情。

像塞姆勒这样的商业领袖知道如何激励员工。他们知道充满激情的员工会产生更好的结果。他们明白，激发员工热情的最好方法就是展示自己的激情。

这里有三种方法真正展现你的热情和激励他人。

- 关注积极的一面。员工知道领导是不是真正关心公司或项目。充满激情的领导者会情不自禁地谈论那些做得好的，并试图解决那些做不好的。

- 不掩盖消极的方面。充满激情的领导者并不都只发布好消息——他们非常现实地面对问题,帮助人们解决问题。
- 设定高目标。这并不意味着设定遥不可及的目标。充满激情的领导者应该激励和挑战人们尽自己最大的努力,这就是你所能要求人们的。

# 第二十章 个性力/Personality

个性是艺术和诗歌的一切。

——歌德

二十年后,你会对你没有做的事情,而不是你做过的事情感到更失望。所以,扔掉船头的套索,离开安全的港湾,用你的帆抓住信风。去探索,去梦想,去发现。

——马克·吐温

我在第十六章中提到过,1988年我加入索尼公司后不久,我的老板渡边信明花了一整天的时间在公司位于伦敦的公寓里为我做入职培训。我重新提起这件事是因为信明教了我一个特别宝贵的经验。他给我画了一个图,结构相当复杂,但基本上是一个圆,它被分成相等的两个部分。其中一个半圆里列出索尼公司的所有政策和流程、历史和声誉、品牌及其价值,也就是索尼公司的个性。另一半是我,大卫·皮尔逊的技能和经验、智慧和价值观,也就是我的个性。这两个半圆里的内容合起来,就将是我在索尼职业生涯的全部。我需要接受索尼,遵循它的政策和流程,尊重它的历史和声誉,尊重它的品牌、价值观和个性。同时,我应该把我的技能和经验带给索尼,运用我的智慧,发挥我的价值,表达我的个性。

这是渡边信明给我的一个礼物。他赋权给我,允许我在公司工作时表达个性。我觉得自己被赋予了巨大的力量,而且,我并没有被索尼品牌的强大吓倒,我将它视为一座待开采的金矿。我还有幸拥有一位出色的营销总监,名叫山口角田(Satoshi Kakuda),我们也叫他山姆。他和我同一天生日,这让我们更亲近。山姆陪我在日本做了一系列的访问。这些访问也让我和山姆有机会与高层管理人员会面,讨论我们在英国的市场表现,并寻求一些特殊项目的支持。

我非常喜欢与那些建立了索尼神话般的商业帝国和伟大品牌的伟人们的会面。他们在胸前象征性地佩戴了印有索尼著名广告标语的徽章。大曾根幸三(So Kozo Ohsone)是当时音频产品的负责人,他曾经是研发Walkman随身听的工程师。森尾稔(Minoru Morio)是个人视频和摄像机产品的负责人,他曾破解PAL代码,使得索尼得以在欧洲市场销售其优秀产品特丽珑彩电。中村秀夫(Hideo Nakamura)曾是开发光盘的关键工程师之一,并因为创立了他称为移动电子产品的车载设备业务而受到嘉奖。除了他们之外,我还有机会跟其他很多人会面。

这些人在开发这些神奇产品的时候彰显了他们的个性,他们请我在为这些产品做营销时也表达出我的个性。这对我来说是一个激动人心的机会,但然后我就意识到其实以前我也有过这样的机会。在玛氏公司工作时,公司也曾鼓励我表达自己的个性;宝洁公司则不同,它们更强调统一的行为模式。在皮尔斯博瑞工作时,虽然财务方面的限制很多,但在我的优秀老板布鲁斯·诺尔贝的鼓励下,我彻底改革了产品开发计划,并将创新产品推向市场。我特别喜欢研发绿色水果搅拌机的过程。当时市场上已经有了成熟的混合甜品,通用食品公司(General Foods)的"天使之乐"(Angel Delight)就是其中的佼佼者。顾客只需将各种口味的粉末和牛奶混合冰镇一下,就能给孩子们送上一份美味的甜点,虽然牛奶是有营养的,但那些粉末是由糖和各种化学物质、凝结剂、调味剂和色素组成。绿色食品公司可以很容易地复制出这种产品,并与通用食品公司竞争,但我们希望不仅仅复制已有的产品,我们想做到更多。

我们已经有了水果加工技术来支持混合芝士蛋糕产品,以此为基础,我们开始探索还有什么可以做。后来我们研发了水果搅拌器,能够制作出与天使之乐一样的甜品,但比天使之乐更加健康自然。把天然水果,如草莓、果泥与牛奶用搅拌器搅拌后立刻就能得到美味的甜点。不幸的是,我们没有通用食品的营销实力,产品也没有获得足够的销量,但这是我在加入索尼前,在营销中表达个性的例子。

在索尼公司的一系列的产品营销中,我有很多机会表达个性。然而,除了在产品研讨会议上发言之外,我很少有机会直接参与产品开发。山姆鼓励我,让我在即使没有这类产品的专业知识情况下,也勇于表达自己的意见。然而这与我做事的方式是相违背的,因为我接受的培训是完全相反的——也就是说,绝不要表达出对产品的个人意见,而是要听取市场调查研究报告反映的消费者的观点。索尼则认为这种调查是不健康的——如果高层管理人员听取了研究报告,Walkman就永远不会上市——所以他们认为应该鼓励人们表达自己的观点。这是索尼高层的观点,直到现在仍然是索尼文化的一部分。

索尼当时的总裁大贺典雄,曾师从奥地利指挥家赫伯特·冯·卡拉扬学习声乐,并与一位钢琴演奏家结婚。当他还在发展自己的音乐生涯时,他对索尼公司试图开发的磁带录音机产生了兴趣。他参与了试验,给出了非常挑剔的意见,后来他被邀请到索尼工厂直接发表意见。最终,他在索尼的角色从兼职变成了全职,大贺先生迅速成为索尼最重要的高管之一。他在索尼建立了设计中心,集中精力专攻设计工作。在他的主导下,每个产品组都配备了自己的设计团队,但是所有的设计师都分别直接向大贺先生汇报,这样他就可以控制整个设计过程,并确保产品设计的一致性。他的产品哲学渗透到索尼的所有领域,这也是索尼成功的主要原因之一。史蒂夫·乔布斯在苹果公司也扮演了类似的角色。

在索尼英国,我们营销人员确实抓住过一个更直接影响产品开发的机会。高保真音频（hi-fi）的世界是很神秘的。从物理学上来说，发烧友们寻找的高保真录音设备相对容易开发。然而在现实中，人们对怎么制造高保真音响有很多不同的看法，特别是在扬声器类的产品中。

扬声器最初是为电话和公共广播而发明的。后来人们开始用扬声器在家里的厨房中收听音乐广播。最早的扬声器是动圈式扬声器，1898年由奥利弗·洛奇（Oliver Lodge）首先发明，由彼得·詹森（Peter Jensen）和埃德温·普利德姆（Edwin Pridham）对技术做了进一步改进，二人后来成立了米罗华公司。1924年，爱德华·凯洛格（Edward Kellogg）和切斯特·瑞斯（Chester Rice）为扬声器设计了标准，并申请了专利。

一个典型的扬声器通常包含分别负责发出高中低音的三个组件。更复杂的产品可能增加一个超高音喇叭，也有可能添加超低音的组件，毕竟很多人喜欢，但许多高保真的狂热爱好者对此总是皱眉。扬声器内有这么多不同的部件，做到高保真的关键是它们之间的交叉部件以及线路质量。

在英国，我们引进了一系列索尼扬声器，虽然我们的光盘播放机很受欢迎——毕竟我们参与发明了这种格式——但是扬声器成了我们的短板。英国的发烧友们认为索尼扬声器的音质粗糙，并不适合英国人的耳朵。日本的工程师们觉得不可理喻，但即使是在盲测中，结果也是一样。我能理解日本工程师的论点，即扬声器遵循的物理定律是普适的，但我也认为音乐不仅仅是跟物理相关的。毕竟，我们长大后会听到不同的声音、不同的语言、不同的音乐。但令人惊讶的是，我们听到音乐的方式也不同吗？

最终，我们从总部争取到了为英国用户专门开发设计扬声器的权利。我们用办公室所在地——布鲁克兰（Brooklands）给这个子品牌命名。

总部位于美国的索尼销售公司也有自己的产品创意，但这次他们说服了东京总部,把这种个性扩大到全球范围内。美国的索尼销售人员认为,如果消费者在很小的时候能接触索尼产品,那就太好了。因此,"我的第一个索尼"系列产品诞生了,它们是为学步儿童设计的,由坚固的塑料制成,外壳采用明亮的颜色。有些产品是成人产品的简化版,如"我的第一个索尼Walkman"。而另一些则是专为儿童设计的。我特别喜欢和女儿一起玩的是一个图形板,它连接到电视机上,你可以用彩色托盘画任何东西,并在电视机屏幕上显示出来。当然,这种类别的儿童产品需要营销人员寻找销售渠道。我们找到的一条渠道是早教中心,告诉他们我们开发出了抗摔打的、坚固耐用的塑料产品。"让我们看看。"买主说。他拿起一件产品摔到墙上,然后测试它是否还能工作。它确实还能工作。"看起来没问题。"买主说。我们不是第一次默默感谢东京工程师们的专业精神,同时也感谢美国营销团队在提出这个创意时表达出了他们的个性。

该产品是由我们自己的产品管理人员和英国专业设计师联合开发的,推出之后收到了热烈的反响。这令人振奋的事情说明了你应该传达你自己的个性——在这个例子里,我们传达了英式高保真音响的个性。

个性是领导风格发展的关键因素。在评估绩效时,一个有用的方法是MAP。它代表了领导者的动机(Motivation)、能力(Ability)、个性(Personality)(也即远见)。在商业环境背景中评估一个人时,我想知道是什么成就了他们。正如艾瑞克·弗洛姆(Erich Fromm)所说:"人生的主要任务是塑造自己,发挥自己的潜能。"他努力地最大成果就是他自己的个性。

## 企业个性

在市场营销中,企业标识就是企业的"个性",它是为了促进企业目标的实现而设计的。它最明显地体现之处就是在企业的品牌和商标上。在企业文化中你能明显看到人们对企业的哲学达成共识，那么企业个性就会存在。当公众认为他们是企业哲学的所有者时，这是最有力的。企业个性有助于回答诸如"我们是谁？"和"我们要去哪儿？"之类的问题。企业个性还能帮助消费者识别拥有相同爱好的人群。

总的来说，企业的标识相当于公司的名称、标志和其他满足某种规则的设施。这些规则规范了企业标识应该使用何种颜色、字体、布局、禁忌以及其他在物理载体上保持品牌视觉一致性的方法。这些规则通常被编入一套称为"企业标识手册"的工具中。

许多企业都有自己的标识，贯穿它们所有的产品和商品。例如，"壳牌"的标识中，红色和黄色在整个壳牌的加油站和广告中都是一致的。许多公司为了创造一个独特的、吸引公司目标受众的标识而支付一大笔研究、设计和执行费用。

在索尼，我曾经领导过一个项目，为欧洲范围内的索尼中心开发一个通用的标识。当时，这些中心都是由独立的零售商所有和经营的，他们承诺只销售索尼产品，作为回报，他们会得到索尼的额外支持，特别是在产品供应方面。现有的标识设计已经审美疲劳了，需要重新翻新一下。通过把这个项目扩大到整个欧洲范围，我可以把成本分摊到每个欧洲的索尼销售组织。我与一家名为XMPR的英国设计公司合作，从一些对这个概念感兴趣的索尼销售公司里抽调一些人，组成了一个开发团队。我们在索尼荷兰仓库建立了一个测试商店，我们可以谨慎地向所有感兴趣的销售公司展示设计成果。他们都同意了新设计方案以后，我们就写了一本手册，包含使用这些设计方案的指导原则以及所需部件在哪儿订购等。虽然这是20多年前的事情，但当时的设计现在仍在使用，而且看起来仍然很新潮。此后，我被索尼欧洲业务主管杰克·施穆克力（Jack Schmuckli）邀请，担任索尼消费者营销委员会的首任主席，寻求与所有欧洲销售公司和商业团体的合作。

## 品牌个性

关于品牌个性的概念，已经有了大量的研究和文献。它是由人格心理学衍生而来的，然后应用于作为符号象征的品牌。后来产生了品牌个性的多个维度，甚至有了复杂的评估方法。其中一些研究借鉴了联想记忆，一些研究则观察到人类有一种将无生命的物体拟人化的自然倾向。有人认为品牌在设计时，也本能地展示出这种倾向。另一些人则认为品牌的个性是由某个聪明的广告人强加的。

里奥·伯内特（Leo Burnett）创建了自己的同名广告公司，并打造了快乐绿巨人品牌。这个品牌在卖给皮尔斯博瑞之前为科斯格罗夫家族拥有。快乐绿巨人代言高质量的罐装或冷冻包装的蔬菜。伯内特后来还创造了"面团宝宝"，代言品食乐面团。品食乐面团是一种很方便的产品，它是部分烘焙的，用来做面包卷或羊角面包非常方便。虽然产品很好，但是如果没有与众不同的个性商标代言，产品可能显得缺乏活力。

斯坦福大学商学院（Graduate School of Business, Stanford University）的大西洋市场营销学教授詹妮弗·阿克（Jennifer Aaker）是品牌个性方面的领军人物。她的父亲是预言家咨询公司的副主席，加州大学伯克利分校哈斯商学院营销学名誉教授大卫·阿克（David Aaker），大卫也是畅销书《打造强势品牌》（*Building Strong Brands*）的合著者。大卫·阿克教授和我都曾在《品牌管理杂志》的编委会工作多年。詹妮弗·阿克拥有市场营销博士学位和心理学博士学位，她将这两门学科结合起来研究品牌个性。在《人格谜题》（*The Personality Puzzle*）一书中，来自激情品牌公司（Passionbrand）的海伦·爱德华兹（Helen Edwards）说："阿克的核心观点是，品牌个性的维度必须包含一些人类渴望但实际上并不具备的东西——这就是为什么将品牌演绎为真实的人是错误的。"（《营销》，2011年1月12日）

詹妮弗·阿克开发了品牌个性框架，勾勒出品牌个性五个维度：真诚、兴奋、能力、成熟和坚韧。每一个维度都被进一步分解成一系列的因子。例如，真诚包括脚踏实地、真诚、健康和开朗。每一个因子，又继续划分为几个特征，每个特征分为1~5分，在这个基础上进行测量。因此，她的贡献是为以前被认为是高度主观的品牌个性提供了测量基础。

## 消费者的个性

记住：我们的消费者也有自己的个性，这将决定他们如何与品牌建立联系。同样，关于这方面的文献是丰富的，并且有大量的研究方法来测试不同的个性类型对特定品牌的反应。最成功的品牌通常是那些能够吸引很多不同个性的品牌，但也有许多成功的小众品牌专注于少数甚至某一种个性。并不是所有人都乐于看到他们自己坐在法拉利的方向盘后面，尽管很多人可能会说这是他们渴望的。法拉利公司的人喜欢赚钱。他们既把自己的品牌卖给数百万名一级方程式赛车观众，也把它卖给愿意出六位数拥有属于他们自己的一辆车的消费者。玛格丽特·米德（Margaret Mead）在谈到消费者的个性时说："永远记住，你是独一无二的，就像其他人一样。"

# 总结

没有一个人能完全熟练地处理他的业务，不用从别人的经验中获取新信息。

——特伦斯（Terrence），公元前159年

这封信我写得比平时长，因为我没有时间让它变短。

——布莱斯·帕斯卡（Blaise Pascal）

在这本书中，我试图开拓市场营销的界限，超越50年前定义的4P营销模式的局限性。虽然在过去一段时间内，4P营销模式为无数学生和实践者提供了相当好的指导，但我认为它不仅过时了，而且不足以描述市场营销的真正作用。在本书中我所展示的营销模式部分是基于一些初步研究，部分是基于二次研究，更多的则是基于我在40多年里作为一名市场营销人员的经验和观察。

对于4P营销模式是否仍然有效质疑由来已久。但我相信我是第一个将它扩展到10P甚至20P的人。我这么做并不是为了制造一种市场营销的象征性符号——在这方面我有个比你还长的清单——而是因为我相信市场营销和商业过程中都充满了激情。

市场营销协会（我是该协会成员）的优秀季刊杂志《市场领袖》（The Good Market Leader）上发表过一篇有趣的文章，切基坦·蒂夫（Chekitan S Dev）和唐·舒尔茨（Don E Schultz）在文章中认为，是时候砍掉4P营销模式了（《市场领袖》，2005年夏季刊）。他们认为，

4P营销模式是供给侧框架——假设市场营销人员拥有控制权。因此，它与消费者拥有控制权的21世纪脱节。蒂夫和舒尔茨描述了一种需求侧模型，将重点从"营销人员做什么"转向"消费者想要什么"。他们称他们的模型为SIVA，即解决方案（Solutions）、信息（Information）、价值（Value）和访问（Access）。他们说："有趣的是，虽然营销概念假定客户在任何营销计划中都是至高无上的，但是4P营销模式忽略了客户、前景甚至是市场的首要地位。从4P模式的角度来看，经理们遵循这样的假设：如果一名经理成功地组织并实现了四个P的适当组合，客户和利润就会神奇地出现，并且企业成功前进。此外，现在有一代又一代的营销学者和实践者似乎毫无疑问地相信它，尽管它与寻找和满足顾客的欲望和需求的理想营销观念背道而驰。"

我某种程度上同意他们的看法，但是我的结论有所不同。4P营销理论是过时的，原因是它们不足以描述全部的营销工作，而不是因为它们不是营销的一部分。关心产品、价格、地点和促销是正确的，但还有比这更重要的。当代学术界对市场营销的许多看法都建立在4P营销理论之上，认为21世纪的营销是通过交流创造价值的一种方式。它确实是。但正如我在本书中所指出的，它实际上是一种战略，不仅仅是一个智能。如果公司是围绕职能而组织的，董事会主要关注的是历史的结果和治理公司的程序，那么它很有可能不是在管理市场和服务客户。

伟大的商业思想家彼得·德鲁克说，创新和营销是企业的两个基本要素。然而，对于一般公众来说，市场营销往往被认为是不光彩的。我认为，就像在任何其他行业一样，对道德的高标准要求是最重要的。在某些情况下，公众的判断是正确的。金融信息网站Citywire已经发现了至少九种企业误导公众的方式。

(1) 储蓄账户的名字。

消费者协会（Consumer Association）2010年的一份报告显示，人们可能会认为，像"哈利法克斯液体黄金"（Halifax Liquid Gold）和"西敏寺钻石储备"（NatWest Diamond Reserve）这样的储蓄账户会提供很高利率，但实际上它们的利率通常低得惊人。纽卡斯尔建筑协会（Newcastle Building Society's）的高/超高的高利息的账户支付率仅为0.01%。每1000欧元储蓄的年回报率仅为10%，并没有达到"超高"。

(2) 超市促销。

超市以买多包更优惠的方式诱惑消费者，暗示它比单独购买更便宜。然而，根据消费者协会的调查，事实并不总是这样。2010年9月，消费者协会指控阿斯达和英佰瑞在定价方面非法误导消费者。

有一次，消费者协会发现，英佰瑞以"更大包装更便宜"的名义出售三连装甜玉米罐头，实际上，独立购买三个罐头的价格更低。后来两家超市都把自己的错误归咎于人为失误。

(3) 宽带速度。

宽带供应商因为没有明确告诉消费者他们广告中所宣传的速度不是其能得到的实际速度而受到了审查。供应商声称这是因为消费者的上网速度受到一系列因素的影响，如你住在哪里，你下载了多少，你上网的频率等。然而，英国通信管理局表示，这种说辞是不可接受的，并警告供应商，如果情况没有改善，他们将面临更严格的监管。

(4) 债务管理公司。

债务管理公司经常会误导脆弱和负债过多的客户，让他们以为债务管理公司提供的服务是免费的，而事实并非如此。此外，他们并不总是清楚地向消费者说明有免费的政府和慈善服务供他们使用。2010年9月，公平交易办公室（Office of Fair Trading）表示，不符合整个行业监管规定的行为是不可接受的，并警告129家债务管理公司，如果它们没有大幅提高服务标准，它们将面临失去消费者信贷牌照的风险。

(5) 现金账户捆绑其他服务。

各家银行都在努力出售其付费的现金账户。销售人员推销账户附带的所有"免费"产品，如旅游保险和手机保险，试图说明这些美妙的附加功能提高了账户的价值。然而，事实是，除非客户实际使用这些产品，否则它们就一文不值。此外，有时银行职员未能向客户解释清楚他们会向客户收取账户费用。

(6) 廉价航空公司。

所谓的廉价航空公司因误导消费者，使他们相信自己获得了性价比更高的交易而臭名昭著，并且受到广告标准局的严厉批评，因为广告中的低价格实际上是排除了所有隐形消费之后的价格。航空公司实际上通过额外收费提高了票价，如订舱费、手续费、行李费、登记费、优先登机费等。我看过的研究表明，很多情况下，把所有费用都计算在内的话，普通航空公司比廉价航空公司更便宜。

(7) 能源公司。

转换能源供应商应该为消费者节省大量的汽油和电费。然而，2010年9月，英国燃气与电力办公室调查了六大能源公司中的四家，调查结果显示，它们将能源合同误售给消费者，这让他们的处境比未更换前更糟糕。与此同时，一些税费也用小字印刷在复杂的合同里，这意味着消费者最终支付的钱比他们预计的要多。

(8) 保险公司。

保险单的条款可能让人感到困惑，而消费者往往会被深埋在小字体里的排斥性条款所拒绝。例如，虽然移动电话保险可能声称消费者已投保了损失、盗窃和损害险，但如果消费者将手机留在公共场所，或在规定的期限内不提出索赔，保险公司很可能拒绝赔付。

(9) 贷款的"偿付假期"。

不幸的是，贷款"偿付假期"并不像听起来的那么有利。虽然一些银行将这种方法作为"好处"出售，但对大多数人来说，这只会让他们的贷款更加昂贵。这是因为贷款期限延长，会带来更多的利息。银行通常在他们贷款的时候没有解释清楚。

在上面这份并不详尽的列表中，我提到了监管机构参与的实际案例。我们需要这么多的监管是令人沮丧的。此外，许多行业都试图自我监管，但结果远远达不到他们声称的标准。

早期我身为尊贵的营销者行业工会一员时，海军上将约翰·汉密尔顿爵士为营销人员写了一篇祈祷文："天父，我们求你给我们一个全新的愿景，让我们在日常生活中能为你做些什么；作为市场营销公司的一员，我们把工作看作是为他人提供货物和服务，以满足他们的需要；我们永远不会刻意误导他们。我们不会寻求诚实地、彻底地为客户服务以外的报酬。"

我不认为你必须有宗教信仰才能看到这种思想中的智慧。作为一个终身充满激情的商人，我为市场营销在世界经济中所扮演的角色感到骄傲。尽管经历了两次世界大战的蹂躏，几十年来极权主义盛行，但在20世纪，世界上一半以上的人口看到了历史上最大的繁荣。这主要是由于自由民主与自由市场（如果不是肆无忌惮的自由）资本主义的结合。营销是这一切的引擎，营销是关于寻找创新的解决方案来确定需求，招募和留住客户，创造和建立价值，统一企业主题，响应竞争，等等。

1989年，柏林墙倒塌时，似乎所有的问题都解决了。弗朗西斯·福山（Francis Fukuyama）称之为历史的终结。有趣的是，那一年日经指数在12月29日达到了38957.44日元的峰值，此后从未回到这个巅峰。我在2013年5月写这篇文章时，日经指数刚从8238日元的低点回升到13694日元。

21世纪，轻言胜利是不成熟的。大规模生产导致大规模消费的做法现在看来是短视的，因为我们可以看到，我们正在以不可持续的速度消耗不可替代的资源。无论你是否站在气候变化争论的哪一边（我坚定地站在98%的科学家这边，认为气候不仅变化速度不同寻常，而且这些变化是由人类引起的）都必须清楚，石化燃料是有限的资源，花了数十亿年才形成，却可能在几百年内被消耗一空。不仅石化燃料是有限的，而且许多其他关键材料也很稀缺，包括一些用来开发替代能源的材料，如电动汽车取代内燃机车的关键材料——锂离子电池中所需的锂。

事实上，如果任何企业消耗资源比它们生产得要快，从长远来看都是不可持续的。我们在市场营销方面取得的成就太完美了。当我们学会了如何在强大的品牌和可扩展的特许经营模式下建立更大更好的商业模式时，我们对持续增长的需求使我们忽视了这将导致的长期问题。无论在哪里，我们都能看到商业成功的悖论和不可持续的商业实践。超市连锁店吞并了土地银行，消灭了高街上的商户和当地的农民；快餐公司为了抢占消费者的胃，砍伐森林，扩大牧场，提高牛肉汉堡的产量；金融机构让那些无力偿还债务的人负债，饮料公司使用大量稀缺的淡水才生产出一公升的加工饮品；服装厂关闭当地工厂，到发展中国家的血汗工厂剥削童工；食品生产商利用错误的营养搭配造成肥胖。

那么，这些观点是否意味着我是一个新晋环保主义者呢？远非如此。我并不完全赞同环保主义，我很担心他们发出的警告，但我认为他们并没有给出替代方案。他们似乎只是在提倡停止营销，让人们回归到消失已久的生活方式中去。但很明显，妖怪已经从瓶子里出来了，我们不可能把它放回去。相反，我们需要运用我们的营销技巧开发新的可持续发展的企业，既能促进繁荣的持续增长，又能采取可持续的实践。在新的可再生能源形式中不仅有更多机会，而且在新的实践中也会减少我们对能源的使用。营销技巧将说服人们以新的方式生活和工作。新城市的设计需要更大的密度。我们将采用新的所有制形式，使材料的使用效率更高。回收再利用将不仅仅局限于汽车销售行业和易趣，将有巨大的新兴产业对有价值的材料回收和再利用。市场营销将带动新技术的研发，而不是促进新消费的产生。市场营销人员将解决新服务提供商，而不是消费者们的需求。

我呼吁的是一场革命。不是街头流血的革命，而是商业行为和消费行为的革命。我经历过几次革命，我相信至少还会再经历一次。我经历了导致今天这种状况的消费主义革命。我还经历过民权革命。20世纪60年代，作为美国的交换生，我遇到了一位黑豹党人，他告诉我，除非黑人权利运动达到它的目的，才会停止。此外，我还经历过妇女权利的革命和对少数民族态度的变化。信息技术革命已经形成了跨部门的工作方式和组织形式。互联网革命仍在继续，并进一步改变了许多商业和消费行为。

因此，套用历史上最伟大的作者之一，卡尔·马克思的话说，营销人员失去的只是消费主义的锁链。有一个新的世界在等待他们的维护。全世界的营销者们，联合起来！